Sammlung
Außerdeutscher Strafgesetzbücher

Herausgegeben
vom
Institut für ausländisches und internationales Strafrecht
Universität Freiburg/Br.

LXIV.

Das Indische (pakistanische) Strafgesetzbuch

Berlin 1954

Walter de Gruyter & Co.

vormals G. J. Göschen'sche Verlagshandlung · J. Guttentag, Verlagsbuchhandlung · Georg Reimer · Karl J. Trübner · Veit & Comp.

Das Indische (pakistanische) Strafgesetzbuch

(Act XLV von 1860)

Mit Einleitung versehen und übersetzt

von

Professor Dr. Georg Dahm

Ramna-Dacca

Gedruckt mit Unterstützung der Gesellschaft für Rechtsvergleichung

Berlin 1954

Walter de Gruyter & Co.

vormals G. J. Göschen'sche Verlagshandlung · J. Guttentag, Verlagsbuchhandlung · Georg Reimer · Karl J. Trübner · Veit & Comp.

Archiv-Nr. 2463 54/64
Satz und Druck: Thormann & Goetsch · Berlin SW 61

Inhaltsverzeichnis

Das Indische (pakistanische) Strafgesetzbuch

Einleitung

Der Versuch einer Übersetzung des Indischen und Pakistanischen Strafgesetzbuches scheint uns zweifach gerechtfertigt zu sein: Es handelt sich um ein Gesetzgebungswerk, daß das Strafrecht für 300 Millionen Menschen in einem der wichtigsten Teile der Welt enthält und voraussichtlich noch für lange Zeit enthalten wird. Zum anderen aber ist der Indian Penal Code eine der bedeutendsten Kodifikationen, wenn nicht die bedeutendste Kodifikation des angelsächsischen Strafrechts, ein Gesetz, das in der großen Kodifikationsbewegung des 19. Jahrhunderts einen hervorragenden Platz einnimmt.

Als die Engländer ihre Herrschaft in Indien aufrichteten, war das dort überwiegend geltende Strafrecht das von den Mogul-Kaisern eingeführte und über den größeren Teil des Subkontinents verbreitete mohammedanische Recht. Seine Grundlagen waren der Koran und die Kommentare dazu, unter denen die des Abu Hanifah und seiner Schüler die maßgebende Autorität darstellten, und das Gewohnheitsrecht. Dieses Recht und seine Handhabung durch die Gerichte und die großen Feudalherren, denen auch die Strafrechtspflege noch zu einem großen Teil oblag, entsprach nicht den europäischen Rechtsvorstellungen der Zeit. Dennoch hielt sich die Verwaltung der Ostindischen Kompagnie auf dem Gebiet der Strafrechtspflege zunächst vorsichtig zurück. Nur die Europäer wurden von Anfang an dem englischen Recht als ihrem persönlichen Recht und einer besonderen, sich langsam entfaltenden Gerichtsbarkeit unterstellt. Das einheimische Recht jedoch und die einheimische Gerichtsfassung blieben zunächst unberührt. Seit dem Jahre 1769 ging man allmählich dazu über, den mohammedanischen Gerichten Beamte der Kompagnie als Berater und Aufsichtsorgane zuzuteilen, ohne jedoch zunächst wesentliches an den bestehenden Verhältnissen zu ändern. Eine Wende vollzog sich zunächst in Bengalen seit den 90er Jahren des 18. Jahrhunderts mit der Einsetzung europäischer Gerichte — englischer High Courts und des Supreme Court in Calcutta —, in denen englische Richter Recht sprachen, aber einheimische Sachverständige als Ausleger des mohammedanischen Rechts mitwirkten. Dieses System erfuhr in der Folgezeit mannigfache Änderungen, blieb aber im wesentlichen bis zum Beginn des 19. Jahrhunderts erhalten.

Auch nach der Einsetzung englischer Gerichte blieb die einheimische Bevölkerung zunächst dem mohammedanischen Strafrecht unterworfen. Doch wurde auch das materielle Strafrecht in wachsendem Maße durch Regulations, Anweisungen der Regierung, Entscheidungen der hohen Gerichte und in gewissem Umfange auch durch Parlamentsakte geändert und den neuen Verhältnissen und den Rechtsanschauungen der neuen Herrscher Indiens angepaßt. In einzelnen Teilen des Landes, namentlich in der Provinz Bombay (1827) und im Punjab (nach 1849) wurde das Strafrecht von der englischen Verwaltung kodifiziert, während andere Gebiete, unter ihnen die Presidency Towns Kalkutta und Madras, im wesentlichen das mohammedanische Recht beibehielten. Das Ergebnis dieser fragmentarischen und örtlich begrenzten Reformen war eine weitgehende Rechtszersplitterung und ein Nebeneinander innerlich unzusamenhängender Elemente.

Die verfassungsrechtlichen Voraussetzungen für eine Gesamtreform des indischen Strafrechts wurden erst 1833 geschaffen, als der bisherige Generalgouverneur von Bengalen zum Generalgouverneur von Indien und als solcher mit gesetzgebender Gewalt für ganz Indien betraut wurde. Gleichzeitig wurde dem Rat des Gouverneurs ein besonderes Mitglied für die Zwecke der Gesetzgebung beigegeben. Dieses Amt wurde Lord Macaulay übertragen, der zugleich Vorsitzender der neugeschaffenen, aus drei Mitgliedern bestehenden indischen Gesetzgebungskommission wurde. Diese Kommission fertigte in der Zeit von 1834 bis 1838 den ersten Entwurf des Indian Penal Code an, im wesentlichen das persönliche Werk des Lord Macaulay. Doch dauerte es nicht weniger als 22 Jahre, bis der Entwurf Gesetz wurde. Seiner Gesetzwerdung stand namentlich die Scheu der in der Regierung und Verwaltung Indiens führenden Persönlichkeiten vor zu weit gehenden Eingriffen in die heimische Rechtspflege entgegen. Einen entscheidenden Anstoß erhielt die Reformbewegung durch die Übertragung der Regierung von der Ostindischen Kompagnie auf die britische Krone im Jahre 1858. Im Jahre 1860 wurde der Entwurf Gesetz, und am 1. Januar 1862 trat das Gesetz in Kraft. Die lange Wartezeit kam dem Entwurf insofern zugute, als er namentlich duıch den 1853 eingesetzten Legislative Council unter dem Vorsitz von Sir Barnes Peackock, eines anderen großen englischen Juristen, einer sorgfältigen und sachverständigen Revision unterzogen werden konnte.

Mit der Reform des Strafrechts ging die des Strafverfahrens Hand in Hand. Der von den Law Commissioners 1848 fertiggestellte erste Entwurf wurde nach einer nochmaligen Revision 1856 dem Parlament vorgelegt und nach einer weiteren Prüfung durch den Legislative Council 1861 in das Statute Book eingetragen. Aber während das neue Strafgesetzbuch bis heute im wesentlichen unverändert geblieben ist, wurde der Criminal Procedure Code schon 1872 durch ein neues Gesetz ersetzt, das 1882 einer dritten Kodifikation Platz machen mußte. Seine gegenwärtige Fassung erhielt das Strafverfahrensrecht durch die Strafprozeßordnung von 1898, die aber seither auch ihrerseits eine Reihe von Änderungen erfahren hat.

Der Indian Penal Code enthält nicht das gesamte geltende Strafrecht. Eine Reihe von materiellrechtlichen Bestimmungen, z. B. solche über die Konkurrenz der Verbrechen und eine Reihe von Vorschriften über sichernde Maßnahmen, sind in der Strafprozeßordnung enthalten. Das Jugendstrafrecht hat durch den Reformatory Schools Act von 1897 eine Sonderregelung erfahren. Auch das Strafensystem ist durch spätere Gesetzgebungsakte, z. B. den ein älteres Gesetz ersetzenden Whipping Act von 1909 ergänzt und abgeändert worden. Zahlreiche Sondermaterialien sind durch Nebengesetze und Gesetze örtlichen Charakters außerhalb des Strafgesetzbuchs geregelt

Der Indian Penal Code ist im wesentlichen noch heute geltendes Recht. Namentlich auch die Teilung des Landes im Jahre 1947 hat das Gesetz im ganzen unberührt gelassen. Der einstige Indian Penal Code gilt als Indian

Penal Code in Indien, als Pakistan Penal Code in Pakistan. Die seit der Teilung in beiden Ländern erlassenen Änderungen betreffen überwiegend technische Einzelheiten, namentlich die Anpassung der Bestimmungen an die neuen staatsrechtlichen Verhältnisse, die Beseitigung der Reste des alten Personalstrafrechts und der Vorrechte für Europäer, namentlich in Gestalt der penal servitude als besonderer Strafart.

Von wesentlichem Interesse ist der Ausbau der Sicherungsverwahrung in neuerer Zeit. Bemerkenswerte Ansätze einer präventiven Verbrechensbekämpfung finden sich schon in der Strafprozeßordnung von 1898, namentlich in deren Teil IV, der unter der Überschrift Prevention of Offences eine Reihe von Bestimmungen zum Schutze der öffentlichen Ordnung enthält, namentlich Friedensbürgschaft und Sicherungsverwahrung gegenüber Friedensstörern, Gewohnheitsverbrechern und Asozialen vorsieht. In der Strafprozeßordnung ist auch die durch den Reformatory Schools Act von 1897 näher geregelte Unterbringung Jugendlicher in Reformatories und die Sicherungsverwahrung Geisteskranker geregelt. Die Sicherungsverwahrung ist in neuerer Zeit in beiden Ländern ausgebaut worden, in Indien durch die im Rahmen der Verfassung von 1949 erlassenen Preventive Detention Acts von 1949, 1950 und 1951, in Pakistan durch die Public Safety und Preventive Detention Acts und Ordinances der Provinzen, eine Gesetzgebung, in deren Mittelpunkt allerdings nicht unmittelbar die Verbrechensbekämpfung, sondern die Sicherung des Staates vor politischen Umsturzbestrebungen steht.

Während die Strafprozeßordnung Gegenstand lebhafter Erörterungen und gewisser Reformbestrebungen ist, scheint eine umfassende Reform des materiellen Strafrechts zur Zeit nicht erwogen zu werden. Die wohl überwiegende Meinung geht dahin, daß das Gesetz sich im Laufe der fast 100 Jahre seines Bestehens trotz seiner Schwächen ausgezeichnet bewährt hat. „Triumphantly successful" nennt es unter Berufung auf den weitgehenden Rückgang der Kriminalität seit dem Inkrafttreten des Gesetzes in Indien, der freilich auch andere Gründe gehabt hat, Sir James Stephen, der einen führenden Anteil an der indischen Gesetzgebung des vergangenen Jahrhunderts gehabt hat. Daß das Urteil der einheimischen Sachverständigen wesentlich anders ausfallen würde, ist nicht anzunehmen. Eine Reform mag gleichwohl mit der Zeit unvermeidlich werden: Einmal um das ausgezeichnete Gesetz den Bedürfnissen und Erfahrungen der modernen Verbrechensbekämpfung anzupassen. Zum anderen stellt sich das Problem, ob und in welchem Maße das in Indien und Pakistan geltende Strafrecht, bisher ein seiner Substanz nach englisches Recht, den besonderen Rechtsanschauungen, namentlich auch der religiösen Tradition beider Länder wird angepaßt werden sollen und können. Doch haben die darauf abzielenden Bestrebungen noch nicht Gestalt angenommen, und es ist zur Zeit noch nicht möglich, Zuverlässiges darüber zu sagen.

Dahm

Indisches (pakistanisches) Strafgesetzbuch

(Act XLV von 1860).

Wo die indische und die pakistanische Fassung des Gesetzes nicht übereinstimmen, bezeichnen die in kursiver Schrift gesetzten Worte die nur in Indien geltende, die in eckigen Klammern stehenden Worte die pakistanische Fassung. — Die Erläuterungen und Beispiele sind Teil des Gesetzes selbst. Die Anmerkungen sind Anmerkungen des Übersetzers.

Kapitel I.

Einführung.

Vorspruch. Da es zweckmäßig ist, ein Allgemeines Strafgesetzbuch für Indien [die Provinzen und die Bundeshauptstadt] einzuführen, so wird das folgende Gesetz erlassen:

Sec. 1. **Titel und Geltungsbereich des Gesetzes.**

Dieses Gesetz heißt das *Indische* [Pakistanische] Strafgesetzbuch und gilt *für ganz Indien mit Ausnahme des Staates Jammu und Kaschmir* [in den Provinzen und der Bundeshauptstadt].

Sec. 2. **Strafbarkeit von Taten, die in *Indien* [den Provinzen und der Bundeshauptstadt] begangen werden.**

Jeder ist nach diesem Gesetz und nur nach diesem Gesetz für jede gegen seine Bestimmungen verstoßende Handlung oder Unterlassung zu bestrafen, deren er sich innerhalb *Indiens* [der Provinzen oder der Bundeshauptstadt] schuldig gemacht hat.

Sec. 3. **Strafbarkeit von Taten, die außerhalb *Indiens* [der Provinzen und der Bundeshauptstadt] begangen, aber in *Indien* [den Provinzen oder der Bundeshauptstadt] verfolgt werden.**

Jeder, der nach *indischem* [pakistanischem] Recht wegen einer außerhalb *Indiens* [der Provinzen und der Bundeshauptstadt] begangenen Tat verfolgt werden darf, ist auf Grund seiner außerhalb *Indiens* [der Provinzen und der Bundeshauptstadt] begangenen Taten nach diesem Gesetz ebenso zu beurteilen, als wäre die Tat in *Indien* [den Provinzen oder der Bundeshauptstadt] begangen.

Sec. 4. **Anwendbarkeit des Gesetzes auf im Ausland begangene Taten.**

Die Bestimmungen dieses Gesetzes sind auch auf Taten anwendbar, die begangen werden:

(1) *von einem indischen Staatsangehörigen an einem Ort außerhalb Indiens,*

(2) *auf einem in Indien registierten Schiff oder Flugzeug, gleichgültig, wo dieses sich befindet,*

[(1) von einem britischen Staatsangehörigen, der in Pakistan außerhalb der Provinzen und der Bundeshauptstadt seinen Wohnsitz hat,

(2) von einem britischen Staatsangehörigen auf dem Gebiet eines angeschlossenen Staates oder in den Stammesgebieten,[1])

(3) von einer Person im Dienste der Königin, er mag ein britischer Staatsangehöriger sein oder nicht, auf dem Gebiet eines angeschlossenen Staates oder in den Stammesgebieten,[1])

(4) auf einem in den Provinzen oder der Bundeshauptstadt registrierten Schiff oder Flugzeug, gleichgültig wo dieses sich befindet.]

Erläuterung: Im Sinne dieser Bestimmung umfaßt das Wort „Tat" jede außerhalb *Indiens* [der Provinzen und der Bundeshauptstadt] begangene Handlung, die, wenn sie in *Indien* [den Provinzen oder der Bundeshauptstadt] begangen würde, nach diesem Gesetz strafbar wäre.

Beispiel:

A, ein indischer Staatsangehöriger, begeht einen Mord in Uganda. Er kann an einem jeden Ort in Indien wegen Mordes verfolgt und verurteilt werden, an dem man ihn findet.

[Beispiele:

(a) A, ein Kuli, der ein in Pakistan wohnhafter britischer Staatsangehöriger ist, begeht einen Mord in Uganda. Er kann an jedem Ort in den Provinzen oder der Bundeshauptstadt wegen Mordes verfolgt und verurteilt werden, an dem man ihn findet.

(b) B, ein Europäer britischer Staatsangehörigkeit, begeht einen Mord in Kaschmir. Er kann an jedem Ort in den Provinzen und in der Bundeshauptstadt wegen Mordes verfolgt und verurteilt werden, an dem man ihn findet.

(c) C, ein Ausländer im Dienste der Regierung des Punjab, begeht einen Mord in Jhind.[2]) Er kann wegen Mordes an jedem Ort in den Provinzen oder in der Bundeshauptstadt verfolgt und verurteilt werden, an dem man ihn findet.

(d) D, ein in Indore[3]) lebender britischer Staatsangehöriger, stiftet E dazu an, einen Mord in Bombay zu begehen. D ist der Anstiftung zum Morde schuldig.]

Sec. 5. Andere Gesetze, die nicht durch dieses Gesetz betroffen werden.

Dieses Gesetz läßt die Bestimmungen anderer Gesetze über die Bestrafung der Meuterei und Fahnenflucht von Offizieren, Soldaten, Seeleuten oder Angehörigen der Luftwaffe im Dienste der indischen Regierung und die Bestimmungen von Sondergesetzen oder örtlichen Gesetzen unberührt.

[Keine Bestimmung in diesem Gesetz ist dazu bestimmt, eine der Bestimmungen des Statuts 3 und 4 William IV, Kap. 85 oder einen nach Erlaß dieses Statutes für die Ostindische Kompanie, die Provinzen oder die Bundeshaupstadt oder deren Einwohner geltenden Parlamentsakt aufzuheben, zu ändern, zeitweise außer Kraft zu setzen oder sonst zu berühren.

[1]) Unter den angeschlossenen Staaten werden die ehemaligen Fürstenstaaten verstanden, die selbständige Einheiten innerhalb Indiens oder Pakistans bilden. Die Stammesgebiete sind die Gebiete gewisser Stämme in Indien oder Pakistan, die nicht in die Provinzen eingeschlossen sind, sondern einer besondern Verwaltung unterstehen.

[2]) Jhind ist ein Indien angeschlossener Staat.

[3]) Indore ist ein Indien angeschlossener Staat.

Auch läßt das Gesetz die Bestimmungen anderer Gesetze über die Bestrafung der Meuterei und Fahnenflucht von Offizieren, Soldaten, Seeleuten oder Angehörigen der Luftwaffe im Dienste Ihrer Majestät und die Bestimmungen von Sondergesetzen oder örtlichen Gesetzen unberührt.]

Kapitel II

Begriffsbestimmungen.

Sec. 6. Begriffsbestimmungen müssen im Zusammenhang mit den Strafausschließungsgründen verstanden werden.

Überall in diesem Gesetz muß jede Definition einer Straftat, jede Vorschrift über die Strafe und jedes Beispiel im Zusammenhang mit den Ausnahmen verstanden werden, die in dem Kapitel unter der Überschrift „Allgemeine Strafausschließungsgründe" enthalten sind, auch dann, wenn diese Ausnahmen in der Definition, der Vorschrift über die Strafe oder dem Beispiel nicht nochmals wiederholt werden.

Beispiele:

(a) Die Begriffsbestimmungen dieses Gesetzes sagen nicht ausdrücklich, daß ein Kind unter 7 Jahren die Straftat nicht begehen könne. Aber sie müssen im Zusammenhang mit der allgemeinen Ausnahme verstanden werden, derzufolge eine von einem Kinde unter 7 Jahren begangene Handlung keine Straftat ist.

(b) A, ein Polizeibeamter, verhaftet Z, der einen Mord begangen hat, ohne Haftbefehl. Hier ist A nicht der Freiheitsberaubung schuldig. Denn er war nach dem Gesetz verpflichtet, Z zu verhaften und fällt daher unter die allgemeine Ausnahmevorschrift, derzufolge eine Handlung keine Straftat ist, wenn sie von jemand begangen wird, der zu ihrer Vornahme gesetzlich verpflichtet ist.

Sec. 7. Bedeutung der Ausdrücke, die das Gesetz definiert.

Jeder Ausdruck, der an irgendeiner Stelle des Gesetzes definiert worden ist, wird überall in diesem Gesetz entsprechend der einmal gegebenen Definition verwendet.

Sec. 8. Geschlecht.

Das Fürwort „er" und seine Ableitungen werden für jede Person gebraucht, einerlei, ob sie männlichen oder weiblichen Geschlechts ist.

Sec. 9. „Zahl".

Wenn sich nicht das Gegenteil aus dem Zusammenhang ergibt, so umfassen Worte, die in der Einzahl gebraucht werden, auch die Mehrzahl und umgekehrt.

Sec. 10. „Mann", „Frau".

Das Wort „Mann" bezeichnet ein männliches Wesen jedes Alters, das Wort „Frau" ein weibliches Wesen jedes Alters.

Sec. 11. „Person".

Das Wort „Person" umfaßt auch Gesellschaften, Vereinigungen oder Personengemeinschaften, gleichgültig, ob sie mit Körperschaftsrechten ausgestattet sind oder nicht.

Sec. 12. **„Allgemeinheit".**

Das Wort „Allgemeinheit" umfaßt jede Bevölkerungsgruppe oder sonstige Gemeinschaft.

Sec. 13. *(1950 aufgehoben).*

[Sec. 13. **„Königin".**

Das Wort „Königin" bezeichnet den gegenwärtigen Souverän des Vereinigten Königreiches Großbritanien und Irland.]

Sec. 14. *„Regierungsbeamter".*

Das Wort „Regierungsbeamter" bezeichnet jeden Beamten oder öffentlichen Angestellten, der in Indien von der Regierung oder mit Ermächtigung der Regierung weiterbeschäftigt, ernannt oder eingestellt ist.

[Sec. 14. **„Diener der Königin".**

Die Worte „Diener der Königin" bezeichnen jeden in Pakistan auf Grund des Government of India Act von 1935[1]) oder von der Zentralregierung oder einer Provinzialregierung oder mit ihrer Ermächtigung weiterbeschäftigten, ernannten oder eingestellten Beamten oder Diener des Staates.]

Sec. 15. (1937 aufgehoben).

Sec. 16. (1937 aufgehoben).

Sec. 17. **„Regierung".**

Das Wort „Regierung" bezeichnet die Zentralregierung von Indien oder die Regierung eines Staates[2]).

[Das Wort „Regierung" bezeichnet die Person oder die Personen, die gesetzlich ermächtigt sind, die ausführende Gewalt in den Provinzen, in einer Provinz oder in einem Teil einer Provinz auszuüben.]

Sec. 18. **Indien.**

„Indien" bedeutet das Gebiet von Indien mit Ausnahme des Staates Jammu und Kaschmir.

(Die früher geltende Sec. 18 ist 1937 aufgehoben worden.)

Sec. 19. **„Richter".**

Das Wort „Richter" bezeichnet nicht nur jemand, der amtlich als Richter bezeichnet wird, sondern darüber hinaus jeden, der nach dem Gesetz dazu befugt ist, in einem gesetzmäßigen bürgerlich-rechtlichen oder Strafverfahren ein rechtskräftiges Urteil, oder ein Urteil, das bei Nichteinlegung von Berufung rechtskräftig wird, oder ein Urteil zu erlassen, das im Falle der Bestätigung durch eine andere Behörde rechtskräftig wird.

Richter ist ferner jedes Mitglied eines Kollegiums, das gesetzlich befugt ist, ein solches Urteil zu erlassen.

Beispiele:

(a) Ein Steuereinnehmer, der in einem Prozeß auf Grund des Akt X von 1859 seine Gerichtsbarkeit ausübt, ist ein Richter.

---

[1]) Der Government of India Act von 1935 gilt auch heute noch in Pakistan.

[2]) Gemeint sind die zu Indien gehörenden Staaten.

(b) Ein Magistrat, der auf eine Anklage hin Geldstrafe oder Gefängnisstrafe verhängen darf — einerlei, ob Berufung zulässig ist oder nicht — ist ein Richter.

(c) Ein Mitglied eines panchayat[1]), das nach Regulation VII von 1816 des Madras Code Prozesse leiten und entscheiden darf, ist ein Richter.

(d) Ein Magistrat, der auf Grund einer Anklage nur befugt ist, die Sache an ein anderes Gericht zu verweisen, ist kein Richter.

Sec. 20. **„Gericht".**

Das Wort „Gericht" bezeichnet einen Richter, der gesetzlich befugt ist, als Einzelrichter zu entscheiden, oder ein Richterkollegium, das gesetzlich befugt ist, als Kollegium zu entscheiden. Dies gilt nur, soweit der Richter oder das Richterkollegium eine richterliche Tätigkeit ausüben.

Sec. 21. **„Amtsträger".**

Das Wort „Amtsträger" bezeichnet eine Person, die unter eine der folgenden Bestimmungen fällt:

1. *(1950 in Indien aufgehoben).*

[1. Jeden auf Grund eines Patents ernannten Diener der Königin;]

2. Jeden Offizier des Heeres, der Marine oder der Luftwaffe *Indiens* [der Königin im Dienste der Zentralregierung oder einer Provinzialregierung];

3. jeden Richter;

4. jeden Beamten eines Gerichts, dessen Amtspflicht es ist, eine Rechts- oder Tatfrage zu untersuchen oder einen Bericht darüber zu erstatten, oder eine Urkunde auszufertigen, zu beglaubigen oder zu verwahren, Vermögen zu verwalten oder darüber zu verfügen, ein gerichtliches Verfahren durchzuführen, einen Eid abzunehmen, zu dolmetschen oder die Ordnung im Gericht aufrechtzuerhalten. Darunter fällt auch jede Person, die von einem Gericht besonders dazu ermächtigt ist, eine dieser Pflichten zu erfüllen;

5. jeden Geschworenen oder Beisitzer und jedes Mitglied eines panchayat[1]), das ein Gericht oder einen Amtsträger unterstützt;

6. jeden Schiedsrichter und jede Person, der ein Fall oder eine Angelegenheit von einem Gericht oder einer sonst zuständigen Behörde zur Entscheidung oder zur Berichterstattung überwiesen worden ist;

7. jeden Träger eines Amtes, auf Grund dessen er befugt ist, jemand festzunehmen oder festzuhalten;

8. jeden Beamten der *Regierung* [Krone], dessen Amtspflicht es ist, Straftaten zu verhüten oder anzuzeigen, Verbrecher vor Gericht zu bringen oder die öffentliche Gesundheitspflege, Sicherheit und Ordnung zu schützen;

9. jeden Beamten, dessen Amtspflicht es ist, Eigentum für die *Regierung* [Krone] wegzunehmen, entgegenzunehmen, zu verwahren oder auszugeben, oder für die *Regierung* [Krone] eine Aufstellung oder Veranlagung zu machen, einen Vertrag zu schließen, ein Steuerverfahren durchzuführen oder eine Angelegenheit zu untersuchen oder darüber

[1]) Ein panchayat ist ein Dorfrat.

zu berichten, die die geldlichen Interessen der *Regierung* [Krone] betrifft, oder eine solche Interessen betreffende Urkunde auszufertigen, zu beglaubigen oder zu verwahren, oder Gesetzesverletzungen zum Nachteil der geldlichen Interessen der *Regierung* [Krone] zu verhüten, und weiterhin jeden Beamten, der im Dienste der *Regierung* [Krone] steht oder von ihr bezahlt oder für die Erfüllung öffentlicher Pflichten aus Gebühren oder Anteilen bezahlt wird;

10. jeden Beamten, dessen Amtspflicht es ist, für weltliche, gemeinnützige Zwecke im Interesse eines Dorfes, einer Stadt oder eines Bezirks Eigentum wegzunehmen, entgegenzunehmen, zu verwahren oder auszugeben, eine Aufstellung oder Veranlagung zu machen, eine Steuer oder Abgabe zu erheben oder Urkunden auszufertigen, zu beglaubigen oder zu verwahren, in denen die Rechte der Bewohner eines Dorfes, einer Stadt oder eines Bezirks beurkundet werden;

11. jeden Inhaber eines Amtes, auf Grund dessen er befugt ist, ein Wahlregister herzustellen, zu veröffentlichen, in Ordnung zu halten oder zu verbessern oder eine Wahl ganz oder teilweise durchzuführen.

Erläuterung 1: Personen, die unter eine der oben gegebenen Begriffsbestimmungen fallen, sind Amtsträger, sie mögen von der Regierung ernannt sein oder nicht.

Erläuterung 2: Wo immer das Wort „Amtsträger" vorkommt, gilt es für jeden, der sich im tatsächlichen Besitz der Amtsstellung befindet, gleichgültig, welcher rechtliche Mangel seiner Amtsbefugnis anhaften mag.

Erläuterung 3: Das Wort „Wahl" bezeichnet eine Wahl von Mitgliedern einer gesetzlichen Versammlung, einer Gemeindebehörde oder sonstigen öffentlichen Behörde, gleichviel welcher Art, deren Besetzung nach dem Gesetz auf Grund eines Wahlverfahrens erfolgt.

Sec. 22. **„Bewegliches Eigentum".**

Die Worte „bewegliches Eigentum" umfassen körperliches Eigentum jeder Art mit Ausnahme von Grund und Boden und von Sachen, die mit dem Boden verbunden oder dauernd an einem mit dem Boden verbundenen Gegenstand befestigt sind.

Sec. 23. **„Rechtswidriger Gewinn".**

Ein „rechtswidriger Gewinn" ist ein durch rechtswidrige Mittel erzielter Vermögensvorteil, auf den der Gewinnende keinen Rechtsanspruch hat.

„Rechtswidriger Verlust".

Ein „rechtswidriger Verlust" ist ein durch rechtswidrige Mittel herbeigeführter Verlust von Vermögen, auf das der Verlierende einen Rechtsanspruch hat.

„Rechtswidriges Gewinnen und Verlieren".

Jemand erzielt einen rechtswidrigen Gewinn, wenn er etwas rechtswidrig behält, ebenso wie wenn er etwas rechtswidrig erwirbt. Jemand erleidet einen rechtswidrigen Verlust, wenn ihm Vermögen rechtswidrig vorenthalten wird, ebenso wie wenn er rechtswidrig seines Vermögens beraubt wird.

Sec. 24. „In rechtswidriger Absicht".

Wer etwas tut, um jemand einen rechtswidrigen Gewinn zu verschaffen oder jemand einen rechtswidrigen Verlust zuzufügen, tut dies in „rechtswidriger Absicht".

Sec. 25. „In Täuschungsabsicht".

Jemand tut etwas „in Täuschungsabsicht", wenn er es ausschließlich zum Zwecke der Täuschung tut.

Sec. 26. „Wissen müssen".

Jemand „muß etwas wissen", wenn er hinreichenden Grund hat, an das Bestehen der Tatsache zu glauben.

Sec. 27. Eigentum im Besitz von Ehefrauen, Angestellten oder Bedienten.

Wenn sich Eigentum im Besitz von jemandes Ehefrau, seines Angestellten oder Bedienten befindet, die den Besitz für ihn ausüben, so hat er das Eigentum im Sinne dieses Gesetzes in seinem Besitz.

Erläuterung: Wer nur zeitweise oder bei bestimmter Gelegenheit als Angestellter oder Bedienter beschäftigt wird, ist ein Angestellter oder Bedienter im Sinne dieser Bestimmung.

Sec. 28. „Nachmachen".

Jemand „macht etwas nach", wenn er bewirkt, daß ein Gegenstand einem anderen ähnlich wird in der Absicht, dadurch eine Täuschung herbeizuführen oder mit dem Bewußtsein, daß dadurch wahrscheinlich eine Täuschung hervorgerufen wird.

Erläuterung 1: Es ist nicht wesentlich für das Nachmachen, daß die Nachahmung genau ist.

Erläuterung 2: Wenn jemand bewirkt, daß ein Gegenstand einem anderen ähnlich wird, und die Ähnlichkeit so stark ist, daß jemand dadurch getäuscht werden könnte, so wird bis zum Beweise des Gegenteils vermutet, daß derjenige, der die Ähnlichkeit herbeigeführt hat, die Absicht hatte, dadurch eine Täuschung herbeizuführen, oder daß er wußte, eine Täuschung werde wahrscheinlich dadurch herbeigeführt werden.

Sec. 29. „Urkunde".

Das Wort „Urkunde" bezeichnet etwas, das auf einer Substanz mit Hilfe von Buchstaben, Zahlen oder Zeichen oder durch mehrere dieser Mittel zum Ausdruck gebracht oder bezeichnet ist und als Beweismittel benutzt werden soll oder kann.

Erläuterung 1: Es kommt nicht darauf an, wie oder auf welcher Substanz die Buchstaben, Zahlen oder Zeichen angebracht sind, oder ob das Beweismittel vor Gericht verwendet werden soll oder kann.

Beispiele:

Ein Schriftstück, das in der Form eines Vertrages abgefaßt ist und als Beweismittel für das Bestehen eines Vertrages benutzt werden kann, ist eine Urkunde.

Ein auf eine Bank lautender Scheck ist eine Urkunde.

Ein Vollmachtsschreiben ist eine Urkunde.
Eine Landkarte oder ein Plan, der als Beweismittel benutzt werden soll oder kann, ist eine Urkunde.
Ein Schriftstück, das Anweisungen oder Anordnungen enthält, ist eine Urkunde.

Erläuterung 2: Was in Form von Buchstaben, Zahlen oder Zeichen ausgedrückt ist, deren Sinn sich aus dem Handelsbrauch oder sonstigem Brauch ergibt, ist durch Buchstaben, Zahlen oder Zeichen im Sinne dieser Bestimmung zum Ausdruck gebracht, auch wenn es nicht ausdrücklich gesagt ist.

Beispiel:

A schreibt seinen Namen auf die Rückseite eines Wechsels, der auf seine Order lautet. Die Bedeutung des Indossaments ist nach Handelsbrauch, daß der Wechsel dem Inhaber ausgezahlt werden muß. Das Indossament ist eine Urkunde und ist ebenso zu verstehen, wie wenn die Worte „zahlbar an den Inhaber" oder gleichwertige Worte über der Unterschrift des Ausstellers gestanden hätten.

Sec. 30. „Wertpapier".

Das Wort „Wertpapier" bezeichnet eine Urkunde, durch die wirklich oder nach der Absicht des Ausstellers ein Recht geschaffen, ausgedehnt, übertragen, eingeschränkt, aufgegeben oder zum Erlöschen gebracht wird. oder eine Urkunde, durch die jemand anerkennt, daß er einer gesetzlichen Verbindlichkeit unterworfen sei, oder daß ihm ein bestimmtes Recht nicht zustehe.

Beispiel:

A schreibt seinen Namen auf die Rückseite eines Wechsels. Da dieses Indossament das Wechselrecht auf jeden rechtmäßigen Erwerber des Wechsels überträgt, so ist das Indossament ein „Wertpapier".

Sec. 31. „Testament".

Das Wort „Testament" bezeichnet eine Urkunde, die eine letztwillige Verfügung enthält.

Sec. 32. Handlungen umfassen auch rechtswidrige Unterlassungen.

Überall in diesem Gesetz gelten die Worte, die sich auf Handlungen beziehen, auch für rechtswidrige Unterlassungen, wenn sich die gegenteilige Absicht nicht aus dem Zusammenhang ergibt.

Sec. 33. „Handlung". „Unterlassung".

Das Wort „Handlung" bezeichnet sowohl eine Reihe von Handlungen wie auch eine einzelne Handlung, das Wort „Unterlassung" sowohl eine Reihe von Unterlassungen wie eine einzelne Unterlassung.

Sec. 34. Handlungen, die von mehreren Personen in Verwirklichung einer gemeinsamen Absicht begangen werden.

Wenn eine strafbare Handlung von mehreren in Verwirklichung einer allen gemeinsamen Absicht begangen wird, so ist jeder für die Handlung ebeno verantwortlich, wie wenn er sie allein begangen hätte

Sec. 35. Handlungen, die eine bestimmte Kenntnis oder Absicht des Täters erfordern.

Wenn eine Handlung, die nur bei Vorhandensein einer bestimmten Kenntnis oder Absicht des Täters strafbar ist, von mehreren begangen wird, so ist jeder, der sich mit der erforderlichen Kenntnis oder Absicht beteiligt, für die Tat ebenso verantwortlich, wie wenn er die Handlung allein in dieser Kenntnis oder Absicht begangen hätte.

Sec. 36. Erfolge, die zum Teil durch Handlungen, zum Teil durch Unterlassungen verursacht werden.

Wenn eine strafbare Handlung erfordert, daß ein bestimmter Erfolg durch eine Handlung oder eine Unterlassung herbeigeführt wird, oder daß der Täter den Erfolg durch eine Handlung oder Unterlassung herbeizuführen versucht, so ist die Tat auch dann begangen, wenn der Erfolg zum Teil durch eine Handlung, zum Teil durch eine Unterlassung herbeigeführt wird.

Beispiel:

A führt absichtlich den Tod des Z herbei, zum Teil dadurch, daß er es rechtswidrig unterläßt, Z mit Nahrung zu versehen, zum Teil dadurch, daß er Z schlägt. A begeht einen Mord.

Sec. 37. Mitwirken durch Begehung einer von mehreren Handlungen, aus denen die Straftat besteht.

Wenn eine Straftat aus mehreren Handlungen besteht, so begeht jeder die Tat, der absichtlich bei der Begehung der Tat durch Vornahme einer der Handlungen — sei es allein, sei es zusammen mit anderen — mitwirkt.

Beispiele:

(a) A und B kommen überein, Z umzubringen, indem sie ihm getrennt voneinander und zu verschiedenen Zeiten kleine Dosen von Gift beibringen. Entsprechend dieser Verabredung bringen A und B das Gift dem Z bei in der Absicht, ihn zu ermorden. Z stirbt an den Folgen der verschiedenen, ihm auf diese Weise beigebrachten Dosen. Hier wirken A und B absichtlich bei der Begehung des Mordes zusammen, und da jeder von ihnen eine Handlung begeht, die den Tod verursacht, so sind sie beide des Verbrechens schuldig, obwohl sie getrennte Handlungen vorgenommen haben.

(b) A und B sind Gefängniswärter in demselben Gefängnis und haben in dieser Eigenschaft einen Gefangenen Z zu bewachen, abwechselnd ein jeder 6 Stunden lang. Beide, in der Absicht, Z's Tod herbeizuführen, wirken bewußt zusammen, indem sie es unterlassen, ein jeder während seiner Dienstzeit, Z mit der Nahrung zu versorgen, die ihnen zu diesem Zwecke ausgehändigt war. Z verhungert. Beide sind des Mordes an Z schuldig.

(c) Ein Gefängniswärter A ist für einen Gefangenen Z verantwortlich. A, in der Absicht, Z's Tod herbeizuführen, unterläßt es rechtswidrig, Z mit Nahrung zu versehen. Infolgedessen verfällt Z in einen Schwächezustand, doch führt seine Unterernährung nicht zum Tode. A wird aus seinem Amt entlassen und durch B ersetzt. B, ohne Verabredung oder Zusammenarbeit mit A, unterläßt es rechtswidrig, Z mit Nahrung zu versehen in dem Bewußtsein, daß er dadurch wahrscheinlich Z's Tod herbeiführen wird. Z verhungert. B ist des Mordes, A jedoch, da er nicht mit B zusammengewirkt hat, nur des versuchten Mordes schuldig.

Sec. 38. **Begehung mehrerer Straftaten durch eine Handlung.**

Wenn mehrere Personen an der Begehung einer strafbaren Handlung beteiligt sind, so können sie sich dennoch verschiedener Straftaten schuldig machen.

Beispiel:

A greift Z unter Umständen an, unter denen die Tötung des Z mit Rücksicht auf eine schwere Herausforderung des A nur schuldhafte Tötung, aber kein Mord ist. B, der Haßgefühle gegen Z hegt und dessen Tod beabsichtigt, aber nicht selbst Gegenstand der Herausforderung ist, hilft A bei der Tötung des Z. Obwohl in diesem Falle A und B gemeinsam an der Tötung des Z beteiligt sind, ist B des Mordes, A aber nur der schuldhaften Tötung schuldig.

Sec. 39. **„Vorsätzlich".**

Jemand führt einen Erfolg „vorsätzlich" herbei, wenn er ihn durch Mittel herbeiführt, durch die er ihn herbeizuführen beabsichtigt, oder von denen er zur Zeit ihrer Anwendung wußte oder wissen mußte, daß sie den Erfolg wahrscheinlich herbeiführen würden.

Beispiel:

A setzt nachts ein unbewohntes Haus in einer großen Stadt in Brand, um leichter rauben zu können, und führt den Tod eines anderen herbei. Hier mag A den Tod nicht beabsichtigt haben und mag sogar bedauern, daß er jemand getötet habe. Wenn er aber wußte, daß er wahrscheinlich jemandes Tod herbeiführen werde, so hat er „vorsätzlich" getötet.

Sec. 40. **„Straftat".**

Abgesehen von den in Absatz 2 und 3 dieser Bestimmung aufgeführten Kapiteln und Sections bezeichnet das Wort „Straftat" etwas, das nach diesem Gesetz für strafbar erklärt ist.

In Kapitel IV, Kapitel V A und den folgenden Bestimmungen, nämlich Sec. 64, 65, 66, 67, 71, 109, 110, 112, 114, 115, 116, 117, 187, 194, 195, 203, 211, 213, 214, 221, 222, 223, 224, 225, 327, 328, 329, 330, 331, 347, 348, 388, 389 und 445 bezeichnet das Wort „Straftat" etwas, das nach diesem Gesetz, nach einem Sondergesetz oder nach einem örtlichen Gesetz im Sinne der später folgenden Begriffsbestimmung für strafbar erklärt ist.

In den Sections 141, 176, 177, 201, 202, 212, 216 und 441 hat das Wort „Straftat" die gleiche Bedeutung, wenn die nach dem Sondergesetz oder die nach dem örtlichen Gesetz strafbare Handlung nach dem betreffenden Gesetz mit einer Gefängnisstrafe von mindestens 6 Monaten, gleichgültig, ob mit oder ohne Geldstrafe bedroht ist.

Sec. 41. **„Sondergesetz".**

Ein „Sondergesetz" ist ein Gesetz, das sich auf einen besonderen Gegenstand bezieht.

Sec. 42. **„Örtliches Gesetz".**

Ein „örtliches Gesetz" ist ein Gesetz, das nur für ein Sondergebiet innerhalb *Indiens* [des Gebietes der Provinzen] gilt.

Sec. 43. **„Rechtswidrig"; „rechtlich zum Handeln verpflichtet sein".**

Das Wort „rechtswidrig" bezeichnet alles, was eine Straftat darstellt, gesetzlich verboten ist oder Anlaß zu einer bürgerlich-rechtlichen Klage bietet. Jemand ist „rechtlich zum Handeln verpflichtet", wenn das Unterlassen rechtswidrig wäre.

Sec. 44. **„Nachteil".**

Das Wort „Nachteil" bezeichnet jeden Schaden, der jemand an seinem Körper, seiner Seele, seinem Ruf oder Vermögen zugefügt wird.

Sec. 45. **„Leben".**

Das Wort „Leben" bezeichnet das Leben eines Menschen, wenn sich nicht das Gegenteil aus dem Zusammenhang ergibt.

Sec. 46. **„Tod".**

Das Wort „Tod" bezeichnet den Tod eines Menschen, wenn sich nicht das Gegenteil aus dem Zusammenhang ergibt.

Sec. 47. **„Tier".**

Das Wort „Tier" bezeichnet jedes Lebewesen, das kein Mensch ist.

Sec. 48. **„Schiff".**

Das Wort „Schiff" bezeichnet jeden Gegenstand, der zum Transport von Menschen oder von Eigentum auf dem Wasser hergestellt ist.

Sec. 49. **„Jahr"; „Monat".**

Wo das Wort „Jahr" oder das Wort „Monat" vorkommt, werden das Jahr und der Monat nach dem britischen Kalender berechnet.

Sec. 50. **„Section".**

Das Wort „Section" bezeichnet diejenigen Teile eines Kapitels dieses Gesetzes, die durch vorangestellte Zahlen voneinander geschieden sind.

Sec. 51. **„Eid".**

Das Wort „Eid" umfaßt auch eine feierliche Versicherung, die nach dem Gesetz die Stelle eines Eides vertritt, und jede Erklärung, die nach dem Gesetz vor einem Amsträger abgegeben werden muß oder darf, oder zu Beweiszwecken benutzt werden muß oder darf, einerlei, ob der Beweis vor Gericht erhoben wird oder nicht.

Sec. 52. **„Guter Glaube".**

„Guter Glaube" wird durch den Mangel der erforderlichen Sorgfalt und Aufmerksamkeit ausgeschlossen.

Sec. 52 A. **„Begünstigung".**

Abgesehen von Sec. 157 und Sec. 130, soweit die Begünstigung von einem Ehegatten geleistet wird, umfaßt das Wort „Begünstigung" die Versorgung eines anderen mit Unterkunft, Essen und Trinken, Geld, Kleidung,

Waffen, Munition und Beförderungsmitteln sowie die Unterstützung eines anderen, gleichgültig, ob durch eines der im vorigen aufgezählten Mittel oder nicht, bei der Verhinderung seiner Verhaftung.

Kapitel III.

Strafen.

Sec. 53. **Strafen[1]).**

Strafen nach diesem Gesetz sind:

1. Todesstrafe;
2. Deportation;
3. (1949 in Indien, 1950 in Pakistan aufgehoben);
4. Gefängnis; Gefängnis ist entweder:
   (1) strenges Gefängnis, mit Zwangsarbeit verbunden,
   (2) einfaches Gefängnis;
5. Verwirkung des Vermögens;
6. Geldstrafe.

Sec. 54. **Umwandlung der Todesstrafe.**

Wenn in einem Urteil Todesstrafe verhängt ist, so darf die *zuständige Regierung* [Zentralregierung oder die Provinzialregierung der Provinz, in der der Täter verurteilt ist,] die Todesstrafe auch ohne Einwilligung des Verurteilten in eine der anderen in diesem Gesetz vorgesehenen Strafen umwandeln.

Sec. 55. **Umwandlung der Verurteilung zu lebenslänglicher Deportation.**

Wenn in einem Urteil lebenslängliche Deportation verhängt ist, so darf die *zuständige Regierung* [Zentralregierung oder die Provinzialregierung der Provinz, in der der Täter verurteilt ist,] die Strafe auch ohne Einwilligung des Verurteilten in Gefängnisstrafe bis zu 14 Jahren umwandeln.

Sec. 55 A. *„Zuständige Regierung".*

In den Sections 54 und 55 bedeutet das Wort „zuständige Regierung":

(a) *in Fällen, in denen das Urteil auf Todesstrafe lautet oder eine Straftat betrifft, die sich auf eine der ausführenden Gewalt der Union unterliegende Angelegenheit bezieht, die Zentralregierung;*

(b) *in Fällen, in denen das Urteil, gleichgültig, ob auf Todesstrafe lautend oder nicht, eine Angelegenheit betrifft, die sich auf eine der ausführenden Gewalt eines Staates unterliegende Angelegenheit bezieht, die Regierung des Staates, in dem der Täter verurteilt worden ist[2]).*

[Sec. 55 A. **Vorbehalt zugunsten der königlichen Prärogative.**

Die in den Sections 54 und 55 enthaltenen Bestimmungen berühren nicht das Recht Ihrer Majestät oder des Generalgouverneurs, soweit ihm die Rechte Ihrer Majestät übertragen sind, die Strafe im Gnadenwege zu erlassen, zu unterbrechen oder aufzuschieben.]

Sec. 56. (1949 in Indien, 1950 in Pakistan aufgehoben).

---

1) Die Prügelstrafe ist Gegenstand des Whipping Act von 1909.
2) Gemeint ist ein zu Indien gehörender Staat.

Sec. 57. **Berechnung von Freiheitsstrafen.**

Bei der Berechnung von Teilen einer Freiheitsstrafe wird lebenslängliche Deportation gleich einer Deportation von 20 Jahren gerechnet.

Sec. 58. **Behandlung von zu Deportation Verurteilten bis zur Durchführung der Deportation.**

Wenn jemand zur Deportation verurteilt worden ist, so wird er bis zur Durchführung der Deportation so behandelt, als wäre er zu strengem Gefängnis verurteilt. Die Gefängnisstrafe wird auf die Deportationsstrafe angerechnet.

Sec. 59. **Deportation an Stelle von Gefängnisstrafe.**

Wenn der Täter mit Gefängnis von mindestens 7 Jahren zu bestrafen ist, so darf das zuständige Gericht den Täter anstatt zu Gefängnis zu einer Deportationsstrafe von mindestens 7 Jahren verurteilen. Die Dauer der Deportation darf die Höchstdauer der nach diesem Gesetz zulässigen Gefängnisstrafe nicht überschreiten.

Sec. 60. **Verurteilung zu strengem und einfachem Gefängnis.**

Wenn die Strafe Gefängnis ohne weitere Unterscheidung ist, so darf das Gericht im Urteil anordnen, daß die gesamte Gefängnisstrafe als strenges Gefängnis oder als einfaches Gefängnis, oder daß sie zu einem beliebigen Teile als strenges, im übrigen aber als einfaches Gefängnis verbüßt werden solle.

Sec. 61. (1921 aufgehoben.)

Sec. 62. (1921 aufgehoben.)

Sec. 63. **Höhe der Geldstrafe.**

Wenn der Höchstbetrag der Geldstrafe nicht bezeichnet ist, so ist die Höhe der zu verhängenden Geldstrafe unbegrenzt. Sie darf aber nicht übermäßig sein.

Sec. 64. **Gefängnisstrafe als Ersatzfreiheitsstrafe.**

Wenn eine Straftat mit Gefängnis und Geldstrafe bedroht ist und der Täter zu Geldstrafe, entweder allein oder in Verbindung mit Gefängnisstrafe, verurteilt ist,

ferner, wenn eine Tat mit Gefängnis oder Geldstrafe oder nur mit Geldstrafe bedroht ist und der Täter zu einer Geldstrafe verurteilt ist,

so darf das Gericht im Urteil anordnen, daß der Täter bei Nichtzahlung der Geldstrafe eine bestimmte Gefängnisstrafe zusätzlich zu einer sonst etwa verhängten Gefängnisstrafe oder zu einer Gefängnisstrafe verbüßen solle, in die eine andere Strafe umgewandelt worden ist.

Sec. 65. **Höchstmaß der Ersatzfreiheitsstrafe, wenn die Tat mit Gefängnis- und Geldstrafe bedroht ist.**

Die Gefängnisstrafe, die das Gericht für den Fall der Nichtzahlung von Geldstrafe verhängt, darf den Betrag von einem Viertel der für die Straftat vorgesehenen Höchstfreiheitsstrafe nicht überschreiten, wenn die Straftat mit Gefängnis und mit Geldstrafe bedroht ist.

Strafen

Sec. 66. Art der Ersatzfreiheitsstrafe.

Die Gefängnisstrafe, die das Gericht für den Fall der Nichtzahlung von Geldstrafe verhängt, darf ihrer Art nach der Gefängnisstrafe entsprechen, zu der der Täter auf Grund der Tat hätte verurteilt werden können.

Sec. 67. Ersatzfreiheitsstrafe, wenn die Tat nur mit Geldstrafe bedroht ist.

Wenn die Straftat nur mit Geldstrafe bedroht ist, so ist die Gefängnisstrafe, die das Gericht für den Fall der Nichtzahlung von Geldstrafe verhängt, einfaches Gefängnis. Ihre Dauer berechnet sich wie folgt: Sie beträgt nicht mehr als 2 Monate, wenn die Geldstrafe nicht mehr als 50 Rupien beträgt; nicht mehr als 4 Monate, wenn die Geldstrafe nicht mehr als 100 Rupien beträgt; und nicht mehr als 6 Monate in allen anderen Fällen.

Sec. 68. Beendigung der Ersatzfreiheitsstrafe.

Die Gefängnisstrafe, die für den Fall der Nichtzahlung von Geldstrafe verhängt ist, erlischt, sobald die Geldstrafe bezahlt oder im Wege der Zwangsvollstreckung eingebracht wird.

Sec. 69. Beendigung der Ersatzfreiheitsstrafe bei Zahlung eines Teilbetrages der Geldstrafe.

Wenn vor Verbüßung der Ersatzfreiheitsstrafe ein solcher Teilbetrag der Geldstrafe bezahlt oder zwangsweise eingebracht wird, daß der verbüßte Teil der Freiheitsstrafe mindestens dem noch unbezahlten Teil der Geldstrafe entspricht, so erlischt die Ersatzfreiheitsstrafe.

Beispiel:

A ist zu einer Geldstrafe von 100 Rupien und einer Ersatzfreiheitsstrafe von 4 Monaten Gefängnis verurteilt. Wenn in diesem Falle 75 Rupien vor Verbüßung von einem Monate Gefängnis bezahlt oder eingebracht werden, so wird A nach Verbüßung des ersten Monats entlassen. Wenn 75 Rupien bei Ablauf des ersten Monats oder später bezahlt oder eingebracht werden, während A noch im Gefängnis sitzt, so wird A sofort entlassen. Wenn 50 Rupien vor Verbüßung von 2 Monaten Gefängnis bezahlt oder eingebracht werden, so wird A nach Ablauf der 2 Monate entlassen. Wenn die 50 Rupien bei Ablauf der 2 Monate oder später bezahlt oder eingebracht werden, während A noch im Gefängnis sitzt, so wird A sofort entlassen.

Sec. 70. Vollstreckung der Geldstrafe innerhalb von 6 Jahren oder während der Verbüßung der Gefängnisstrafe. Vollstreckbarkeit auch nach dem Tode.

Eine Geldstrafe oder ein noch unbezahlter Teil der Geldstrafe darf innerhalb von 6 Jahren nach Erlaß des Urteils vollstreckt werden. Wenn der Täter zu einer Gefängnisstrafe von mehr als 6 Jahren verurteilt ist, so darf die Geldstrafe jederzeit bis zur endgültigen Verbüßung der Gefängnisstrafe vollstreckt werden. Der Tod des Täters läßt die Haftung von Vermögen unberührt, das nach dem Tode des Täters für seine Schulden haftet.

Sec. 71. Begrenzung der Strafe für eine Straftat, die aus mehreren Straftaten zusammengesetzt ist.

Wenn eine Straftat aus Teilen besteht, die jede für sich eine Straftat bilden, so darf der Täter nur mit einer der für die Teilstraftaten vorgesehenen Strafen bestraft werden, es sei denn, daß das Gegenteil ausdrücklich bestimmt ist.

Wenn eine Straftat unter mindestens zwei getrennte Begriffsbestimmungen eines geltenden Gesetzes fällt; oder

wenn mehrere Handlungen, von denen eine oder mehrere jede für sich eine Straftat bilden, in ihrer Verbindung eine andere Straftat bilden,

so darf der Täter nicht mit einer strengeren Strafe bestraft werden als derjenigen, die das Gericht für eine jede der mehreren Straftaten verhängen dürfte.

Beispiele:

(a) A versetzt Z 50 Schläge mit einem Stock. Hier hat A möglicherweise vorsätzliche Körperverletzung gegenüber Z sowohl durch die ganze Tracht Prügel wie auch durch jeden der Schläge begangen, die in ihrer Gesamtheit die Tracht Prügel darstellen. Wenn A für jeden Schlag bestraft werden könnte, so könnte er zu einer Gefängnisstrafe von 50 Jahren verurteilt werden, nämlich mit einer solchen von je einem Jahr für jeden Schlag. Er kann aber nur einmal für die ganze Tracht Prügel bestraft werden.

(b) Wenn aber, während A Z schlägt, Y eingreift, und A absichtlich auch Y schlägt, so ist A, da der Y versetzte Schlag nichts mit der Körperverletzung gegen Z zu tun hat, einmal wegen Körperverletzung gegen Z und zum anderen wegen des Y versetzten Schlages zu bestrafen.

Sec. 72. Bestrafung einer Person, die eine von mehreren Straftaten begangen hat, wobei aber das Urteil die Frage offen läßt, welche der mehreren Taten sie begangen hat.

Wenn das Urteil dahin lautet, daß jemand einer von mehreren im Urteil bezeichneten Straftaten schuldig, daß es aber zweifelhaft sei, welche dieser Straftaten er begangen habe, so wird er für die Tat bestraft, für die die niedrigste Strafe vorgesehen ist, es sei denn, daß die gleiche Strafe für alle Taten vorgesehen ist.

Sec. 73. Einzelhaft.

Wenn jemand auf Grund einer Straftat verurteilt ist, für die das Gericht ihn nach diesem Gesetz zu strengem Gefängnis verurteilen darf, so darf das Gericht im Urteil anordnen, daß der Täter einen Teil oder Teile der Gefängnisstrafe, zu der er verurteilt ist, im ganzen aber nicht mehr als 3 Monate in Einzelhaft verbüßen solle. Ihre Dauer berechnet sich wie folgt:

Die Höchstdauer der Einzelhaft darf einen Monat nicht überschreiten, wenn die Gefängnisstrafe nicht mehr als 6 Monate beträgt;

sie darf 2 Monate nicht überschreiten, wenn die Gefängnisstrafe mehr als 6 Monate, aber nicht mehr als 1 Jahr beträgt;

sie darf 3 Monate nicht überschreiten, wenn die Gefängnisstrafe mehr als 1 Jahr beträgt.

Sec. 74. **Begrenzung der Einzelhaft.**

Bei Vollstreckung der Einzelhaft darf deren Dauer 14 Tage zur gleichen Zeit nicht überschreiten. Die Abstände zwischen den Perioden der Einzelhaft dürfen nicht geringer sein als die Perioden der Einzelhaft selbst. Wenn aber die verhängte Gefängnisstrafe mehr als 3 Monate beträgt, so darf die Einzelhaft nicht die Zeit von 7 Tagen in jedem Monat der gesamten Gefängnisstrafe überschreiten. Auch dann dürfen die Abstände zwischen den Perioden der Einzelhaft nicht geringer sein als diese Perioden selbst.

Sec. 75. **Strafverschärfung bei Begehung gewisser nach Kapitel XII und Kapitel XVII strafbarer Taten im Rückfall.**

Wenn jemand verurteilt worden ist,

(a) von einem Gericht in *Indien* [in den Provinzen oder der Bundeshauptstadt] wegen einer nach Kap. XII oder Kap. XVII dieses Gesetzes strafbaren Tat zu einer Gefängnisstrafe von mindestens 3 Jahren, [oder]

(b) *(in Indien 1951 aufgehoben)*

[(b) zu einer solchen Strafe von einem Gericht in einem indischen Staat, das von der Zentralregierung oder dem Repräsentanten der Krone allgemein oder im besonderen Falle dazu ermächtigt ist, auf Grund einer Tat, die, wenn sie in den Provinzen oder in der Bundeshauptstadt begangen wäre, nach den oben bezeichneten Kapiteln des Gesetzes strafbar wäre,]

und nochmals eine Tat begeht, die nach einem der genannten Kapitel mit der gleichen Gefängnisstrafe bedroht ist, so wird er für jede spätere Straftat mit lebenslänglicher Deportation oder mit Gefängnis bis zu 10 Jahren bestraft.

Kapitel IV.

Allgemeine Strafausschließungsgründe.

Sec. 76. **Handlungen in wirklicher oder vermeintlicher Erfüllung einer Rechtspflicht.**

Eine Straftat begeht nicht, wer rechtlich verpflichtet ist, oder wer auf Grund eines Tatsachen- und nicht eines Rechtsirrtums gutgläubig annimmt, daß er rechtlich verpflichtet sei, die Tat zu begehen.

Beispiele:

(a) A, ein Soldat, schießt auf eine Menschenmenge auf Befehl seines Vorgesetzten und im Einklang mit den Erfordernissen des Gesetzes. A hat keine Straftat begangen.

(b) A, ein Gerichtsbeamter, dem das Gericht befohlen hat, Y zu verhaften, verhaftet Z nach Einziehung sorgfältiger Erkundigungen in der Meinung, Z sei Y. A hat keine Straftat begangen.

Sec. 77. **Handlungen eines Richters in Ausübung seiner richterlichen Tätigkeit.**

Eine Straftat begeht nicht ein Richter, der in Ausübung seiner richterlichen Tätigkeit und auf Grund einer Befugnis handelt, die ihm wirklich zusteht, oder deren Bestehen er gutgläubig annimmt.

Sec. 78. **Handlungen in Vollstreckung eines gerichtlichen Urteils oder Befehls.**

Eine Straftat begeht nicht, wer zur Vollstreckung oder auf Grund der Ermächtigung eines gerichtlichen Urteils oder Befehls tätig wird, während das Urteil oder der Befehl in Kraft ist. Dies gilt auch dann, wenn das Gericht zum Erlaß des Urteils oder Befehls nicht befugt war, der Täter aber gutgläubig annimmt, daß die Befugnis bestehe.

Sec. 79. **Handlungen in Ausübung eines wirklichen oder vermeintlichen Rechts.**

Eine Straftat begeht nicht, wer nach dem Gesetz berechtigt ist, oder wer auf Grund eines Tatsachen- und nicht eines Rechtsirrtums gutgläubig annimmt, daß er nach dem Gesetz berechtigt sei, die Tat zu begehen.

Beispiel:

A sieht Z etwas tun, was A für einen Mord hält. A, in gutgläubiger Ausübung der jedermann nach dem Gesetz zustehenden Befugnis, Mörder auf frischer Tat festzunehmen, ergreift Z, um ihn den zuständigen Behörden zuzuführen. A hat keine Straftat begangen, auch wenn sich herausstellen sollte, daß Z in Notwehr gehandelt hat.

Sec. 80. **Zufällige Folgen einer rechtmäßigen Handlung.**

Eine Straftat ist nicht, was durch Zufall oder Mißgeschick ohne verbrecherische Absicht oder Kenntnis bei Begehung einer rechtmäßigen Handlung auf rechtmäßige Weise mit rechtmäßigen Mitteln und mit der erforderlichen Vorsicht und Sorgfalt geschieht.

Beispiel:

A arbeitet mit einer Axt. Das Kopfstück fliegt weg und tötet einen Mann, der in der Nähe steht. Wenn hier A nicht unvorsichtig gehandelt hat, so ist die Tat entschuldbar und nicht strafbar.

Sec. 81. **Handlungen, die geeignet sind, einen Schaden anzurichten, aber ohne verbrecherische Absicht zu dem Zwecke begangen sind, einen anderen Schaden zu verhüten.**

Eine Straftat ist nicht schon deshalb begangen, weil jemand eine Handlung mit dem Bewußtsein begeht, daß sie wahrscheinlich einen Schaden verursachen werde. Sie ist nicht strafbar, wenn der Handelnde sie ohne verbrecherische Absicht, einen Schaden herbeizuführen, vielmehr in gutem Glauben zu dem Zwecke begeht, um einen anderen Schaden für Personen oder Eigentum zu verhüten oder zu vermeiden.

Erläuterung: In einem solchen Falle hängt es von den Umständen ab, ob der zu verhütende oder zu vermeidende Schade von solcher Art und so unmittelbar bevorstehend war, daß er die Begehung der Handlung in Voraussicht des wahrscheinlichen Schadens rechtfertigen oder entschuldigen konnte.

Beispiele:

(a) A, der Kapitän eines Dampfers, sieht sich plötzlich und ohne irgend welche Verfehlung oder Nachlässigkeit auf seiner Seite in einer Lage, in der er, bevor er sein Schiff stoppen kann, ein Boot B mit 20 oder 30 Fahrgästen an Bord überfahren muß, wenn er nicht den Kurs seines

Schiffes ändert. Sollte er aber den Kurs ändern, so würde er Gefahr laufen, ein Boot C mit nur 2 Fahrgästen an Bord zu überfahren. Wenn in diesem Falle A seinen Kurs ändert ohne Absicht, das Boot C zum Sinken zu bringen, in gutem Glauben und zu dem Zweck, die Gefahr von den Fahrgästen in dem Boot B abzuwenden, so ist er keiner Straftat schuldig, auch wenn er das Boot C durch eine Handlung zum Sinken bringt, die, wie er weiß, wahrscheinlich diesen Erfolg herbeiführen wird. Er ist aber nur dann straffrei, wenn nach den tatsächlichen Verhältnissen die Gefahr, die er zu vermeiden strebte, derart war, daß sie die Gefährdung des Bootes C entschuldigen konnte.

(b) Bei einem Großfeuer reißt A Häuser nieder, um die Ausbreitung des Brandes zu verhindern. Er tut das in gutem Glauben, in der Absicht, menschliches Leben und Eigentum zu retten. Wenn sich hier herausstellt, daß der zu verhütende Schaden von solcher Art und so unmittelbar bevorstehend war, daß er A's Handlung entschuldigte, so ist A keiner Straftat schuldig.

Sec. 82. **Handlungen von Kindern unter 7 Jahren[1]).**

Keine Straftat begeht ein Kind unter 7 Jahren.

Sec. 83. **Handlungen von Kindern zwischen 7 und 12 Jahren, denen die volle Verstandesreife noch fehlt.**

Keine Straftat begeht ein Kind, das mindestens 7 Jahre und noch nicht 12 Jahre alt ist, und noch nicht die genügende Verstandesreife besitzt, um die Art und die Folgen seines Verhaltens im Hinblick auf seine Tat zu beurteilen.

Sec. 84. **Handlungen von Geisteskranken[2]).**

Eine Straftat begeht nicht, wer zur Zeit der Handlung wegen Geisteskrankheit unfähig ist, die Art der Handlung zu erfassen oder zu verstehen, daß er unrecht oder gesetzwidrig handelt.

Sec. 85. **Handlungen von Personen, deren Urteilsfähigkeit durch einen gegen ihren Willen hervorgerufenen Rauschzustand ausgeschlossen ist.**

Eine Straftat begeht nicht, wer zur Zeit der Handlung wegen seines Rauschzustandes unfähig ist, die Art der Handlung zu erfassen oder zu verstehen, daß er unrecht oder gesetzwidrig handelt. Doch ist erforderlich, daß der den Rauschzustand hervorrufende Stoff ihm ohne sein Wissen oder gegen seinen Willen beigebracht war.

Sec. 86. **Rauschtaten, die eine bestimmte Absicht oder Kenntnis erfordern.**

Wenn eine Straftat eine bestimmte Kenntnis oder Absicht voraussetzt, so wird jemand, der die Tat im Rauschzustand begeht, so behandelt, als hätte er die Kenntnis, die er gehabt hätte, wenn er nicht berauscht gewesen wäre. Dies gilt nicht, wenn der den Rauschzustand hervorrufende Stoff ihm ohne sein Wissen oder gegen seinen Willen beigebracht war.

---

[1]) Die Unterbringung von jugendlichen Kriminellen unter 15 Jahren ist in Sec. 399 der Strafprozeßordnung vorgesehen und im Reformatory Schools Act von 1897 näher geregelt.

[2]) Die Sicherungsverwahrung Geisteskranker ist in Sec. 471 der Strafprozeßordnung geregelt

Sec. 87. Handlungen mit Einwilligung des Verletzten ohne die Absicht oder Voraussicht einer Tötung oder schweren Körperverletzung.

Eine Straftat begeht nicht, wer einer Person über 18 Jahren ohne die Absicht oder Voraussicht der Tötung oder schweren Körperverletzung einen Schaden zufügt oder zuzufügen beabsichtigt, in den der Verletzte ausdrücklich oder stillschweigend eingewilligt hat. Das gilt auch dann, wenn der Täter den Eintritt des Schadens für wahrscheinlich gehalten, der andere aber darin eingewilligt hat, die Gefahr des Schadens auf sich zu nehmen.

Beispiel:

A und Z verabreden, miteinander zum Vergnügen zu fechten. Diese Verabredung schließt die beiderseitige Einwilligung in Verletzungen ein, die bei einem solchen Fechten bei regelmäßigem Spiel eintreten können. Wenn A Z verletzt, ohne gegen die Spielregeln zu verstoßen, so begeht A keine Straftat.

Sec. 88. Gutgläubige Handlungen zum Wohle eines anderen mit dessen Einwilligung ohne Tötungsabsicht.

Eine Straftat begeht nicht, wer jemand ohne die Absicht der Tötung eine Verletzung zufügt und diese zuzufügen beabsichtigt oder als wahrscheinlich voraussieht, wenn die Tat in gutem Glauben zu dessen Wohle begangen ist, und dieser ausdrücklich oder stillschweigend darin eingewilligt hat, die Verletzung zu dulden oder die Gefahr der Verletzung auf sich zu nehmen.

Beispiel:

Ein Chirurg A, in dem Bewußtsein, daß eine bestimmte Operation wahrscheinlich den Tod des Z herbeiführen werde, der an einer qualvollen Krankheit leidet, aber ohne die Absicht, Z's Tod herbeizuführen, sondern in dem gutgläubigen Bemühen, zu Z's Bestem zu handeln, nimmt die Operation an Z mit dessen Einwilligung vor. A hat keine Straftat begangen.

Sec. 89. Gutgläubige Handlungen zum Wohle eines Kindes oder Geisteskranken mit Einwilligung des gesetzlichen Vertreters.

Keine Straftat ist eine in gutem Glauben zum Wohle einer Person unter 12 Jahren oder eines Geisteskranken mit ausdrücklicher oder stillschweigender Einwilligung des gesetzlichen Vertreters oder eines anderen Sorgeberechtigten begangene Handlung auf Grund einer Verletzung, die dem anderen zugefügt und deren Zufügung beabsichtigt oder als wahrscheinlich vorausgesehen wird.

Einschränkungen:

1. Dieser Strafausschließungsgrund umfaßt nicht die absichtliche Tötung und den Versuch der Tötung.
2. Dieser Strafausschließungsgrund umfaßt nicht eine Handlung, die, wie der Täter weiß, wahrscheinlich den Tod herbeiführen wird, wenn es nicht der einzige Zweck des Handelns war, den Tod oder eine schwere Körperverletzung abzuwenden oder jemand von schwerem Siechtum oder Leiden zu heilen.

3. Dieser Strafausschließungsgrund umfaßt nicht die vorsätzliche Herbeiführung einer schweren Körperverletzung und den Versuch der schweren Körperverletzung, wenn es nicht der Zweck des Handelns war, den Tod oder eine schwere Körperverletzung zu verhüten oder jemand von schwerem Siechtum oder Leiden zu heilen.
4. Dieser Strafausschließungsgrund umfaßt nicht die Teilnahme an einer Straftat, deren Begehung nicht unter den Strafausschließungsgrund fällt.

Beispiel:

A läßt gutgläubig zum Wohle seines Kindes, wenn auch ohne dessen Einwilligung, einen Chirurgen einen Stein aus dem Körper des Kindes entfernen. Er weiß, daß die Operation wahrscheinlich den Tod des Kindes herbeiführen wird, beabsichtigt aber nicht dessen Tod. A fällt unter den Strafausschließungsgrund, da sein Ziel die Heilung des Kindes war.

Sec. 90. **Einwilligung unter dem Einfluß von Furcht oder Irrtum. Einwilligung von Geisteskranken oder Kindern.**

Eine Einwilligung ist keine Einwilligung im Sinne dieses Gesetzes, wenn sie von jemand aus Furcht vor einem Nachteil oder auf Grund eines Tatsachenirrtums erteilt war und der Täter weiß oder wissen muß, daß die Einwilligung aus Furcht oder auf Grund eines solchen Irrtums erteilt war; oder

wenn die Einwilligung von jemand erteilt wird, der infolge Geisteskrankheit oder eines Rauschzustandes unfähig ist, die Art und die Folgen der Handlung zu beurteilen, in die er einwilligt; oder

wenn die Einwilligung von einer Person unter 12 Jahren erteilt wird, sofern sich nicht das Gegenteil aus dem Zusammenhang ergibt.

Sec. 91. **Unerheblichkeit der Einwilligung in Handlungen, die Straftaten ohne Rücksicht auf den Schaden sind, den sie anrichten mögen.**

Die in Sec. 87, 88 und 89 bezeichneten Strafausschließungsgründe gelten nicht für Handlungen, die gegenüber demjenigen, von dem oder für den die Einwilligung erteilt ist, Straftaten sind ungeachtet des Schadens, der durch sie verursacht oder beabsichtigt oder als wahrscheinlich vorausgesehen wird.

Beispiel:

Die Abtreibung, wenn sie nicht in gutem Glauben vorgenommen wird, um das Leben der Mutter zu retten, ist eine Straftat unabhängig von dem Schaden, den sie der Mutter verursacht oder zufügen soll. Sie ist daher keine Straftat auf Grund dieses Schadens. Daher ist die Einwilligung der Frau oder ihres gesetzlichen Vertreters zu der Abtreibung kein Rechtfertigungsgrund.

Sec. 92. **Gutgläubige Handlungen zum Wohle eines anderen ohne dessen Einwilligung.**

Keine Straftat ist eine in gutem Glauben zum Wohle eines anderen begangene Handlung auf Grund einer Verletzung, die sie ihm zufügen mag, wenn dieser nach den Umständen außerstande ist, seine Einwilligung zum

Ausdruck zu bringen, und wenn er keinen gesetzlichen Vertreter oder anderen Sorgeberechtigten hat, dessen Einwilligung zur Zeit der Vornahme der Handlung rechtzeitig eingeholt werden kann.

Einschränkungen:

1. Dieser Strafausschließungsgrund umfaßt nicht die absichtliche Tötung oder den Versuch der Tötung.
2. Dieser Strafausschließungsgrund umfaßt nicht eine Handlung, die, wie der Täter weiß, wahrscheinlich den Tod herbeiführen wird, wenn es nicht der einzige Zweck des Handelns war, den Tod oder eine schwere Körperverletzung abzuwenden oder jemand von schwerem Siechtum oder Leiden zu heilen.
3. Dieser Strafausschließungsgrund umfaßt nicht die vorsätzliche Herbeiführung einer Körperverletzung und den Versuch der Körperverletzung, wenn es nicht der einzige Zweck des Handelns war, den Tod oder eine Körperverletzung zu verhüten.
4. Dieser Strafausschließungsgrund umfaßt nicht die Teilnahme an einer Straftat, deren Begehung nicht unter den Strafausschließungsgund fällt.

Beispiele:

(a) Z wird wird von seinem Pferde abgeworfen und verliert das Bewußtsein. Ein Chirurg A kommt zu dem Ergebnis, daß Z trepaniert werden muß. A, ohne Absicht, Z zu töten, vielmehr in gutem Glauben und zu Z's Wohle, führt die Operation durch, ehe Z sein Bewußtsein und die Fähigkeit, über sich selbst zu entscheiden, wiedererlangt hat. A hat keine Straftat begangen.

(b) Z wird von einem Tiger verschleppt. A schießt auf den Tiger in dem Bewußtsein, daß der Schuß Z wahrscheinlich töten wird, aber ohne die Absicht, Z zu töten, vielmehr in gutem Glauben und in der Absicht, Z zu helfen. Die Kugel des A bringt Z eine tödliche Wunde bei. A hat keine Straftat begangen.

(c) Ein Chirurg A sieht, wie ein Kind einen Unfall erleidet, der wahrscheinlich tödliche Folgen haben wird, wenn das Kind nicht sofort operiert wird. Es ist keine Zeit, sich an den gesetzlichen Vertreter des Kindes zu wenden. A nimmt ungeachtet der Bitten des Kindes die Operation vor, in der guten Absicht, zu des Kindes Bestem zu handeln. A hat keine Straftat begangen.

(d) A befindet sich mit Z, einem Kinde, in einem brennenden Hause. Unten stehende Leute breiten ein Tuch aus. A wirft das Kind von oben herunter in dem Bewußtsein, daß der Sturz das Kind wahrscheinlich töten wird, aber ohne Absicht, das Kind zu töten, vielmehr in der guten Absicht, zu des Kindes Bestem zu handeln. Hier hat A, selbst wenn das Kind durch den Sturz getötet wird, keine Straftat begangen.

Erläuterung: Ein Handeln nur im geldlichen Interesse des anderen ist kein Handeln zum Wohle des anderen im Sinne der Sec. 88, 89 und 92.

Sec. 93. Mitteilungen in gutem Glauben.

Keine Straftat ist eine Mitteilung wegen des Schadens, den sie dem Empfänger der Mitteilung zufügt, wenn sie in gutem Glauben zum Wohle des Empfängers gemacht wird.

Beispiel:
Ein Chirurg A teilt einem Patienten gutgläubig seine Ansicht mit, daß dieser sterben müsse. Der Patient stirbt infolge des Nervenchocks. A hat keine Straftat begangen, auch wenn er wußte, daß die Mitteilung wahrscheinlich den Tod des Patienten herbeiführen werde.

Sec. 94. **Handlungen unter dem Zwang von Drohungen.**

Abgesehen von den Fällen des Mordes und der mit dem Tode bedrohten Verbrechen gegen den Staat begeht keine Straftat, wer zur Begehung der Tat durch Drohungen gezwungen wird, die zur Zeit der Tat die Furcht vor dem sofortigen Tode des Bedrohten bei Nichtvornahme der Handlung begründen. Dies gilt nicht, wenn der Täter sich aus eigenem Antrieb oder ohne die begründete Besorgnis sofortigen Todes in die Lage versetzt hat, in der er solchem Druck ausgesetzt war.

Erläuterung 1: Wer aus eigenem Antrieb oder aus Furcht vor Schlägen sich einer Räuberbande in Kenntnis ihres Charakters anschließt, kann sich nicht auf diesen Strafausschließungsgrund berufen, weil er von seinen Spießgesellen dazu gezwungen sei, eine Straftat zu begehen.

Erläuterung 2: Wer von einer Räuberbande gefangen genommen und durch Bedrohung mit dem sofortigen Tode dazu gezwungen wird, eine Straftat zu begehen, ein Schmied z. B., der genötigt wird, seine Werkzeuge zur Hand zu nehmen und die Tür eines Hauses aufzubrechen, damit die Räuber darin eindringen und plündern können, kann sich auf diesen Strafausschließungsgrund berufen.

Sec. 95. **Handlungen, die nur unbedeutenden Schaden verursachen.**

Keine Straftat ist eine Handlung auf Grund eines Schadens, den sie verursacht, oder dessen Verursachung beabsichtigt oder als wahrscheinlich vorausgesehen wird, wenn der Schade so unbedeutend ist, daß kein vernünftiger und verständiger Mensch sich über ihn beklagen würde.

Das Recht der Notwehr.

Sec. 96. **Notwehr.**

Eine Straftat begeht nicht, wer in Ausübung des Notwehrrechts handelt.

Sec. 97. **Notwehr zum Schutze des Körpers und des Eigentums.**

Vorbehaltlich der Ausnahmen in Sec. 99 darf ein jeder verteidigen:

1. den eigenen Körper oder den eines anderen gegen jede Straftat, die den menschlichen Körper in Mitleidenschaft zieht;
2. eigenes oder fremdes bewegliches oder unbewegliches Eigentum gegen eine Handlung, die einen Diebstahl, einen Raub, eine Sachbeschädigung, eine Störung des Hausfriedens oder den Versuch einer dieser Straftaten enthält.

Sec. 98. **Notwehr gegen Geisteskranke usw.**

Wenn eine Handlung, die anderenfalls strafbar wäre, wegen der Jugend, der mangelnden Verstandesreife, der Geisteskrankheit, des Rauschzustandes des Handelnden oder wegen eines Irrtums, unter dem der Angreifer handelt, keine Straftat ist, so hat jeder dieser Handlung gegenüber das Notwehrrecht, als ob die Handlung strafbar wäre.

Beispiele:

(a) Z versucht unter dem Einfluß seiner Geisteskrankheit, A zu töten. Z begeht keine Straftat. Aber A hat das gleiche Notwehrrecht, das er hätte, wenn Z gesund wäre.

(b) A betritt nachts ein Haus, das er zu betreten berechtigt ist. Z, der A in gutem Glauben für einen Einbrecher hält, greift A an. Hier begeht Z durch den Angriff gegen A keine Straftat, da er sich irrt. Aber A hat das gleiche Notwehrrecht gegen Z, das er hätte, wenn Z sich nicht im Irrtum befände.

Sec. 99. **Handlungen, gegen die es keine Notwehr gibt.**

Keine Notwehr gibt es gegen eine Handlung, die ein Amtsträger gutgläubig in Ausübung seines Amtes begeht oder versucht, auch wenn die Handlung sich nach dem Gesetz genau genommen nicht rechtfertigen läßt, es sei denn, daß die Handlung die Furcht vor dem Tode oder vor schwerer Körperverletzung begründet.

Keine Notwehr gibt es gegen eine Handlung, die auf Anordnung eines Amtsträgers begangen oder versucht wird, der in gutgläubiger Ausübung seines Amtes handelt, auch wenn die Anordnung sich nach dem Gesetz genau genommen nicht rechtfertigen läßt, es sei denn, daß die Handlung die Furcht vor dem Tode oder vor schwerer Körperverletzung begründet.

Keine Notwehr gibt es, wenn noch Zeit ist, den Schutz der Behörden in Anspruch zu nehmen.

Ausdehnung des Notwehrrechts.

Die Notwehr rechtfertigt niemals die Verursachung eines größeren Schadens, als zum Zwecke der Verteidigung notwendig ist.

Erläuterung 1: Niemand verliert sein Notwehrrecht gegen eine Handlung, die ein Amtsträger in seiner amtlichen Eigenschaft vornimmt oder vorzunehmen versucht, wenn er nicht weiß oder wissen muß, daß der Handelnde ein Amtsträger ist.

Erläuterung 2: Niemand verliert sein Notwehrrecht gegen eine Handlung, die auf Anordnung eines Amtsträgers begangen oder versucht wird, wenn er nicht weiß oder wissen muß, daß der Handelnde auf Grund einer solchen Anordnung tätig wird, oder wenn nicht der Handelnde die Ermächtigung klarstellt, auf Grund deren er handelt, oder im Falle einer schriftlichen Ermächtigung, wenn er nicht das Ermächtigungsschreiben auf Verlangen vorlegt.

Sec. 100. **Ausdehnung der Notwehr zum Schutze des Körpers bis zur Tötung des Angreifers.**

Die Notwehr zum Schutze des Körpers umfaßt — abgesehen von den in der vorgenannten Bestimmung bezeichneten Einschränkungen — das Recht, den Angreifer vorsätzlich zu töten oder ihm jede andere Verletzung zuzufügen, wenn die die Notwehr auslösende Straftat einer der folgenden Bestimmungen entspricht:

1. Ein Angriff, der die Besorgnis rechtfertigt, daß anderenfalls der Tod eintreten werde;

2. ein Angriff, der die Besorgnis rechtfertigt, daß anderenfalls eine schwere Körperverletzung eintreten werde;
3. ein Angriff, der in der Absicht der Notzucht erfolgt;
4. ein Angriff, der in der Absicht der Befriedigung widernatürlicher Triebe erfolgt;
5. ein Angriff in der Absicht des Menschenraubes oder der Entführung;
6. ein Angriff in der Absicht der Freiheitsberaubung unter Umständen, die die Besorgnis rechtfertigen, der Angegriffene werde außerstande sein, sich zum Zwecke seiner Freilassung an die Behörden zu wenden.

Sec. 101. **Fälle, in denen die Notwehr nur andere Verletzungen als die Tötung des Angreifers rechtfertigt.**

Wenn die Straftat keiner der in der vorgenannten Bestimmung enthaltenen Begriffsbestimmungen entspricht, so rechtfertigt die Notwehr zum Schutze des Körpers zwar nicht die vorsätzliche Tötung des Angreifers, wohl aber — abgesehen von den in Sec. 99 bezeichneten Einschränkungen — jede andere vorsätzliche Verletzung des Angreifers.

Sec. 102. **Beginn und Dauer der Notwehr zum Schutze des Körpers.**

Die Notwehr zum Schutze des Körpers beginnt, sobald die Besorgnis einer Gefahr für den Körper durch den Versuch oder die drohende Begehung der Straftat gerechtfertigt ist, mag auch die Straftat nicht ausgeführt worden sein. Sie dauert so lange fort, wie die Besorgnis der Gefährdung des Körpers andauert.

Sec. 103. **Ausdehnung der Notwehr zum Schutze des Eigentums bis zur Tötung des Angreifers.**

Die Notwehr zum Schutze des Eigentums umfaßt — abgesehen von den in Sec. 99 bezeichneten Einschränkungen — das Recht, den Angreifer vorsätzlich zu töten und ihm jede andere Verletzung zuzufügen, wenn die die Notwehr auslösende Straftat einer der folgenden Bestimmungen entspricht:

1. Raub;
2. Hausfriedensbruch bei Nacht;
3. Brandstiftung an einem Gebäude, Zelt oder Schiff, das zur Wohnung von Menschen oder zur Aufbewahrung von Eigentum dient;
4. Diebstahl, Sachbeschädigung oder Störung des Hausfriedens unter Umständen, die die Besorgnis rechtfertigen, daß bei Nichtausübung des Notwehrrechts der Tod oder eine schwere Körperverletzung eintreten werde.

Sec. 104. **Fälle, in denen das Notwehrrecht nur andere Verletzungen als die Tötung des Angreifers rechtfertigt.**

Wenn die Straftat, deren Begehung oder Versuch die Notwehr auslöst, ein Diebstahl, eine Sachbeschädigung oder eine Störung des Hausfriedens ist, aber keiner der in der vorgenannten Bestimmung enthaltenen Begriffsbestimmungen entspricht, so rechtfertigt die Notwehr zwar nicht die vorsätzliche Tötung des Angreifers, wohl aber — abgesehen von den in Sec. 99 bezeichneten Einschränkungen — jede andere vorsätzliche Verletzung des Angreifers.

Sec. 105. Beginn und Dauer der Notwehr zum Schutze des Eigentums.

Die Notwehr zum Schutze des Eigentums beginnt, sobald die Besorgnis einer Gefahr für das Eigentum gerechtfertigt ist.

Die Notwehr zum Schutze des Eigentums gegen Diebstahl dauert so lange fort, bis der Täter mit dem Eigentum entkommen ist oder die Hilfe der Behörden zur Verfügung steht oder das Eigentum zurückerlangt ist.

Die Notwehr zum Schutze des Eigentums gegen Raub dauert so lange fort, als der Täter jemand tötet, verletzt oder nötigt, zu töten, zu verletzen oder zu nötigen versucht, oder solange die Furcht vor dem sofortigen Tode, sofortiger Verletzung oder sofortiger Nötigung andauert.

Die Notwehr zum Schutze des Eigentums gegen die Störung des Hausfriedens oder Sachbeschädigung dauert so lange fort, als der Täter bei der Störung des Hausfriedens oder der Sachbeschädigung beharrt.

Die Notwehr zum Schutze des Eigentums gegen Hausfriedensbruch bei Nacht dauert so lange fort, als die durch den Hausfriedensbruch begangene Störung des Hausfriedens andauert.

Sec. 106. Notwehr gegen mit Lebensgefahr verbundene Angriffe unter Gefährdung Unschuldiger.

Wenn der Täter sich bei Ausübung des Notwehrrechts gegen einen Angriff, der die Furcht vor dem Tode begründet, in einer Lage befindet, in der er sein Recht nicht ohne Gefährdung eines Unschuldigen ausüben kann, so umfaßt sein Notwehrrecht auch diese Gefährdung.

Beispiel:

A wird von einer Menschenmenge angegriffen, die versucht, ihn zu ermorden. Er kann sich nicht wirksam verteidigen, ohne auf die Menge zu schießen, und er kann nicht schießen, ohne Kinder zu gefährden, die sich in der Menge befinden. A begeht keine Straftat, wenn er durch sein Schießen eines der Kinder verletzt.

Kapitel V

Teilnahme.

Sec. 107. Teilnahme.

Jemand nimmt an etwas teil, wenn er:

1. jemand dazu anstiftet, etwas zu tun; oder
2. sich mit mindestens einem anderen auf eine Verabredung einläßt, etwas zu tun und es infolge der Verabredung und zum Zwecke der Ausführung des Verabredeten zu einer Handlung oder rechtswidrigen Unterlassung kommt; oder
3. wenn jemand absichtlich durch eine Handlung oder rechtswidrige Unterlassung bei etwas hilft.

Erläuterung 1: Wer durch eine absichtlich falsche Darstellung oder die absichtliche Unterdrückung einer wesentlichen Tatsache, zu deren Offenbarung er verpflichtet ist, vorsätzlich ein bestimmtes Handeln verursacht oder herbeiführt oder es zu verursachen oder herbeizuführen versucht, stiftet zu dem Handeln an.

Beispiel:

Ein Beamter A ist durch einen gerichtlichen Haftbefehl ermächtigt, Z zu verhaften. B, in Kenntnis dieser Tatsache, behauptet A gegenüber wider besseres Wissen, C sei Z und veranlaßt auf diese Weise absichtlich den A, C zu verhaften. Hier stiftet B A dazu an, C zu verhaften.

Erläuterung 2: Wer vor oder während der Begehung einer Handlung etwas tut, um die Begehung der Handlung zu erleichtern und sie dadurch auch wirklich erleichtert, hilft bei Begehung der Handlung.

Sec. 108. **Teilnehmer.**

An einer Straftat nimmt teil, wer sich an der Begehung einer wirklichen Straftat oder an der Begehung einer Handlung beteiligt, die eine Straftat wäre, wenn der Täter nach dem Gesetz imstande wäre, die Tat mit der gleichen Absicht oder Kenntnis wie der Teilnehmer zu begehen.

Erläuterung 1: Die Teilnahme an einer Unterlassung kann strafbar sein, auch wenn der Teilnehmer selbst nicht verpflichtet war, zu handeln.

Erläuterung 2: Zur Strafbarkeit der Teilnahme ist nicht erforderlich, daß die Handlung, an der teilgenommen wird, wirklich begangen wird, oder daß der zur Vollendung der Straftat erforderliche Erfolg eintritt.

Beispiele:

(a) A stiftet B an, C zu ermorden. B lehnt ab. A ist der Teilnahme an einem von B zu begehenden Morde schuldig.

(b) A stiftet B an, D zu ermorden. Unter dem Einfluß der Anstiftung ersticht B den D. D erholt sich von der Verwundung. A ist der Anstiftung eines von B begangenen Mordes schuldig.

Erläuterung 3: Es ist nicht erforderlich, daß der Täter nach dem Gesetz imstande ist, eine Straftat zu begehen, oder daß er die gleiche strafbare Absicht oder Kenntnis wie der Teilnehmer oder überhaupt irgendeine strafbare Absicht oder Kenntnis hat.

Beispiele:

(a) A stiftet in verbrecherischer Absicht ein Kind oder einen Geisteskranken dazu an, eine Handlung zu begehen, die eine Straftat wäre, wenn der Täter nach dem Gesetz eine Straftat begehen könnte und dieselbe Absicht haben könnte wie A. Hier ist A der Teilnahme schuldig, mag die Handlung begangen werden oder nicht.

(b) A, in der Absicht, Z zu ermorden, stiftet B, ein Kind unter 7 Jahren, dazu an, eine Handlung zu begehen, die Z's Tod herbeiführen soll. Infolge der Anstiftung begeht B die Handlung in A's Abwesenheit und führt Z's Tod herbei. In diesem Falle ist A, obwohl B nach dem Gesetz keine Straftat begehen konnte, ebenso strafbar, als ob B eine Straftat hätte begehen können und einen Mord begangen hätte. A ist daher mit dem Tode zu bestrafen.

(c) A stiftet B dazu an, ein Wohnhaus in Brand zu setzen. B, der infolge seiner Geisteskrankheit außerstande ist, die Art der Handlung zu verstehen oder zu begreifen, daß er unrecht oder gesetzwidrig handelt, setzt das Haus unter dem Einfluß der Anstiftung in Brand. B hat keine Straftat begangen, aber A ist der Anstiftung zur Inbrandsetzung eines Wohnhauses schuldig und entsprechend zu bestrafen.

(d) A, in der Absicht, einen Diebstahl begehen zu lassen, stiftet B dazu an, Z gehörendes Eigentum diesem wegzunehmen. A versetzt B in den Glauben, das Eigentum gehöre A selbst. B nimmt das Eigentum dem Z weg in dem guten Glauben, es gehöre A. Unter dem Einfluß dieses Irrtums handelt B nicht in rechtswidriger Absicht, er begeht also keinen Diebstahl. Trotzdem ist A der Anstiftung zum Diebstahl schuldig und ebenso zu bestrafen, als hätte B einen Diebstahl begangen.

Erläuterung 4: Da die Teilnahme eine Straftat ist, so ist die Teilnahme an der Teilnahme gleichfalls strafbar.

Beispiel:

A stiftet B dazu an, den C zur Ermordung des Z anzustiften. Dementsprechend stiftet B den C an, Z zu ermorden, und C begeht die Tat unter dem Einfluß der Anstiftung. B hat auf Grund seiner Tat die Strafe des Mordes verwirkt, aber auch A unterliegt der gleichen Bestrafung, da er B zu der von diesem begangenen Tat angestiftet hat.

Erläuterung 5: Zur Teilnahme in Gestalt einer Verabredung ist nicht erforderlich, daß der Teilnehmer die Begehung der Tat mit dem Ausführenden selbst verabredet. Ausreichend ist jede Beteiligung an einer Verabredung, auf Grund deren die Tat begangen wird.

Beispiel:

A verabredet mit B einen Plan zur Vergiftung des Z. Es wird verabredet, daß A das Gift dem Z beibringen solle. Dann erklärt B C den Plan, wobei er erwähnt, daß eine dritte Person das Gift beibringen solle, doch ohne A's Namen zu nennen. C erklärt sich bereit, das Gift zu beschaffen. Er beschafft es auch und händigt es B aus zum Zwecke der ihm von B erklärten Verwendung. A bringt das Gift Z bei, der daran stirbt. Obwohl in diesem Falle A und C nicht zusammengearbeitet haben, so war doch C an einer Verabredung beteiligt, infolge deren Z ermordet wurde. Somit hat sich C nach dieser Vorschrift strafbar gemacht und die Strafe des Mordes verwirkt.

Sec. 108 A. **Teilnahme in *Indien* [den Provinzen oder der Bundeshauptstadt] an im Ausland begangenen Straftaten.**

An einer Straftat im Sinne dieses Gesetzes nimmt teil, wer in *Indien* [den Provinzen oder der Bundeshauptstadt] an der Begehung einer außerhalb *Indiens* [der Provinzen und der Bundeshauptstadt] begangenen Handlung teilnimmt, die im Inland eine Straftat wäre.

Beispiel:

A stiftet von *Indien* [den Provinzen oder der Bundeshauptstadt] aus B, einen Ausländer in Goa, dazu an, einen Mord in Goa[1]) zu begehen. A ist der Teilnahme am Morde schuldig.

1) Goa ist eine portugiesische Besitzung in Indien.

Sec. 109. Strafe der Teilnahme, wenn die Tat infolge der Teilnahme begangen wird und keine ausdrückliche Bestimmung für die Bestrafung vorgesehen ist.

Wer an einer Straftat teilnimmt, wird, wenn die Handlung infolge der Teilnahme begangen wird und in diesem Gesetz keine ausdrückliche Bestimmung für die Bestrafung der Teilnahme vorgesehen ist, mit der Strafe bestraft, die für die Straftat vorgesehen ist.

Erläuterung: Eine Handlung oder Straftat ist infolge der Teilnahme begangen, wenn sie infolge der Anstiftung, auf Grund der Verabredung oder mittels der Hilfe begangen wird, die die Teilnahme darstellt

Beispiele:

(a) A bietet B, einem Beamten, eine Bestechungssumme an als Belohnung dafür, daß B dem A in Ausübung seiner amtlichen Tätigkeit einen Gefallen tue. B nimmt das Bestechungsgeld an. A ist der Teilnahme an der in Sec. 161 bezeichneten Straftat schuldig.

(b) A stiftet B dazu an, falsches Zeugnis abzulegen. B begeht die Straftat infolge der Anstiftung. A ist der Teilnahme schuldig und ebenso strafbar wie B.

(c) A und B verabreden, Z zu vergiften. A, der Verabredung entsprechend beschafft das Gift und händigt es B aus, damit dieser es Z beibringe B bringt das Gift dem Z in A's Abwesenheit bei und führt so dessen Tod herbei. Hier ist B des Mordes schuldig. A ist der Teilnahme in Gestalt der Verabredung schuldig und wegen Mordes zu bestrafen.

Sec. 110. Strafe der Teilnahme, wenn der Täter eine andere Absicht als der Teilnehmer verfolgt.

Wer an einer Straftat teilnimmt, wird, wenn der Täter die Tat in anderer Absicht oder mit anderem Wissen als der Teilnehmer begeht, nur wegen der Tat bestraft, die begangen wäre, wenn der Täter die Absicht oder das Wissen des Teilnehmers gehabt hätte.

Sec. 111. Strafe des Teilnehmers, wenn eine andere als die von dem Teilnehmer beabsichtigte Tat begangen wird.

Wenn eine andere Tat begangen wird als die, die der Teilnehmer beabsichtigt hatte, so haftet der Teilnehmer für die begangene Tat ebenso, als ob er sich unmittelbar an ihr beteiligt hätte, sofern die begangene Tat die wahrscheinliche Folge der Teilnahme war und infolge der Anstiftung, mit der Hilfe oder auf Grund der Verabredung begangen wurde, die die Teilnahme darstellt.

Beispiele:

(a) A stiftet ein Kind dazu an, Gift in das Essen des Z zu tun und gibt ihm Gift zu diesem Zweck. Infolge der Anstiftung mischt das Kind das Gift irrtümlich in das Essen des Y, das sich neben dem des Z befindet. Wenn hier das Kind unter dem Einfluß der Anstiftung gehandelt hat und das wirkliche Geschehen nach den Umständen eine naheliegende Folge der Anstiftung war, so ist A ebenso verantwortlich, wie wenn er das Kind dazu angestiftet hätte, das Gift in die Speise des Y zu mischen.

(b) A stiftet B dazu an, Z's Haus in Brand zu setzen. B setzt das Haus in Brand und begeht dort gleichzeitig einen Diebstahl. A ist zwar der Anstiftung zur Brandstiftung schuldig, nicht aber der Anstiftung zum Diebstahl. Denn der Diebstahl war eine Handlung für sich und nicht eine wahrscheinliche Folge der Brandstiftung.

(c) A stiftet B und C dazu an, um Mitternacht in ein unbewohntes Haus zum Zwecke des Raubes einzubrechen und versieht sie zu diesem Zweck mit Waffen. B und C brechen auch in das Haus ein und ermorden Z, einen der Hausbewohner, als dieser ihnen Widerstand leistet. Wenn hier der Mord die wahrscheinliche Folge der Anstiftung war, so ist A wegen Mordes strafbar.

Sec. 112. **Doppelte Strafbarkeit des Teilnehmers für die Tat, an der er teilgenommen hat, und für diejenige, die wirklich begangen ist.**

Wenn die Tat, auf Grund deren der Teilnehmer nach der vorgenannten Bestimmung strafbar ist, außer der Tat begangen ist, an der er teilgenommen hat, und wenn sie dieser gegenüber eine selbständige Straftat darstellt, so wird der Teilnehmer für jede der Taten bestraft.

Beispiel:

A stiftet B dazu an, einer Beschlagnahme durch einen Beamten gewaltsamen Widerstand zu leisten. B leistet den Widerstand. Dabei bringt er dem die Beschlagnahme ausführenden Beamten eine schwere Verletzung bei. Da B sich sowohl des Widerstandes gegen die Beschlagnahme als auch der schweren Körperverletzung schuldig gemacht hat, so wird er wegen beider Taten bestraft. Dasselbe gilt für A, wenn er wußte, daß B bei der Leistung des Widerstandes dem A wahrscheinlich eine schwere Körperverletzung beibringen werde.

Sec. 113. **Haftung des Teilnehmers für einen von dem Teilnehmer nicht beabsichtigten Erfolg.**

Wenn jemand an einer Straftat teilnimmt, um einen bestimmten Erfolg herbeizuführen, und eine Handlung, für die der Teilnehmer verantwortlich ist, einen anderen als den von dem Teilnehmer beabsichtigten Erfolg herbeiführt, so ist der Teilnehmer für den Erfolg in der gleichen Art und in dem gleichen Maße verantwortlich, als hätte er an der Tat in der Absicht teilgenommen, diesen Erfolg herbeizuführen. Dies gilt aber nur dann, wenn er wußte, daß die Handlung wahrscheinlich den Erfolg herbeiführen werde.

Beispiel:

A stiftet B dazu an, dem Z eine schwere Körperverletzung beizubringen. Infolge der Anstiftung bringt B Z eine schwere Körperverletzung bei, an der Z stirbt. Wenn A in diesem Falle wußte, daß die schwere Körperverletzung wahrscheinlich den Tod des Z herbeiführen werde, so wird A wegen Mordes bestraft.

Sec. 114. **Anwesenheit des Teilnehmers zur Zeit der Tat.**

Wenn jemand, der als Abwesender der Teilnahme schuldig wäre, zu der Zeit, als die Handlung oder Straftat begangen wird, anwesend ist, so wird er als der Handelnde oder als Täter angesehen.

Sec. 115. Teilnahme an einer mit Todesstrafe oder lebenslänglicher Deportation bestraften Tat, wenn die Tat nicht begangen wird, oder wenn infolge der Teilnahme jemand verletzt wird.

Wer an einer Straftat teilnimmt, die mit dem Tode oder lebenslänglicher Deportation bestraft wird, wird, wenn die Tat nicht infolge der Teilnahme begangen wird, und in diesem Gesetz keine ausdrückliche Bestimmung für die Bestrafung einer solchen Teilnahme vorgesehen ist, mit Gefängnis bis zu 7 Jahren und mit Geldstrafe bestraft.

Wenn infolge der Teilnahme eine Handlung begangen wird, für die der Teilnehmer verantwortlich ist und durch die jemand eine Körperverletzung zugefügt wird, so wird der Teilnehmer mit Gefängnis bis zu 14 Jahren und mit Geldstrafe bestraft.

Beispiel:

A stiftet B dazu an, Z zu ermorden. Die Tat wird nicht begangen. Wenn B Z ermordet hätte, so wäre er mit dem Tode oder mit lebenslänglicher Deportation zu bestrafen gewesen. Daher ist A mit einer Gefängnisstrafe bis zu 7 Jahren und mit Geldstrafe zu bestrafen. Wenn Z infolge der Teilnahme eine Körperverletzung zugefügt wird, so wird A mit Gefängnis bis zu 14 Jahren und mit Geldstrafe bestraft.

Sec. 116. Teilnahme an einer mit Gefängnis bestraften Tat, wenn die Tat nicht begangen wird.

Wer an einer Straftat teilnimmt, die mit Gefängnis bestraft wird, wird, wenn die Tat nicht infolge der Teilnahme begangen wird, und in diesem Gesetz keine ausdrückliche Bestimmung für die Bestrafung einer solchen Teilnahme vorgesehen ist, mit einer Gefängnisstrafe, die bis zu einem Viertel der für die Straftat vorgesehenen Höchststrafe betragen darf, oder mit der für die Straftat vorgesehenen Geldstrafe oder mit beidem bestraft.

Strafbarkeit in solchen Fällen, wenn der Teilnehmer oder Täter ein Amtsträger ist, der verpflichtet ist, die Straftat zu verhindern.

Wenn der Teilnehmer oder Täter ein Amtsträger ist, der verpflichtet ist, die Begehung der Straftat zu verhindern, so wird der Teilnehmer mit einer Gefängnisstrafe, die bis zur Hälfte der für die Straftat vorgesehenen Höchststrafe betragen darf, oder mit der für die Straftat vorgesehenen Geldstrafe oder mit beidem bestraft.

Beispiele:

(a) A bietet B, einem Beamten, eine Bestechungssumme als Belohnung für die Gewährung einer Gefälligkeit in der Ausübung seiner Amtspflichten an. B lehnt die Annahme der Bestechungssumme ab. A ist nach dieser Vorschrift strafbar.

(b) A stiftet B dazu an, ein falsches Zeugnis abzulegen. Hier hat A sich nach dieser Vorschrift strafbar gemacht, auch wenn B nicht falsch aussagt.

(c) Ein Polizeibeamter A, der verpflichtet ist, Räubereien zu verhindern, beteiligt sich am Raube. Auch wenn der Raub nicht begangen wird, unterliegt A einer Strafe, die bis zur Hälfte der für die Tat vorgesehenen Höchststrafe betragen darf. Außerdem kann Geldstrafe verhängt werden.

(d) A beteiligt sich an einem Raube, den ein Polizeibeamter B begehen soll, obwohl es dessen Pflicht ist, Räubereien zu verhindern. Auch wenn der Raub nicht begangen wird, unterliegt A einer Strafe, die bis zur Hälfte der für den Raub vorgesehenen Höchststrafe betragen darf. Außerdem kann Geldstrafe verhängt werden.

Sec. 117. Teilnahme an der Begehung einer Straftat durch die Allgemeinheit oder durch mehr als 10 Personen.

Wer an einer Straftat teilnimmt, die von der Allgemeinheit oder von einer Anzahl oder Gruppe von mehr als 10 Personen begangen wird, wird mit Gefängnis bis zu 3 Jahren oder mit Geldstrafe oder mit beidem bestraft.

Beispiel:

A bringt auf einem öffentlichen Platz ein Plakat an, durch das eine aus mehr als 10 Personen bestehende Sekte dazu angestiftet wird, sich zu einer bestimmten Zeit und an einem bestimmten Ort zu versammeln, um die Mitglieder einer feindlichen Sekte während eines Umzuges anzugreifen. A hat die in dieser Vorschrift bezeichnete Straftat begangen.

Sec. 118. Verheimlichen der Absicht, eine mit dem Tode oder lebenslänglicher Deportation bedrohte Tat zu begehen.

Wer in der Absicht, die Begehung einer mit dem Tode oder lebenslänglicher Deportation bedrohten Tat zu erleichtern oder mit dem Bewußtsein, daß er dadurch wahrscheinlich die Begehung einer solchen Tat erleichtern wird,

vorsätzlich das Bestehen der Absicht, eine solche Tat zu begehen, durch eine Handlung oder rechtswidrige Unterlassung verheimlicht, oder eine wissentlich falsche Angabe über eine solche Absicht macht,

wird, wenn die Tat begangen wird, mit Gefängnis bis zu 7 Jahren, und wenn sie nicht begangen wird, mit Gefängnis bis zu 3 Jahren, und in beiden Fällen mit Geldstrafe bestraft.

Beispiel:

A, dem bekannt ist, daß ein Bandenraub an dem Orte B beabsichtigt ist, erstattet dem Magistrat eine falsche Anzeige des Inhalts, daß ein Bandenraub an einem Ort beabsichtigt sei, der in entgegengesetzter Richtung liegt, und führt den Magistrat auf diese Weise irre in der Absicht, die Begehung der Tat zu erleichtern. Der Bandenraub wird in B begangen. A ist nach dieser Vorschrift strafbar.

Sec. 119. Verheimlichen der Absicht, eine Straftat zu begehen, durch einen Amtsträger, der verpflichtet ist, die Straftat zu verhindern.

Ein Amtsträger, der in der Absicht, die Begehung einer Straftat zu erleichtern, die zu verhindern er verpflichtet ist, oder mit dem Bewußtsein, daß er dadurch wahrscheinlich die Begehung einer solchen Straftat erleichtern wird,

vorsätzlich das Bestehen der Absicht, eine solche Tat zu begehen, durch eine Handlung oder rechtswidrige Unterlassung verheimlicht, oder eine wissentlich falsche Angabe über eine solche Absicht macht,

wird, wenn die Tat begangen wird, mit einer Gefängnisstrafe, die bis zur Hälfte der für die Straftat vorgesehenen Höchststrafe betragen darf, oder mit der für die Straftat vorgesehenen Geldstrafe oder mit beidem bestraft,

wenn die Straftat mit dem Tode oder mit lebenslänglicher Deportation bedroht ist, mit Gefängnis bis zu 10 Jahren,

wenn die Straftat nicht begangen wird, mit einer Gefängnisstrafe, die bis zu einem Viertel der für die Straftat vorgesehenen Höchststrafe betragen darf, oder mit der für die Straftat vorgesehenen Geldstrafe oder mit beidem bestraft.

Beispiel:
Ein Polizeibeamter A, der gesetzlich verpflichtet ist, Anzeige über jede Absicht eines Raubes zu erstatten, die zu seiner Kenntnis kommt, weiß, daß B einen Raub beabsichtigt, erstattet aber keine Anzeige in der Absicht, die Begehung der Tat zu erleichtern. Hier hat A durch eine rechtswidrige Unterlassung das Bestehen der Absicht des B verheimlicht. Er ist somit nach dieser Vorschrift zu bestrafen.

Sec. 120. **Verheimlichen der Absicht, eine mit Gefängnis bedrohte Tat zu begehen.**

Wer in der Absicht, die Begehung einer mit Gefängnis bedrohten Tat zu erleichtern, oder mit dem Bewußtsein, daß er dadurch wahrscheinlich die Begehung einer solchen Tat erleichtern wird,

vorsätzlich das Bestehen der Absicht, eine solche Tat zu begehen, durch eine Handlung oder rechtswidrige Unterlassung verheimlicht, oder eine wissentlich falsche Angabe über eine solche Absicht macht,

wird, wenn die Tat begangen wird, mit einer Gefängnisstrafe bestraft, die bis zu einem Viertel, und wenn die Tat nicht begangen wird, mit einer Gefängnisstrafe, die bis zu einem Achtel der für die Straftat vorgesehenen Höchststrafe betragen darf, oder mit der für die Straftat vorgesehenen Geldstrafe oder mit beidem bestraft.

Kapitel VA.

Strafbare Verabredung.

Sec. 120 A. **Begriff der strafbaren Verabredung.**

Wenn mindestens 2 Personen sich verabreden,

(1) eine rechtswidrige Handlung, oder

(2) eine nicht rechtswidrige Handlung auf rechtswidrige Art und Weise zu begehen oder begehen zu lassen, so ist eine solche Verabredung eine strafbare Verabredung im Sinne des Gesetzes.

Wenn die Verabredung nicht dahin geht, eine Straftat zu begehen, so ist sie eine strafbare Verabredung nur dann, wenn mindestens einer der Beteiligten irgendeine über eine Verabredung hinausgehende Handlung auf Grund der Verabredung begangen hat.

Erläuterung: Es kommt nicht darauf an, ob die rechtswidrige Handlung das Endziel der Verabredung ist oder nur einen Nebenzweck im Verhältnis zum Endziel darstellt.

Sec. 120 B. **Strafe der Verabredung.**

(1) Wer sich an der strafbaren Verabredung zur Begehung einer mit dem Tode, mit Deportation oder mit strengem Gefängnis von mindestens 2 Jahren bedrohten Straftat beteiligt, wird, wenn in diesem Gesetz keine ausdrückliche Bestimmung für die Bestrafung einer solchen Verabredung vorgesehen ist, ebenso bestraft, als ob er an der Straftat teilgenommen hätte.

(2) Wer sich an einer anderen strafbaren Verabredung als der Verabredung zur Begehung einer der mit den vorstehend bezeichneten Strafen bedrohten Taten beteiligt, wird mit Gefängnis bis zu 6 Monaten oder mit Geldstrafe oder mit beidem bestraft.

Kapitel VI

Straftaten gegen den Staat.

Sec. 121. **Kriegführung, Versuch der Kriegführung oder Teilnahme an der Kriegführung gegen *die Regierung von Indien* [die Königin].**

Wer gegen *die Regierung von Indien* [die Königin] Krieg führt, zu führen versucht oder daran teilnimmt, wird mit dem Tode oder mit lebenslänglicher Deportation bestraft. Außerdem ist Geldstrafe verwirkt.

Beispiele:

(a) A beteiligt sich an einem Aufstand gegen *die Regierung von Indien* [die Königin]. A hat sich nach dieser Vorschrift strafbar gemacht.

[(b) A in Indien nimmt an einem Aufstand gegen die Regierung der Königin in Ceylon teil, indem er den Aufständischen Waffen schickt. A ist der Teilnahme an der Kriegführung gegen die Königin schuldig.]

Sec. 121 A. **Verabredung zur Begehung der nach Sec. 121 strafbaren Taten.**

Wer *in Indien* [den Provinzen oder der Bundeshauptstadt] oder im Ausland sich verabredet, eine der nach Sec. 121 strafbaren Taten zu begehen oder die Regierung *Indiens* [der Provinzen und der Bundeshauptstadt] oder eine *Staatsregierung* [Provinzialregierung] durch verbrecherische Gewalt oder die Androhung von Gewalt einzuschüchtern, wird mit lebenslänglicher oder zeitlicher Deportation oder mit Gefängnis bis zu 10 Jahren bestraft. Außerdem ist Geldstrafe verwirkt.

Erläuterung: Eine Verabredung nach dieser Bestimmung erfordert nicht, daß eine Handlung oder rechtswidrige Unterlassung auf Grund der Verabredung begangen wird.

Sec. 122. **Sammeln von Waffen usw. in der Absicht, gegen *die Regierung von Indien* [die Königin] Krieg zu führen.**

Wer Mannschaft, Waffen oder Munition sammelt oder andere Vorbereitungen trifft in der Absicht, gegen die Regierung von *Indien* [die Königin] Krieg zu führen oder für einen solchen Krieg gerüstet zu sein, wird mit lebenslänglicher Deportation oder mit Gefängnis bis zu 10 Jahren bestraft. Außerdem ist Geldstrafe verwirkt.

Sec. 123. Verheimlichen der verbrecherischen Absicht, um die Kriegführung zu erleichtern.

Wer das Bestehen der Absicht, gegen *die Regierung von Indien* [die Königin] Krieg zu führen, durch eine Handlung oder rechtswidrige Unterlassung verheimlicht, um dadurch die Kriegführung zu erleichtern oder mit dem Bewußtsein, daß er dadurch wahrscheinlich die Kriegführung erleichtern werde, wird mit Gefängnis bis zu 10 Jahren und mit Geldstrafe bestraft.

[Sec. 123 A. **Verurteilung der Errichtung des Staates und Eintreten für die Aufhebung der Souveränität.**

(1) Wer innerhalb oder außerhalb Pakistans in der Absicht, eine Einzelperson oder einen Teil der Bevölkerung im ganzen auf eine für die Sicherheit Pakistans abträgliche Weise zu beeinflussen oder die Souveränität Pakistans über sein Gesamtgebiet oder ein in seinen Grenzen liegendes Gebiet zu gefährden, oder mit dem Bewußtsein, daß dies wahrscheinlich die Folge sein wird, durch gesprochene oder geschriebene Worte, durch Zeichen oder sichtbare Darstellungen die Errichtung Pakistans auf Grund der Teilung Indiens am 15. August 1947 verurteilt oder für die Schwächung oder Aufhebung der Souveränität Pakistans über sein Gesamtgebiet oder ein in seinen Grenzen liegendes Teilgebiet eintritt, gleichgültig, ob im Wege der Verschmelzung mit Nachbarstaaten oder auf andere Weise, wird mit strengem Gefängnis bis zu 10 Jahren und mit Geldstrafe bestraft.

(2) Unbeschadet der Bestimmungen in anderen zur Zeit geltenden Gesetzen darf jedes Gericht, wenn ihm jemand in einem Verfahren auf Grund dieser Bestimmung im Laufe einer Untersuchung oder Verhandlung vorgeführt wird, bis zur endgültigen Entscheidung des Falles solche Anordnungen treffen, die ihm im Hinblick auf seine Betätigung, seine Verbindung oder seinen Zusammenhang mit anderen Personen oder auf seine Tätigkeit zum Zwecke der Propagierung von Nachrichten zweckmäßig scheinen.

(3) Die Befugnis zum Erlaß von Anordnungen auf Grund des Abs. 2 hat auch jedes Berufungs- oder Revisionsgericht in einem solchen Verfahren.]

Sec. 124. Angriff auf den *Präsidenten* [Generalgouverneur von Pakistan], einen Gouverneur usw. in der Absicht, ihn zur Ausübung einer Befugnis zu zwingen oder ihn davon abzuhalten.

Wer in der Absicht, *den Präsidenten von Indien oder den Gouverneur oder Rajpramukh*[1]*) eines Staates* [den Generalgouverneur von Pakistan oder den Gouverneur einer Provinz] zur Ausübung seiner rechtmäßigen Befugnisse zu veranlassen oder zu zwingen oder ihn davon abzuhalten,

diesen angreift oder nötigt oder zu nötigen versucht oder durch verbrecherische Gewalt oder die Androhung von Gewalt einschüchtert oder auf diese Weise einzuschüchtern versucht,

wird mit Gefängnis bis zu 7 Jahren und mit Geldstrafe bestraft.

Sec. 124 A. Verhetzung.

Wer durch gesprochene oder geschriebene Worte, durch Zeichen, sichtbare Darstellungen oder auf andere Weise *die in Indien rechtmäßig bestehende*

---

1) Ein Rajpramukh ist das Oberhaupt der Verwaltung in den früheren Fürstenstaaten.

Regierung [Ihre Majestät oder die in den Provinzen und der Bundeshauptstadt rechtmäßig bestehende Regierung] verhaßt oder verächtlich macht oder verhaßt oder verächtlich zu machen versucht, oder wer Abneigung gegen diese Regierung erregt oder zu erregen versucht, wird mit lebenslänglicher oder zeitlicher Deportation, mit oder ohne Geldstrafe, oder mit Gefängnis bis zu 3 Jahren, mit oder ohne Geldstrafe, oder allein mit Geldstrafe bestraft.

Erläuterung 1: Das Wort „Abneigung" umfaßt Treuverletzungen und feindselige Gefühle jeder Art.

Erläuterung 2: Äußerungen, die eine Mißbilligung von Maßnahmen der Regierung zum Ausdruck bringen mit dem Ziel, ihre Abänderung durch gesetzmäßige Mittel herbeizuführen, und die nicht Haß, Verachtung oder Abneigung erregen oder zu erregen versuchen, fallen nicht unter diese Bestimmung.

Erläuterung 3: Äußerungen, die eine Mißbilligung von Vorgängen in der Verwaltung oder eines Vorgehens der Regierung zum Ausdruck bringen, und die nicht Haß, Verachtung oder Abneigung erregen oder zu erregen versuchen, fallen nicht unter diese Bestimmung.

Sec. 125. **Kriegführung gegen eine mit der *Regierung von Indien* [Königin] verbündete asiatische Macht.**

Wer gegen die Regierung einer asiatischen Macht Krieg führt, die mit der *Regierung von Indien* [Königin] verbündet ist oder zu ihr in friedlichen Beziehungen steht, einen solchen Krieg zu führen versucht oder daran teilnimmt, wird mit lebenslänglicher Deportation, mit oder ohne Geldstrafe, oder mit Gefängnis bis zu 7 Jahren, mit oder ohne Geldstrafe, oder nur mit Geldstrafe bestraft.

Sec. 126. **Plünderung auf dem Gebiet eines Staates, der zu der *Regierung von Indien* [Königin] in friedlichen Beziehungen steht.**

Wer auf dem Gebiet eines Staates, der mit der *Regierung von Indien* [Königin] verbündet ist oder zu ihr in friedlichen Beziehungen steht, sich einer Plünderung schuldig macht oder Vorbereitungen für eine Plünderung trifft, wird mit Gefängnis bis zu 7 Jahren und mit Geldstrafe bestraft. Außerdem ist das Eigentum, das bei der Begehung der Tat benutzt wird, zu ihrer Begehung bestimmt ist oder durch sie erlangt wird, verwirkt.

Sec. 127. **Ansichbringen von Eigentum, das durch einen Krieg oder durch eine Plünderung im Sinne der Sections 125 und 126 erlangt ist.**

Wer Eigentum an sich bringt, das, wie er weiß, bei Begehung einer der in Sections 125 und 126 bezeichneten Taten erlangt ist, wird mit Gefängnis bis zu 7 Jahren und mit Geldstrafe bestraft. Das so erlangte Eigentum ist verwirkt.

Sec. 128. **Entkommenlassen eines Staats- oder Kriegsgefangenen durch einen Amtsträger.**

Ein Amtsträger, der mit der Bewachung eines Staats- oder Kriegsgefangenen betraut ist und den Gefangenen vorsätzlich aus dem Gewahrsam entkommen läßt, wird mit lebenslänglicher Deportation oder mit Gefängnis bis zu 10 Jahren bestraft. Außerdem ist Geldstrafe verwirkt.

Sec. 129. Fahrlässiges Entkommenlassen eines solchen Gefangenen durch einen Amtsträger.

Ein Amtsträger, der mit der Bewachung eines Staats- oder Kriegsgefangenen betraut ist, und den Gefangenen fahrlässig aus dem Gewahrsam entkommen läßt, wird mit einfachem Gefängnis bis zu 3 Jahren und mit Geldstrafe bestraft.

Sec. 130. Hilfeleistung bei der Flucht, der Befreiung oder der Begünstigung eines solchen Gefangenen.

Wer einem Staats- oder Kriegsgefangenen bei dem Entkommen aus dem rechtmäßigen Gewahrsam wissentlich hilft oder Beistand leistet, oder wer einen solchen Gefangenen befreit oder zu befreien versucht, oder einen solchen Gefangenen nach seinem Einkommen aus dem rechtmäßigen Gewahrsam begünstigt oder verbirgt, oder der Wiederergreifung eines solchen Gefangenen Widerstand entgegensetzt oder entgegenzusetzen versucht, wird mit lebenslänglicher Deportation oder mit Gefängnis bis zu 10 Jahren bestraft. Außerdem ist Geldstrafe verwirkt.

Erläuterung: Ein Staats- oder Kriegsgefangener, dem es auf Ehrenwort gestattet ist, sich innerhalb eines bestimmten Bereiches *in Indien* [in den Provinzen oder der Bundeshauptstadt] frei zu bewegen, entzieht sich dem rechtmäßigen Gewahrsam, wenn er die Grenzen des Gebiets, innerhalb dessen er sich frei bewegen darf, überschreitet.

Kapitel VII.

Straftaten in Bezug auf Heer, Flotte und Luftwaffe.

Sec. 131. Teilnahme an einer Meuterei oder Versuch der Verführung eines Soldaten, Seemannes oder Angehörigen der Luftwaffe zur Verletzung seiner Dienstpflicht.

Wer an der Meuterei eines Offiziers, Soldaten, Seemannes oder Angehörigen der Luftwaffe in der Armee, Flotte oder Luftwaffe *Indiens* [der Königin] teilnimmt oder versucht, einen solchen Offizier, Soldaten, Seemann oder Angehörigen der Luftwaffe zur Verletzung seiner Treu- oder Dienstpflicht zu verführen, wird mit lebenslänglicher Deportation oder mit Gefängnis bis zu 10 Jahren bestraft. Außerdem ist Geldstrafe verwirkt.

Erläuterung: In dieser Bestimmung umfassen die Worte „Offizier", „Soldat", „Seemann" und „Angehöriger der Luftwaffe" alle Personen, die dem Army Act, dem *Army Act von 1950* [Indian Army Act von 1911], dem Naval Discipline Act, dem Indian Navy (Discipline) Act von 1934, dem Air Force Act oder dem *Air Force Act von 1950* [Indian Air Force Act von 1932] unterstehen.

Sec. 132. Teilnahme an einer Meuterei, wenn diese infolge der Teilnahme begangen wird.

Wer an der Meuterei eines Offiziers, Soldaten, Seemannes oder Angehörigen der Luftwaffe in der Armee, Flotte oder Luftwaffe *Indiens* [der Königin] teilnimmt, wird, wenn die Meuterei infolge der Teilnahme begangen wird, mit dem Tode, mit lebenslänglicher Deportation oder mit Gefängnis bis zu 10 Jahren bestraft. Außerdem ist Geldstrafe verwirkt.

Sec. 133. Teilnahme an dem Angriff eines Soldaten, Seemannes oder Angehörigen der Luftwaffe auf einen Vorgesetzten in Ausübung seines Dienstes.

Wer an dem Angriff eines Offiziers, Soldaten, Seemannes oder Angehörigen der Luftwaffe in der Armee, Flotte oder Luftwaffe *Indiens* [der Königin] auf einen Vorgesetzten teilnimmt, der sich in der Ausübung seines Dienstes befindet, wird mit Gefängnis bis zu 3 Jahren und mit Geldstrafe bestraft.

Sec. 134. Teilnahme an einem solchen Angriff, wenn dieser begangen wird.

Wer sich an dem Angriff eines Offiziers, Soldaten, Seemannes oder Angehörigen der Luftwaffe in der Armee, Flotte oder Luftwaffe *Indiens* [der Königin] auf einen Vorgesetzten teilnimmt, der sich in der Ausübung seines Dienstes befindet, wird, wenn der Angriff infolge der Teilnahme begangen wird, mit Gefängnis bis zu 7 Jahren und mit Geldstrafe bestraft.

Sec. 135. Teilnahme an der Fahnenflucht eines Soldaten, Seemannes oder Angehörigen der Luftwaffe.

Wer an der Fahnenflucht eines Offiziers, Soldaten, Seemannes oder Angehörigen der Luftwaffe in der Armee, Flotte oder Luftwaffe *Indiens* [der Königin] teilnimmt, wird mit Gefängnis bis zu 2 Jahren oder mit Geldstrafe oder mit beidem bestraft.

Sec. 136. Begünstigung eines Fahnenflüchtigen.

Wer, abgesehen von den später erwähnten Ausnahmen, weiß oder wissen muß, daß ein Offizier, Soldat, Seemann oder Angehöriger der Luftwaffe in der Armee, Flotte oder Luftwaffe *Indiens* [der Königin] fahnenflüchtig ist und gleichwohl einen solchen Offizier, Soldaten, Seemann oder Angehörigen der Luftwaffe begünstigt, wird mit Gefängnis bis zu 2 Jahren oder mit Geldstrafe oder mit beidem bestraft.

Ausnahme: Diese Bestimmung umfaßt nicht die Begünstigung, die eine Frau ihrem Ehemann gewährt.

Sec. 137. Verbergen eines Fahnenflüchtigen an Bord eines Handelsschiffs durch Fahrlässigkeit des Kapitäns.

Der Kapitän eines Handelsschiffs oder wer sonst für ein Handelsschiff verantwortlich ist, auf dem ein Fahnenflüchtiger der Armee, Flotte oder Luftwaffe *Indiens* [der Königin] verborgen ist, wird, auch wenn er von dem Aufenthalt des Fahnenflüchtigen nichts weiß, mit einer Geldstrafe bis zu 500 Rupien bestraft, wenn er infolge einer Vernachlässigung seiner Pflichten als Kapitän oder sonst Verantwortlicher oder infolge eines Mangels an Disziplin an Bord des Schiffes keine Kenntnis von dem Vorfall hatte.

Sec. 138. Teilnahme an dem Ungehorsam eines Soldaten, Seemannes oder Angehörigen der Luftwaffe.

Wer an einer Handlung teilnimmt, durch die, wie er weiß, ein Offizier, Soldat, Seemann oder Angehöriger der Luftwaffe in der Armee, Flotte oder Luftwaffe *Indiens* [der Königin] gegen die militärische Subordination verstößt, wird, wenn die Subordination infolge der Teilnahme begangen wird, mit Gefängnis bis zu 6 Monaten oder mit Geldstrafe oder mit beidem bestraft.

Sec. 139. **Personen, die unter andere Gesetze fallen.**

Wer dem Army Act, dem *Army Act von 1950* [Indian Army Act von 1911], dem Naval Discipline Act, dem Indian Navy (Discipline) Act von 1934, dem Air Force Act oder dem *Air Force Act von 1950* [Indian Air Force Act von 1932] untersteht, kann nach diesem Gesetz wegen einer der in diesem Kapitel bezeichneten Taten bestraft werden.

Sec. 140. **Unbefugtes Tragen von Uniformen oder militärischen Abzeichen.**

Wer, ohne ein Soldat, Seemann oder Angehöriger der Luftwaffe in der Armee, Flotte oder Luftwaffe *Indiens* [der Königin] zu sein, eine Kleidung oder ein Abzeichen trägt, die oder das einer Uniform oder einem Abzeichen ähnlich ist, wie sie von Soldaten, Seeleuten oder Angehörigen der Luftwaffe getragen werden, um den Glauben zu erwecken, daß er ein Soldat, Seemann oder Angehöriger der Luftwaffe sei, wird mit Gefängnis bis zu 3 Monaten, mit Geldstrafe bis zu 500 Rupien oder mit beidem bestraft.

Kapitel VIII.

Straftaten gegen den öffentlichen Frieden.

Sec. 141. **Rechtswidrige Versammlung.**

Eine Versammlung von mindestens 5 Personen ist eine „rechtswidrige Versammlung", wenn der gemeinsame Zweck der an der Versammlung Beteiligten ist:

1. Durch verbrecherische Gewalt oder Drohung mit verbrecherischer Gewalt *die Zentralregierung oder die Regierung eines Einzelstaates, das Parlament oder die gesetzgebende Versammlung eines Staates* [die Zentral- oder eine Provinzialregierung oder eine gesetzgebende Versammlung] oder einen Amtsträger in der rechtmäßigen Ausübung seines Amtes einzuschüchtern; oder
2. der Ausführung eines Gesetzes oder der Durchführung eines rechtmäßigen Verfahrens Widerstand zu leisten; oder
3. eine Sachbeschädigung, eine Störung des Hausfriedens oder andere Straftaten zu begehen; oder
4. mittels verbrecherischer Gewalt oder der Drohung mit Gewalt gegenüber einem anderen den Besitz von Eigentum zu erlangen oder einen anderen des Genusses eines Wegerechts, der Nutzung von Wasser oder eines anderen unkörperlichen Rechts zu berauben, das dieser besitzt oder genießt, oder ein Recht oder vermeintliches Recht gewaltsam durchzusetzen; oder
5. mittels verbrecherischer Gewalt oder der Drohung mit Gewalt jemand zur Vornahme einer Handlung zu zwingen, zu der dieser nicht verpflichtet, oder etwas zu unterlassen, wozu der andere berechtigt ist.

Erläuterung: Eine Versammlung, die zur Zeit ihres Zusammentretens nicht rechtswidrig war, kann nachträglich eine rechtswidrige Versammlung werden.

Sec. 142. Beteiligung an einer rechtswidrigen Versammlung.

Wer in Kenntnis der Tatsachen, die eine Versammlung zu einer rechtswidrigen Versammlung machen, sich dieser absichtlich anschließt oder in ihr verbleibt, ist ein Mitglied einer rechtswidrigen Versammlung.

Sec. 143. Strafe.

Ein Mitglied einer rechtswidrigen Versammlung wird mit Gefängnis bis zu 6 Monaten oder mit Geldstrafe oder mit beidem bestraft.

Sec. 144. Anschluß einer mit einer tödlichen Waffe versehenen Person an eine rechtswidrige Versammlung.

Ein Mitglied einer rechtswidrigen Versammlung, das mit einer tödlichen Waffe oder mit einem Gegenstand bewaffnet ist, der, als Angriffswaffe benutzt, geeignet ist, den Tod herbeizuführen, wird mit Gefängnis bis zu 2 Jahren oder mit Geldstrafe oder mit beidem bestraft.

Sec. 145. Anschluß an eine rechtswidrige Versammlung oder Verbleiben darin ungeachtet eines Auflösungsbefehls.

Wer sich einer rechtswidrigen Versammlung anschließt oder darin verbleibt, obwohl er weiß, daß die Auflösung der Versammlung in der gesetzlich vorgeschriebenen Weise angeordnet ist, wird mit Gefängnis bis zu 2 Jahren oder mit Geldstrafe oder mit beidem bestraft.

Sec. 146. Landfriedensbruch.

Wenn eine rechtswidrige Versammlung oder ein Mitglied der Versammlung in Verfolgung des gemeinsamen Zwecks Gewalt anwendet, so ist jedes Mitglied der Versammlung des Landfriedensbruchs schuldig.

Sec. 147. Strafe des Landfriedensbruchs.

Wer des Landfriedensbruchs schuldig ist, wird mit Gefängnis bis zu 2 Jahren oder mit Geldstrafe oder mit beidem bestraft.

Sec. 148. Beteiligung einer mit einer tödlichen Waffe versehenen Person am Landfriedensbruch.

Wer sich des Landfriedensbruchs schuldig macht und mit einer tödlichen Waffe oder mit einem Gegenstand bewaffnet ist, der, als Angriffswaffe benutzt, geeignet ist, den Tod herbeizuführen, wird mit Gefängnis bis zu 3 Jahren oder mit Geldstrafe oder mit beidem bestraft.

Sec. 149. Strafbarkeit aller Mitglieder einer rechtswidrigen Versammlung für Straftaten, die in Verfolgung des gemeinsamen Zwecks begangen werden.

Wenn eine Straftat von einem Mitglied einer rechtwidrigen Versammlung in Verfolgung des gemeinsamen Zwecks der Versammlung begangen wird, oder wenn eine Straftat begangen wird, deren Begehung, wie die Mitglieder wußten, im Hinblick auf den Zweck der Versammlung wahrscheinlich war, so ist jeder, der zur Zeit der Tat ein Mitglied der Versammlung war, dieser Tat schuldig.

Sec. 150. Anwerbung oder Dulden der Anwerbung von Mitgliedern einer rechtswidrigen Versammlung.

Wer jemand als Mitglied einer rechtswidrigen Versammlung anwirbt, verpflichtet oder beschäftigt, oder wer eine solche Anwerbung, Verpflichtung oder Beschäftigung eines anderen als Mitgliedes einer rechtswidrigen Versammlung fördert oder duldet, wird als Mitglied der rechtswidrigen Versammlung und für jede Tat, die der andere als Mitglied der rechtswidrigen Versammlung infolge seiner Anwerbung, Verpflichtung oder Beschäftigung begeht, ebenso bestraft, als ob er selbst ein Mitglied der rechtswidrigen Versammlung gewesen wäre oder selbst die Straftat begangen hätte.

Sec. 151. **Wissentlicher Anschluß an eine oder Verbleiben in einer Versammlung von mindestens 5 Personen ungeachtet eines Auflösungsbefehls.**

Wer sich wissentlich einer Versammlung von mindestens 5 Personen anschließt oder darin verbleibt, die geeignet ist, eine Störung des öffentlichen Friedens herbeizuführen, nachdem die Auflösung der Versammlung rechtmäßig angeordnet war, wird mit Gefängnis bis zu 6 Monaten oder mit Geldstrafe oder mit beidem bestraft.

Erläuterung: Wenn die Versammlung eine rechtswidrige Versammlung im Sinne der Sec. 141 ist, so wird der Täter nach Sec. 145 bestraft.

Sec. 152. **Angriff auf einen Amtsträger oder Behinderung eines Amtsträgers während der Unterdrückung eines Landfriedensbruchs.**

Wer einen Amtsträger angreift oder anzugreifen droht, ihm Hindernisse bereitet oder zu bereiten versucht, während dieser in Erfüllung seiner Amtspflicht bemüht ist, eine rechtswidrige Versammlung aufzulösen oder einen Landfriedensbruch oder eine öffentliche Schlägerei zu unterdrücken, oder verbrecherische Gewalt gegen einen solchen Amtsträger anwendet, anzuwenden droht oder anzuwenden versucht, wird mit Gefängnis bis zu 3 Jahren oder mit Geldstrafe oder mit beidem bestraft.

Sec. 153. **Mutwillige Herausforderung in der Absicht, einen Landfriedensbruch herbeizuführen.**

Wer jemand böswillig oder mutwillig durch Begehung einer rechtswidrigen Handlung herausfordert in der Absicht, dadurch einen Landfriedensbruch herbeizuführen oder mit dem Bewußtsein, daß die Herausforderung wahrscheinlich zu einem Landfriedensbruch führen werde, wird, wenn der Landfriedensbruch infolge der Herausforderung begangen wird, mit Gefängnis bis zu einem Jahre oder mit Geldstrafe oder mit beidem bestraft, und wenn der Landfriedensbruch nicht begangen wird, mit Gefängnis bis zu 6 Monaten oder mit Geldstrafe oder mit beidem bestraft.

Sec. 153 A. **Erregung von Klassenhaß.**

Wer durch gesprochene oder geschriebene Worte, durch Zeichen, durch sichtbare Darstellungen oder auf andere Weise feindselige Gefühle oder Haß zwischen verschiedenen *Bevölkerungsklassen Indiens* [Klassen der Untertanen Ihrer Majestät] erregt oder zu erregen versucht, wird mit Gefängnis bis zu 2 Jahren oder mit Geldstrafe oder mit beidem bestraft.

Erläuterung: Es ist keine Straftat im Sinne dieser Bestimmung, wenn jemand ohne böse Absicht, vielmehr in dem ehrlichen Bestreben, die Verhältnisse zu bessern, auf Dinge hinweist, die feindselige Gefühle oder Haß zwischen verschiedenen *Bevölkerungsklassen Indiens* [Klassen der Untertanen Ihrer Majestät] erregen oder zu erregen geeignet sind.

Sec. 154. Strafbarkeit von Landeigentümern oder -besitzern, auf deren Grundbesitz eine rechtswidrige Versammlung abgehalten wird.

Wenn eine rechtswidrige Versammlung abgehalten oder ein Landfriedensbruch begangen wird, so wird der Eigentümer oder Besitzer des Grundstücks, auf dem die Versammlung abgehalten oder der Landfriedensbruch begangen wird, und jeder, der ein Recht an einem solchen Grundbesitz hat oder beansprucht, mit Geldstrafe bis zu 1000 Rupien bestraft. Dies gilt nicht, wenn er selbst, sein Vertreter oder Verwalter, sobald er erfährt, daß eine solche Straftat begangen wird oder begangen worden ist, oder sobald er Grund zu der Annahme hat, daß sie wahrscheinlich begangen werde, dem verantwortlichen Beamten des nächstgelegenen Polizeireviers sobald wie möglich Mitteilung macht und, wenn er Anlaß zu der Annahme hat, daß die Straftat begangen werde, alle in seiner Macht stehenden rechtmäßigen Mittel anwendet, um ihre Begehung zu verhindern, und, falls die Versammlung stattfindet, alle in seiner Macht stehenden rechtmäßigen Mittel anwendet, um die rechtswidrige Versammlung zu zerstreuen oder sie oder den Landfriedensbruch zu unterdrücken.

Sec. 155. Strafbarkeit dessen, in dessen Interesse ein Landfriedensbruch begangen wird.

Wenn ein Landfriedensbruch in jemandes Interesse oder für jemand begangen wird, der Eigentümer oder Besitzer von Grundbesitz ist, wegen dessen es zu einem Landfriedensbruch gekommen ist, oder der sonst ein Recht an dem Grundbesitz oder an dem Gegenstand der zu einem Landfriedensbruch führenden Streitigkeit beansprucht oder der irgendeinen Nutzen daraus gezogen oder abgeleitet hat, so wird dieser mit Geldstrafe bestraft. Dies gilt nicht, wenn er selbst, sein Vertreter oder Verwalter, sobald er Grund zu der Annahme hatte, daß der Landfriedensbruch wahrscheinlich begangen, oder daß die rechtswidrige Versammlung, die zu dem Landfriedensbruch geführt hat, wahrscheinlich abgehalten werden würde, alle in seiner Macht stehenden rechtmäßigen Mittel angewendet hat, um die Versammlung oder den Landfriedensbruch zu verhindern, die Versammlung zu zerstreuen oder sie oder den Landfriedensbruch zu unterdrücken.

Sec. 156. Strafbarkeit der Vertreter von Eigentümern oder Besitzern, in deren Interesse ein Landfriedensbruch begangen wird.

Wenn ein Landfriedensbruch in jemandes Interesse oder für jemand begangen wird, der Eigentümer oder Besitzer von Grundbesitz ist, wegen dessen es zu einem Landfriedensbruch gekommen ist, oder der ein Recht an dem Grundbesitz oder an dem Gegenstand der zu einem Landfriedensbruch führenden Streitigkeit beansprucht, oder der irgendeinen Nutzen daraus gezogen oder abgeleitet hat,

so wird sein Vertreter oder Verwalter mit Geldstrafe bestraft. Dies gilt nicht, wenn der Vertreter oder Verwalter, sobald er Grund zu der Annahme hatte, daß der Landfriedensbruch wahrscheinlich begangen, oder daß die rechtswidrige Versammlung, die zu dem Landfriedensbruch geführt hat, wahrscheinlich abgehalten werden würde, alle in seiner Macht stehenden rechtmäßigen Mittel angewendet hat, um den Landfriedensbruch oder die Versammlung zu verhindern, die Versammlung zu zerstreuen oder sie oder den Landfriedensbruch zu unterdrücken.

Sec. 157. Begünstigung von Personen, die für eine rechtswidrige Versammlung angeworben sind.

Wer in einem in seinem Besitz befindlichen oder seiner Verwaltung oder Aufsicht unterstehenden Hause oder auf seinem Grundstück Personen beherbergt, aufnimmt oder versammelt, die, wie er weiß, als Mitglieder einer rechtswidrigen Versammlung angeworben, verpflichtet oder beschäftigt sind oder werden sollen, wird mit Gefängnis bis zu 6 Monaten oder mit Geldstrafe oder mit beidem bestraft.

Sec. 158. Strafbarkeit von Personen, die sich für eine rechtswidrige Versammlung oder einen Landfriedensbruch anwerben lassen.

Wer sich verpflichtet, sich anwerben läßt, sich erbietet oder versucht, sich anwerben oder verpflichten zu lassen, um eine der in Sec. 141 bezeichneten Handlungen zu begehen oder bei ihrer Begehung zu helfen, wird mit Gefängnis bis zu 6 Monaten oder mit Geldstrafe oder mit beidem bestraft.

Wer, nachdem er auf die vorbezeichnete Art verpflichtet oder angeworben ist, Waffen trägt oder sich dazu verpflichtet oder erbietet, eine tödliche Waffe oder einen Gegenstand bei sich zu führen, der, als Angriffswaffe benutzt, geeignet ist, den Tod herbeizuführen, wird mit Gefängnis bis zu 2 Jahren oder mit Geldstrafe oder mit beidem bestraft.

Sec. 159. Öffentliche Schlägerei.

Wenn mindestens zwei Personen an einem öffentlichen Orte miteinander kämpfen und dadurch den öffentlichen Frieden stören, so ist dies eine öffentliche Schlägerei.

Sec. 160. Strafe der Beteiligung an einer öffentlichen Schlägerei.

Wer sich an einer öffentlichen Schlägerei beteiligt, wird mit Gefängnis bis zu einem Monat, mit Geldstrafe bis zu 100 Rupien oder mit beidem bestraft.

Kapitel IX.

Amtsverbrechen und Straftaten, die sich auf Amtsträger beziehen.

Sec. 161. Annahme einer Vergütung für eine Amtshandlung.

Wer als Amtsträger oder Amtsanwärter von jemand für sich oder jemand anders eine andere als die gesetzliche Vergütung annimmt, erhält, sich geben läßt oder zu erhalten versucht als Beweggrund oder Belohnung dafür, daß er eine Amtshandlung vornimmt oder nicht vornimmt, jemand in der Ausübung seiner amtlichen Pflichten begünstigt oder nicht begünstigt, oder jemand bei der *Zentralregierung oder einer Staatsregierung, dem Parlament, der gesetzgebenden Versammlung eines Staates* [der Zentral- oder einer Provinzialregierung oder gesetzgebenden Versammlung] oder bei einem Amtsträger in dessen amtlicher Eigenschaft einen Dienst erweist oder nicht erweist, oder zu erweisen versucht, wird mit Gefängnis bis zu 3 Jahren oder mit Geldstrafe oder mit beidem bestraft.

Erläuterungen: „Amtsanwärter": Wenn jemand, der nicht damit rechnet, als Amtsträger beschäftigt zu werden, eine Vergütung dadurch erlangt, daß er andere durch Täuschung in den Glauben versetzt, er werde das Amt übernehmen und ihnen dann einen Dienst leisten, so mag er des Betruges schuldig sein, begeht aber keine Straftat im Sinne dieser Vorschrift.

„Vergütung": Das Wort Vergütung beschränkt sich nicht nur auf geldliche oder in Geld abschätzbare Vorteile,

„Gesetzliche Vergütung": Die Worte „gesetzliche Vergütung" beschränken sich nicht auf Vergütungen, die der Amtsträger nach dem Gesetz verlangen kann, sondern umfassen auch diejenigen, die er mit Erlaubnis seiner Regierung annehmen darf.

„Beweggrund oder Belohnung": Wer eine Vergütung für die Vornahme einer Handlung annimmt, die er nicht vorzunehmen beabsichtigt, oder als Belohnung für etwas, was er nicht getan hat, fällt unter diese Bestimmung.

Beispiele:

(a) Ein Munsif[1]) A veranlaßt Z, einen Bankier, dazu, A's Bruder eine Stellung in Z's Bank zu geben als Belohnung dafür, daß A einen Fall zu Z's Gunsten entschieden hat. A hat sich nach dieser Vorschrift strafbar gemacht.

(b) A, der das Amt eines Konsuls in einem fremden Staat bekleidet, nimmt von den Ministern des Staates einen Lakh[2]) Rupien an. Es läßt sich nicht beweisen, daß A den Betrag als Belohnung für die Vornahme oder Unterlassung einer bestimmten Amtshandlung oder dafür empfangen hat, daß er jenem Staat bei seiner Regierung einen bestimmten Dienst erwiesen hat. Aber es läßt sich nachweisen, daß A die Summe als Belohnung dafür empfangen hat, daß er allgemein bei der Ausübung seiner dienstlichen Obliegenheiten sich jenem Staate gegenüber freundlich verhalten hat. A hat sich nach dieser Vorschrift strafbar gemacht.

(c) Ein Beamter A versetzt Z in den irrtümlichen Glauben, er habe durch seinen Einfluß bei der Regierung Z einen Titel verschafft und veranlaßt Z auf diese Weise dazu, ihm Geld als Belohnung für diesen Dienst zu zahlen. A hat sich nach dieser Vorschrift strafbar gemacht.

Sec. 162. **Annahme einer Vergütung für die Einwirkung auf einen Amtsträger mit verwerflichen oder rechtswidrigen Mitteln.**

Wer von einem anderen für sich oder jemand anders eine Vergütung annimmt, erhält, sich geben läßt oder zu erhalten versucht als Beweggrund oder Belohnung dafür, daß er einen Amtsträger mit verwerflichen oder rechtswidrigen Mitteln dazu veranlaßt, eine Amtshandlung vorzunehmen oder nicht vorzunehmen, jemand in der Ausübung seiner amtlichen Pflichten zu begünstigen oder nicht zu begünstigen, oder jemand bei der *Zentralregierung, der Regierung eines Staates, dem Parlament oder der gesetzgebenden Versammlung eines Staates* [Zentral- oder Provinzialregierung oder gesetzgebenden Versammlung] oder bei einem anderen Amtsträger einen Dienst zu erweisen oder nicht zu erweisen, wird mit Gefängnis bis zu 3 Jahren oder mit Geldstrafe oder mit beidem bestraft.

---

1) Ein Munsif ist ein Zivilrichter der untersten Stufe.

2) Ein Lakh ist ein Betrag von 100 000 Rupien.

Sec. 163. Annahme einer Vergütung für die Geltendmachung persönlichen Einflusses auf einen Amtsträger.

Wer von einem anderen für sich oder jemand anders eine Vergütung annimmt, erhält, sich geben läßt oder zu erhalten versucht als Beweggrund oder Belohnung dafür, daß er durch die Ausübung seines persönlichen Einflusses einen Amtsträger dazu veranlaßt, eine Amtshandlung vorzunehmen oder nicht vorzunehmen, jemand bei der Ausübung seiner amtlichen Pflichten zu begünstigen oder nicht zu begünstigen oder jemand bei der *Zentralregierung, der Regierung eines Staates, dem Parlament, der gesetzgebenden Versammlung eines Staates* [der Zentral- oder einer Provinzialregierung oder gesetzgebenden Versammlung] oder einem Amtsträger einen Dienst zu erweisen oder nicht zu erweisen, wird mit Gefängnis bis zu einem Jahre oder mit Geldstrafe oder mit beidem bestraft.

Beispiel:

Ein Rechtsanwalt, der ein Honorar für die Wahrnehmung eines Falles vor dem Richter annimmt; eine Person, die sich für die Abfassung und Berichtigung einer Denkschrift an die Regierung, in der die Dienste und Ansprüche des Antragstellers dargelegt werden, bezahlen läßt; der Vertreter eines verurteilten Verbrechers, der gegen Bezahlung der Regierung Angaben vorlegt, die die Ungerechtigkeit der Verurteilung darlegen sollen, alle diese Personen fallen nicht unter diese Bestimmung. Denn sie üben keinen persönlichen Einfluß aus und behaupten nicht, einen solchen Einfluß zu haben.

Sec. 164. Strafe der Teilnahme eines Amtsträgers an den in Sec. 162 und 163 bezeichneten Straftaten.

Wer als Amtsträger Gegenstand einer der in den beiden vorhergehenden Bestimmungen bezeichneten Straftaten ist und selbst an der Straftat teilnimmt, wird mit Gefängnis bis zu 3 Jahren oder mit Geldstrafe oder mit beidem bestraft.

Beispiel:

A ist Beamter. B, A's Frau, nimmt ein Geschenk an als Belohnung dafür, daß sie den A dazu veranlaßt, einer bestimmten Person ein Amt zu geben. A stiftet sie dazu an. Die B wird mit Gefängnis bis zu einem Jahre, mit Geldstrafe oder mit beidem, A mit Gefängnis bis zu 3 Jahren oder mit Geldstrafe oder mit beidem bestraft.

Sec. 165. Strafbarkeit eines Amtsträgers, der von einer in ein amtliches Verfahren verwickelten oder durch die Amtstätigkeit des Amtsträgers betroffenen Person Werte ohne Entgelt erhält.

Wer als Amtsträger für sich oder jemand anders einen Gegenstand von Wert ohne oder für eine, wie er weiß, unzureichende Gegenleistung annimmt, erhält, sich geben läßt oder zu erhalten versucht,

entweder von jemand, der, wie er weiß, in ein Verfahren verwickelt oder durch eine von dem Amtsträger vorgenommene oder vorzunehmende Amtshandlung betroffen war, ist, oder wahrscheinlich sein wird, oder der in ein Verfahren verwickelt oder durch eine Amtshandlung betroffen ist, die zu den amtlichen Befugnissen des Täters oder seines Vorgesetzten in Beziehung steht, oder von jemand, der, wie er weiß, mit einer der vorbezeichneten Personen verbunden oder verwandt ist,

wird mit einfachem Gefängnis bis zu 3 [2] Jahren oder mit Geldstrafe oder mit beidem bestraft.

Beispiele:

(a) Ein Collector A mietet ein Haus von Z, obwohl er gerade einen Z betreffenden Fall zu entscheiden hat. Es wird vereinbart, daß A eine Miete von 50 Rupien im Monat bezahlt, obwohl die angemessene Miete für das Haus im Falle eines normalen Geschäfts 200 Rupien betragen würde. A hat von Z einen Gegenstand von Wert ohne angemessene Gegenleistung erlangt.

(b) Ein Richter A kauft von Z, dessen Fall vor A's Gericht anhängig ist, Schuldverschreibungen der Regierung unter pari, während sie auf dem Markt vorteilhaft verkauft werden. A hat einen Gegenstand von Wert ohne angemessene Gegenleistung von Z erlangt.

(c) Z's Bruder ist verhaftet und einem Magistrat A unter der Anschuldigung des Meineides vorgeführt. A verkauft Z Bankanteile über dem Nennwert, während sie auf dem Markt unter pari verkauft werden. Z zahlt A den Kaufpreis für die Anteile. Das so erlangte Geld ist ein Gegenstand von Wert, den A ohne entsprechende Gegenleistung erlangt hat.

Sec. 166. **Zuwiderhandlung eines Amtsträgers gegen eine gesetzliche Anordnung in der Absicht, jemand einen Nachteil zuzufügen.**

Wer als Amtsträger wissentlich einer gesetzlichen Anordnung im Hinblick auf seine Amtsführung zuwiderhandelt in der Absicht, einem anderen einen Nachteil zuzufügen, oder mit dem Bewußtsein, daß er wahrscheinlich durch die Zuwiderhandlung einem anderen einen Nachteil zufügen werde, wird mit einfachem Gefängnis bis zu einem Jahre oder mit Geldstrafe oder mit beidem bestraft.

Beispiel:

Ein Beamter A, der nach dem Gesetz ein zugunsten des Z erlassenes Gerichtsurteil zu vollstrecken hat, handelt wissentlich der gesetzlichen Anordnung zuwider in dem Bewußtsein, daß er dadurch wahrscheinlich dem Z einen Nachteil zufügen wird. A hat sich nach dieser Vorschrift strafbar gemacht.

Sec. 167. **Unrichtige Beurkundung durch einen Amtsträger in Schädigungsabsicht.**

Wer als Amtsträger, der in seiner amtlichen Eigenschaft mit der Anfertigung oder Übersetzung einer Urkunde betraut ist, die Urkunde wissentlich oder vermeintlich unrichtig anfertigt oder übersetzt in der Absicht, dadurch jemand einen Nachteil zuzufügen oder mit dem Bewußtsein, daß er dadurch wahrscheinlich jemand einen Nachteil zufügen werde, wird mit Gefängnis bis zu 3 Jahren oder mit Geldstrafe oder mit beidem bestraft.

Sec. 168. Gesetzwidriger Gewerbebetrieb eines Amtsträgers.

Ein Amtsträger, der ein Gewerbe betreibt, obwohl ihm dies in seiner amtlichen Eigenschaft gesetzlich verboten ist, wird mit einfachem Gefängnis bis zu einem Jahre oder mit Geldstrafe oder mit beidem bestraft.

Sec. 169. Gesetzwidrige Ankäufe oder gesetzwidriges Bieten durch Amtsträger.

Ein Amtsträger, dem es in seiner amtlichen Eigenschaft gesetzlich verboten ist, bestimmtes Eigentum zu kaufen oder dafür zu bieten, wird, wenn er derartiges Eigentum im eigenen Namen, im Namen eines anderen, oder mit anderen gemeinsam oder geteilt ankauft oder dafür bietet, mit einfachem Gefängnis bis zu 2 Jahren oder mit Geldstrafe oder mit beidem bestraft. Außerdem soll das gekaufte Eigentum eingezogen werden.

Sec. 170. Amtsanmaßung.

Wer behauptet, ein bestimmtes Amt als Amtsträger innezuhaben, obwohl er weiß, daß dies nicht der Fall ist, oder wer sich fälschlich für einen anderen ausgibt, der Inhaber eines solchen Amtes ist, und in dieser Eigenschaft in angeblicher Ausübung des Amtes eine Handlung vornimmt oder vorzunehmen versucht, wird mit Gefängnis bis zu 2 Jahren oder mit Geldstrafe oder mit beidem bestraft.

Sec. 171. Tragen von Amtskleidung oder amtlichen Abzeichen in Täuschungsabsicht.

Wer, ohne einer bestimmten Art von Amtsträgern anzugehören, eine Kleidung oder ein Abzeichen trägt, die oder das der von einer bestimmten Beamtenklasse getragenen Kleidung oder einem von ihr getragenen Abzeichen ähnlich ist, um den Glauben zu erwecken, daß er der betreffenden Beamtenklasse angehöre, oder mit dem Bewußtsein, daß er wahrscheinlich diesen Glauben hervorrufen werde, wird mit Gefängnis bis zu 3 Monaten oder mit Geldstrafe bis zu 200 Rupien oder mit beidem bestraft.

Kapitel IXA.

Wahldelikte.

Sec. 171 A. Die Begriffe „Kandidat" und „Wahlrecht".

Im Sinne dieses Kapitels bedeutet:

(a) „Kandidat" eine Person, die als Kandidat bei einer Wahl aufgestellt worden ist. Der Begriff umfaßt auch Personen, die sich im Falle einer in Aussicht stehenden Wahl selbst als Kandidaten anbieten, sofern sie nachträglich als Wahlkandidaten aufgestellt werden.

(b) „Wahlrecht" ist das Recht einer Person, als Kandidat aufgestellt oder nicht aufgestellt zu werden oder ihre Kandidatur zurückzuziehen, sowie das Recht, bei einer Wahl zu stimmen oder sich der Wahl zu enthalten.

Sec. 171 B. Wahlbestechung.

(1) Wer

(i) jemand eine Vergütung gewährt, um ihn oder jemand anders zur Ausübung eines Wahlrechts zu bestimmen oder um jemand für die Ausübung eines Wahlrechts zu belohnen; oder

(ii) für sich oder jemand anders eine Vergütung als Belohnung für die Ausübung eines Wahlrechts oder für die vollendete oder versuchte Bestimmung eines anderen zur Ausübung seines Wahlrechts annimmt, begeht eine Wahlbestechung.

Keine Straftat im Sinne dieser Vorschrift ist jedoch eine Erklärung politischen Inhalts oder ein Versprechen, sich in bestimmter Weise im öffentlichen Leben zu betätigen.

(2) Wer eine Vergütung anbietet, in ihre Gewährung einwilligt oder sich erbietet oder versucht, eine Vergütung zu beschaffen, gewährt eine Vergütung im Sinne dieser Vorschrift.

(3) Wer eine Vergütung erhält, sich gewähren läßt oder zu erhalten versucht, nimmt eine Vergütung im Sinne dieser Vorschrift an. Wer eine Vergütung als Beweggrund für die Vornahme einer Handlung annimmt, die er nicht vorzunehmen beabsichtigt, oder als Belohnung für etwas, was er nicht getan hat, hat die Vergütung als Belohnung angenommen.

Sec. 171 C. **Unzulässige Wahlbeeinflussung.**

(1) Wer vorsätzlich in die freie Ausübung eines Wahlrechts eingreift oder einzugreifen versucht, begeht eine unzulässige Wahlbeeinflussung.

(2) Unbeschadet der allgemeinen Bestimmung des Absatz (1) macht sich des Eingriffs in die freie Ausübung des Wahlrechts im Sinne des Absatzes (1) schuldig, wer

(a) einen Kandidaten oder Stimmberechtigten oder jemand, mit dem ein Kandidat oder Stimmberechtigter verbunden ist, mit irgendeinem Nachteil bedroht; oder

(b) einen Kandidaten oder Stimmberechtigten in den Glauben versetzt oder zu versetzen versucht, er selbst oder jemand, mit dem er verbunden ist, werde ein Gegenstand göttlichen Zornes oder geistlichen Tadels werden.

(3) Eine Erklärung politischen Inhalts oder ein Versprechen, sich in bestimmter Weise im öffentlichen Leben zu betätigen, oder die bloße Ausübung eines gesetzmäßigen Rechts ohne Absicht, in das Wahlrecht einzugreifen, ist kein Eingriff im Sinne dieser Vorschrift.

Sec. 171 D. **Personenunterschiebung bei Wahlen.**

Wer bei einer Wahl einen Stimmzettel beantragt oder unter dem Namen einer anderen, sei es lebenden oder verstorbenen Person, oder unter einem angenommenen Namen wählt, oder wer nach Ausübung seines Wahlrechts einen Stimmzettel für dieselbe Wahl im eigenen Namen beantragt, oder wer an der Abstimmung eines anderen auf eine der vorbezeichneten Arten teilnimmt, sie ermöglicht oder zu ermöglichen versucht, macht sich der Personenunterschiebung bei einer Wahl schuldig.

Sec. 171 E. **Strafe der Wahlbestechung.**

Wer eine Wahlbestechung begeht, wird mit Gefängnis bis zu einem Jahre oder mit Geldstrafe oder mit beidem bestraft.

Bestechung durch Bewirtung und Unterhaltung wird nur mit Geldstrafe bestraft.

Sec. 171 F. Strafe der unzulässigen Wahlbeeinflussung und Personenunterschiebung.

Wer sich der Wahlbeeinflussung oder Personenunterschiebung schuldig macht, wird mit Gefängnis bis zu einem Jahre oder mit Geldstrafe oder mit beidem bestraft.

Sec. 171 G. Falsche Angaben in Verbindung mit einer Wahl.

Wer in der Absicht, das Ergebnis einer Wahl zu beeinflussen, eine angebliche Tatsachen enthaltende Erklärung über den Charakter oder das Verhalten eines Kandidaten abgibt oder veröffentlicht, die nicht der Wahrheit entspricht, und von der er weiß oder annimmt, daß sie nicht der Wahrheit entspricht, oder an deren Wahrheit er nicht glaubt, wird mit Geldstrafe bestraft.

Sec. 171 H. Rechtwidrige Zahlungen in Verbindung mit einer Wahl.

Wer ohne die allgemeine oder besondere schriftliche Ermächtigung eines Kandidaten Ausgaben für die Abhaltung einer öffentlichen Versammlung oder für eine Ankündigung, ein Rundschreiben oder eine Veröffentlichung oder auf andere Weise macht oder andere zu solchen Ausgaben ermächtigt, um die Wahl des Kandidaten zu fördern oder zu ermöglichen, wird mit Geldstrafe bis zu 500 Rupien bestraft.

Wenn jemand, der solche Ausgaben in Höhe von nicht mehr als 10 Rupien ohne Ermächtigung gemacht hat, innerhalb von 10 Tagen die schriftliche Genehmigung des Kandidaten erlangt, wird es so angesehen, als hätte er die Ausgaben mit Genehmigung des Kandidaten gemacht.

Sec. 171 I. Unterlassen der Rechnunglegung im Zusammenhang mit Wahlen.

Wer nach einem zur Zeit geltenden Gesetz oder einer Vorschrift mit Gesetzeskraft Rechnung über Ausgaben zu legen hat, die bei einer Wahl oder in Verbindung mit einer Wahl entstanden sind, dies aber nicht tut, wird mit Geldstrafe bis zu 500 Rupien bestraft.

Kapitel X

Mißachtung der Amtsautorität

Sec. 172. Strafe dessen, der sich einer Ladung entzieht.

Wer sich verborgen hält, um der Zustellung einer Ladung, Benachrichtigung oder Anordnung eines Amtsträgers zu entgehen, der kraft seines Amtes befugt ist, die Ladung, Benachrichtigung oder Anordnung zu erlassen, wird mit einfachem Gefängnis bis zu einem Monat oder mit Geldstrafe bis zu 500 Rupien oder mit beidem bestraft.

Wenn die Ladung, Benachrichtigung oder Anordnung dahin lautet, daß der Täter in Person oder durch einen Vertreter vor Gericht zu erscheinen oder dem Gericht eine Urkunde vorzulegen habe, so ist die Strafe einfaches Gefängnis bis zu 6 Monaten oder Geldstrafe bis zu 1000 Rupien oder beides.

Sec. 173. Verhinderung einer Zustellung oder deren Veröffentlichung.

Wer, gleichgültig auf welche Art, absichtlich verhindert, daß ihm oder jemand anders eine Ladung, Benachrichtigung oder Anordnung eines

Amtsträgers zugestellt wird, der kraft seines Amtes befugt ist, die Ladung, Benachrichtigung oder Anordnung zu erlassen,

oder wer absichtlich verhindert, daß eine solche Ladung, Benachrichtigung oder Anordnung ordnungsgemäß angebracht wird,

oder wer eine solche Ladung, Benachrichtigung oder Anordnung von einem Platz, an dem sie ordnungsgemäß angebracht ist, absichtlich entfernt,

oder wer absichtlich verhindert, daß eine öffentliche Bekanntmachung durch einen Amtsträger erfolgt, der kraft seines Amtes befugt ist, die Bekanntmachung zu erlassen,

wird mit einfachem Gefängnis bis zu einem Monat oder mit Geldstrafe bis zu 500 Rupien oder mit beidem bestraft.

Wenn die Ladung, Benachrichtigung oder Anordnung dahin lautet, daß der Täter in Person oder durch einen Vertreter vor Gericht zu erscheinen oder dem Gericht eine Urkunde vorzulegen habe, so ist die Strafe einfaches Gefängnis bis zu 6 Monaten oder Geldstrafe bis zu 1000 Rupien oder beides.

Sec. 174. **Nichterscheinen einer von einem Amtsträger geladenen Person.**

Wer auf Grund einer Ladung, Benachrichtigung, Anordnung oder Bekanntmachung eines Amtsträgers, der kraft seines Amtes zu ihrem Erlaß befugt war, gesetzlich verpflichtet ist, persönlich oder durch einen Vertreter an einem bestimmten Orte und zu einer bestimmten Zeit zu erscheinen,

jedoch absichtlich nicht an dem Orte oder zu der Zeit erscheint oder den Ort, wo er zu erscheinen hat, vorzeitig verläßt,

wird mit einfachem Gefängnis bis zu einem Monat oder mit Geldstrafe bis zu 500 Rupien oder mit beidem bestraft.

Wenn die Ladung, Benachrichtigung, Anordnung oder Bekanntmachung dahin lautet, daß der Täter in Person oder durch einen Vertreter vor Gericht zu erscheinen habe, so ist die Strafe einfaches Gefängnis bis zu 6 Monaten oder Geldstrafe bis zu 1000 Rupien oder beides.

Beispiele:

(a) A, der auf Grund einer gerichtlichen Vorladung gesetzlich verpflichtet ist, vor dem High Court in Calcutta zu erscheinen, unterläßt es absichtlich zu erscheinen. A hat sich nach dieser Vorschrift strafbar gemacht.

(b) A, der auf Grund einer gerichtlichen Vorladung gesetzlich verpflichtet ist, als Zeuge vor einem Distriktsrichter zu erscheinen, unterläßt es absichtlich zu erscheinen. A hat sich nach dieser Vorschrift strafbar gemacht.

Sec. 175. **Nichtvorlegung einer Urkunde durch eine Person, die gesetzlich verpflichtet ist, diese einem Amtsträger vorzulegen.**

Wer gesetzlich verpflichtet ist, einem Amtsträger in dessen amtlicher Eigenschaft eine Urkunde vorzulegen oder auszuhändigen, es jedoch absichtlich unterläßt, dies zu tun, wird mit einfachem Gefängnis bis zu einem Monat oder mit Geldstrafe bis zu 500 Rupien oder mit beidem bestraft.

Wenn die Urkunde einem Gericht vorgelegt oder ausgehändigt werden muß, so ist die Strafe einfaches Gefängnis bis zu 6 Monaten oder Geldstrafe bis zu 1000 Rupien oder beides.

Beispiel:

A, der gesetzlich verpflichtet ist, eine Urkunde dem Distriktsgericht vorzulegen, unterläßt es absichtlich, dies zu tun. A hat sich nach dieser Vorschrift strafbar gemacht.

Sec. 176. **Nichterteilung einer Auskunft einem Amtsträger gegenüber trotz gesetzlicher Verpflichtung dazu.**

Wer gesetzlich verpflichtet ist, einem Amtsträger in dessen amtlicher Eigenschaft über einen Gegenstand eine Mitteilung zu machen oder eine Auskunft zu erteilen, es jedoch absichtlich unterläßt, die Mitteilung zu machen oder die Auskunft in der gesetzlich vorgeschriebenen Art oder Zeit zu erteilen, wird mit einfachem Gefängnis bis zu einem Monat, mit Geldstrafe bis zu 500 Rupien oder mit beidem bestraft.

Wenn die Mitteilung oder Auskunft sich auf die Begehung einer Straftat bezieht oder erforderlich ist, um die Begehung einer Straftat zu verhindern oder die Festnahme eines Verbrechers zu ermöglichen, so ist die Strafe Gefängnis bis zu 6 Monaten oder Geldstrafe bis zu 1000 Rupien oder beides.

Sec. 177. **Erteilung falscher Auskünfte.**

Wer gesetzlich verpflichtet ist, einem Amtsträger in dessen amtlicher Eigenschaft über einen Gegenstand eine Auskunft zu erteilen, ihm jedoch eine angeblich wahre Auskunft erteilt, deren Unwahrheit er kennt oder kennen muß, wird mit einfachem Gefängnis bis zu 6 Monaten oder mit Geldstrafe bis zu 1000 Rupien oder mit beidem bestraft.

Wenn die Auskunft, zu deren Erteilung er gesetzlich verpflichtet ist, sich auf die Begehung einer Straftat bezieht oder erforderlich ist, um die Begehung einer Straftat zu verhindern oder die Festnahme eines Verbrechers zu ermöglichen, so ist die Strafe Gefängnis bis zu 2 Jahren oder Geldstrafe oder beides.

Beispiele:

(a) A, der Besitzer eines Grundstücks, der über die Begehung eines Mordes innerhalb seines Grundstücks unterrichtet ist, erteilt dem Magistrat des Distrikts die bewußt falsche Auskunft, daß der Tod infolge eines Unglücksfalls durch Schlangenbiß eingetreten sei. A hat sich nach dieser Vorschrift strafbar gemacht.

(b) A, ein Dorfwächter, hat Kenntnis davon, daß eine große Anzahl von Fremden durch sein Dorf hindurchgegangen sei, um einen Bandenraub im Hause des Z, eines reichen, in der Nachbarschaft wohnenden Geschäftsmannes zu begehen. Obwohl A verpflichtet ist, den Beamten des nächstgelegenen Polizeireviers sofortige und pünktliche Auskunft über diese Tatsache zu erteilen, erteilt er dem Polizeibeamten die bewußt falsche Auskunft, daß eine Anzahl von verdächtigen Personen durch das Dorf hindurchgegangen sei in der Absicht, einen Bandenraub an einem bestimmten Ort zu begehen, der weit entfernt in einer anderen Richtung liegt. Hier hat A sich nach Absatz 2 dieser Bestimmung strafbar gemacht.

Erläuterung: In Sec. 176 und in dieser Bestimmung umfaßt das Wort „Straftat" jede außerhalb *Indiens* [der Provinzen und der Bundeshauptstadt] begangene Handlung, die, wenn in *Indien* [den Provinzen und der Bundeshauptstadt] begangen, nach Sec. 302, 304, 382, 392, 393, 394, 395, 396, 397, 398, 399, 402, 435, 436, 449, 450, 457, 458, 459 oder 460 strafbar wäre, und das Wort „Verbrecher" umfaßt jede Person, von der behauptet wird, sie habe sich einer solchen Straftat schuldig gemacht.

Sec. 178. **Verweigerung einer Eidesleistung oder der Abgabe einer Versicherung, obwohl sie von einem Amtsträger rechtmäßig verlangt wird.**

Wer sich weigert, sich durch einen Eid oder eine Versicherung zur Abgabe einer wahren Erklärung zu verpflichten, obwohl die Eingehung einer solchen Verpflichtung von einem dazu befugten Amtsträger verlangt wird, wird mit einfachem Gefängnis bis zu 6 Monaten oder mit Geldstrafe bis zu 1000 Rupien oder mit beidem bestraft.

Sec. 179. **Weigerung, Fragen eines Amtsträgers zu beantworten.**

Wer gesetzlich verpflichtet ist, einem Amtsträger die Wahrheit über einen Sachverhalt mitzuteilen, sich aber weigert, eine den Sachverhalt betreffende Frage zu beantworten, die von einem Amtsträger in Ausübung seiner amtlichen Befugnisse gestellt ist, wird mit einfachem Gefängnis bis zu 6 Monaten, mit Geldstrafe bis zu 1000 Rupien oder mit beidem bestraft.

Sec. 180. **Weigerung, eine Erklärung zu unterzeichnen.**

Wer sich weigert, eine von ihm abgegebene Erklärung zu unterzeichnen, obwohl er von einem zu diesem Verlangen befugten Amtsträger aufgefordert wird, die Erklärung zu unterzeichnen, wird mit einfachem Gefängnis bis zu 3 Monaten oder mit Geldstrafe bis zu 500 Rupien oder mit beidem bestraft.

Sec. 181. **Falsche eidliche Erklärung oder falsche Versicherung einem Amtsträger oder einer Person gegenüber, die zur Abnahme des Eides oder zur Entgegennahme der Erklärung befugt ist.**

Wer auf Grund eines Eides oder einer Versicherung gesetzlich verpflichtet ist, einem Amtsträger oder einer anderen zur Abnahme des Eides oder zur Entgegennahme der Versicherung befugten Person die Wahrheit über einen Sachverhalt zu sagen, jedoch dem Amtsträger oder der anderen Person gegenüber eine unwahre Erklärung über den Sachverhalt abgibt, deren Unrichtigkeit er kennt oder kennen muß, oder eine Erklärung abgibt, die er nicht für wahr hält, wird mit Gefängnis bis zu 3 Jahren und mit Geldstrafe bestraft.

Sec. 182. **Erteilung einer falschen Auskunft in der Absicht, einen Amtsträger zur Ausübung seiner Amtsbefugnisse zum Nachteil eines anderen zu veranlassen.**

Wer einem Amtsträger eine Auskunft erteilt, deren Unrichtigkeit er kennt, oder die er für falsch hält, in der Absicht, dadurch einen Amtsträger

(a) zur Vornahme oder Unterlassung einer Handlung zu veranlassen, die er nicht vornehmen oder unterlassen dürfte, wenn ihm der wahre Sachverhalt bekannt wäre, oder

(b) seine Amtsbefugnisse zum Schaden oder Nachteil eines anderen auszuüben, oder mit dem Bewußtsein, daß eine der vorbezeichneten Folgen wahrscheinlich eintreten werde,

wird mit Gefängnis bis zu 6 Monaten oder mit Geldstrafe bis zu 1000 Rupien oder mit beidem bestraft.

Beispiele:

(a) A benachrichtigt einen Magistrat, daß Z, ein dem Magistrat untergeordneter Polizeibeamter, sich einer Pflichtverletzung oder einer rechtswidrigen Handlung schuldig gemacht habe in dem Bewußtsein, daß die Auskunft falsch sei, und daß sie wahrscheinlich den Magistrat zu der Entlassung des Z veranlassen werde. A hat sich nach dieser Vorschrift strafbar gemacht.

(b) A erteilt einem Beamten die falsche Auskunft, daß Z geschmuggeltes Salz an einem bestimmten Platz verborgen halte in dem Bewußtsein, daß die Auskunft falsch ist, und daß sie wahrscheinlich eine Durchsuchung von Z's Grundstück zur Folge haben und Z auf diese Weise belästigt werden wird. A hat sich nach dieser Vorschrift strafbar gemacht.

(c) A erteilt einem Polizeibeamten die falsche Auskunft, daß er in der Nachbarschaft eines bestimmten Dorfes angegriffen und beraubt worden sei. Er nennt nicht den Namen bestimmter Personen als der Angreifer, weiß aber, daß die Polizei wahrscheinlich infolge seiner Anzeige Untersuchungen in dem Dorf anstellen, und daß dies mit einer Belästigung der Dorfbewohner oder einiger von ihnen verbunden sein wird. A hat sich nach dieser Vorschrift strafbar gemacht.

Sec. 183. **Widerstand gegen die Wegnahme von Eigentum durch einen dazu befugten Amtsträger.**

Wer der Wegnahme von Eigentum auf Grund der gesetzmäßigen Anordnung eines Amtsträgers Widerstand leistet, obwohl er weiß oder wissen muß, daß es sich um einen Amtsträger handelt, wird mit Gefängnis bis zu 6 Monaten oder mit Geldstrafe bis zu 1000 Rupien oder mit beidem bestraft.

Sec. 184. **Behinderung des Verkaufs von Eigentum, das auf Anordnung eines Amtsträgers zum Verkauf angeboten wird.**

Wer absichtlich den Verkauf von Eigentum auf Grund rechtmäßiger Anordnung eines Amtsträgers in dessen amtlicher Eigenschaft behindert, wird mit Gefängnis bis zu einem Monat oder mit Geldstrafe bis zu 500 Rupien oder mit beidem bestraft.

Sec. 185. **Rechtswidriges Ankaufen von Eigentum, das auf Anordnung eines Amtsträgers zum Verkauf angeboten wird.**

Wer bei einem Verkauf von Eigentum auf Grund rechtmäßiger Anordnung eines Amtsträgers in dessen amtlicher Eigenschaft Eigentum für eigene oder für Rechnung eines anderen ankauft, oder für solches Eigentum bietet, obwohl er weiß, daß er oder der andere nach dem Gesetz von dem Ankauf dieses Eigentums ausgeschlossen ist, oder wer in der Absicht bietet, die Verpflichtungen, denen er sich durch sein Gebot unterwirft, nicht zu erfüllen, wird mit Gefängnis bis zu einem Monat oder mit Geldstrafe bis zu 200 Rupien oder mit beidem bestraft.

Sec. 186. **Behinderung eines Amtsträgers in der Erfüllung seiner Amtspflichten.**

Wer vorsätzlich einen Amtsträger in der Erfüllung seiner Amtspflichten behindert, wird mit Gefängnis bis zu 3 Monaten oder mit Geldstrafe bis zu 500 Rupien oder mit beidem bestraft.

Sec. 187. **Nichunterstützung eines Amtsträgers entgegen einer gesetzlichen Verpflichung.**

Wer gesetzlich verpflichtet ist, einem Amtsträger in der Ausübung seiner Amtspflichten Beistand zu leisten, es jedoch absichtlich unterläßt, den Beistand zu leisten, wird mit einfachem Gefängnis bis zu einem Monat oder mit Geldstrafe bis zu 200 Rupien oder mit beidem bestraft.

Wenn die Hilfeleistung von einem zu diesem Verlangen gesetzlich befugten Amtsträger verlangt wird, um einen gerichtlichen Haftbefehl zu vollstrecken, die Begehung einer Straftat zu verhindern, einen Landfriedensbruch oder eine öffentliche Schlägerei zu unterdrücken oder jemand festzunehmen, der einer Straftat beschuldigt oder schuldig ist oder sich einem rechtmäßigen Gewahrsam entzogen hat, so wird der Täter mit einfachem Gefängnis bis zu 6 Monaten oder mit Geldstrafe bis zu 500 Rupien oder mit beidem bestraft.

Sec. 188. **Ungehorsam gegenüber einem ordnungsgemäß verkündeten Befehl eines Amtsträgers.**[1]

Wer weiß, daß er sich auf Grund des von einem dazu befugten Amtsträger verkündeten Befehls einer bestimmten Handlung zu enthalten habe, oder daß er mit bestimmtem in seinem Besitz befindlichen oder seiner Verwaltung unterstehendem Eigentum in bestimmter Weise zu verfahren habe, aber der ihm erteilten Anordnung zuwiderhandelt,

wird, wenn die Zuwiderhandlung in einem rechtmäßigen Arbeitsverhältnis stehende Personen behindert, belästigt oder benachteiligt oder die Gefahr der Behinderung, Belästigung oder Benachteiligung solcher Personen mit sich bringt oder herbeizuführen droht, mit einfachem Gefängnis bis zu einem Monat oder mit Geldstrafe bis zu 200 Rupien oder mit beidem bestraft.

Wenn die Zuwiderhandlung eine Gefahr für Leben, Gesundheit oder Sicherheit von Menschen verursacht oder zu verursachen droht oder einen Landfriedensbruch oder eine öffentliche Schlägerei herbeiführt oder herbeizuführen droht, so wird der Täter mit Gefängnis bis zu 6 Monaten oder mit Geldstrafe bis zu 1000 Rupien oder mit beidem bestraft.

E r l ä u t e r u n g: Es ist nicht erforderlich, daß der Täter beabsichtigt, einen Schaden zu verursachen, oder daß er einen Schaden als wahrscheinliche Folge der Zuwiderhandlung voraussieht. Es genügt, daß er den Befehl kennt, dem er zuwiderhandelt und die Wahrscheinlichkeit eines Schadens als Folge der Zuwiderhandlung voraussieht.

B e i s p i e l :

Ein Beamter, der dazu befugt ist, erläßt einen Befehl, demzufolge eine religiöse Prozession nicht eine bestimmte Straße passieren soll.

---

1) Nach Sec. 3 des Epidemic Diseases Act von 1897 begeht diese Straftat auch, wer gegen die Maßnahmen der Regierung zum Schutze der Gesundheit verstößt.

A handelt bewußt dem Befehl zuwider und ruft dadurch die Gefahr eines Landfriedensbruchs hervor. A hat sich nach dieser Vorschrift strafbar gemacht.

Sec. 189. **Bedrohung eines Beamten mit Zufügung eines Nachteils.**

Wer einem Amtsträger oder jemand, mit dem der Amtsträger, wie er glaubt, verbunden ist, einen Nachteil zuzufügen droht, um den Amtsträger zur Vornahme einer Handlung oder zur Unterlassung oder Verzögerung einer Handlung zu veranlassen, die mit der Ausübung seiner Amtsbefugnisse verbunden ist, wird mit Gefängnis bis zu 2 Jahren oder mit Geldstrafe oder mit beidem bestraft.

Sec. 190. **Androhung eines Nachteils, um jemand davon abzuhalten, den Schutz eines Amtsträgers anzurufen.**

Wer jemand mit einem Nachteil bedroht, um ihn davon abzuhalten, einen nach dem Gesetz zulässigen Antrag auf Gewährung von Schutz vor einem Nachteil bei einem für die Gewährung des Schutzes zuständigen Amtsträger zu stellen oder einen solchen Antrag stellen zu lassen, wird mit Gefängnis bis zu einem Jahre oder mit Geldstrafe oder mit beidem bestraft.

Kapitel XI.

Falsches Zeugnis und Straftaten gegen die Rechtspflege

Sec. 191. **Abgabe eines falschen Zeugnisses.**

Wer kraft eines Eides oder auf Grund einer ausdrücklichen Bestimmung des Gesetzes verpflichtet ist, die Wahrheit zu sagen, oder gesetzlich verpflichtet ist, eine Erklärung über einen Sachverhalt abzugeben, aber eine Erklärung abgibt, deren Unrichtigkeit er kennt oder annimmt, oder die er nicht für wahr hält, gibt ein falsches Zeugnis ab.

Erläuterung 1: Eine Erklärung im Sinne dieser Vorschrift ist sowohl eine wörtliche wie auch jede andere Erklärung.

Erläuterung 2: Eine falsche Erklärung über den Glauben des Erklärenden fällt unter diese Vorschrift. Jemand ist der Abgabe eines falschen Zeugnisses schuldig, wenn er erklärt, er glaube an etwas, woran er nicht glaubt, oder wenn er erklärt, er wisse etwas, was er nicht weiß.

Beispiele:

(a) A, um einen bestehenden Anspruch des B gegen Z auf Zahlung von 1000 Rupien zu unterstützen, leistet in einem Prozeß einen falschen Eid dahingehend, er habe gehört, wie Z die Berechtigung von B's Anspruch zugegeben habe. A hat ein falsches Zeugnis abgegeben.

(b) A, der kraft eines Eides verpflichtet ist, die Wahrheit zu sagen, erklärt, er halte eine bestimmte Unterschrift für die Handschrift des Z, obwohl er sie nicht dafür hält. Hier erklärt A etwas, das, wie er weiß, unrichtig ist und gibt daher ein falsches Zeugnis ab.

(c) A, der Z's Handschrift kennt, erklärt, er halte eine bestimmte Unterschrift für die Handschrift des Z. Er tut dies in der gutgläubigen Annahme der Richtigkeit seiner Aussage. Hier bezieht sich A's Aussage nur auf seinen Glauben und insoweit entspricht sie der Wahrheit. Auch wenn die Unterschrift nicht die des Z ist, so hat A doch kein falsches Zeugnis abgegeben.

(d) A, der kraft eines Eides verpflichtet ist, die Wahrheit zu sagen, behauptet zu wissen, daß Z sich an einem bestimmten Tage an einem bestimmten Orte befunden habe, ohne etwas davon zu wissen. A gibt ein falsches Zeugnis ab, mag Z sich an dem bezeichneten Tage an dem Ort befunden haben oder nicht.

(e) A, ein Dolmetscher oder Übersetzer, gibt eine Erklärung oder eine Urkunde, die er kraft seines Eides wahrheitsgemäß zu verdolmetschen oder zu übersetzen hat, als wahrheitsgemäß verdolmetscht oder übersetzt aus oder beurkundet sie als solche. In Wahrheit ist die Verdolmetschung oder Übersetzung nicht der Wahrheit gemäß, oder er glaubt nicht an ihre Wahrheit. A hat ein falsches Zeugnis abgegeben.

Sec. 192. **Herstellung eines falschen Zeugnisses.**

Wer einen bestimmten Umstand herbeiführt oder eine falsche Eintragung in ein Buch oder Protokoll macht oder eine Urkunde herstellt, die eine falsche Erklärung enthält in der Absicht, es möge der Umstand, die falsche Eintragung oder Erklärung in einem gerichtlichen Verfahren vor einem Amtsträger in dessen amtlicher Eigenschaft oder vor einem Schiedsrichter als Beweismittel verwendet werden und jemand, der sich in einem solchen Verfahren ein Urteil über den Beweis zu bilden hat, in einen Irrtum über einen für das Ergebnis des Verfahrens wesentlichen Punkt versetzen, „stellt ein falsches Zeugnis her".

Beispiele:

(a) A legt Juwelen in einen Z gehörenden Kasten in der Absicht, daß sie in dem Kasten gefunden und Z daraufhin wegen Diebstahls bestraft werden möge. A hat ein falsches Zeugnis hergestellt.

(b) A macht eine falsche Eintragung in ein Geschäftsbuch, um dies als unterstützendes Beweismaterial vor einem Gericht zu verwerten. A hat ein falsches Zeugnis hergestellt.

(c) A, um die Verurteilung des Z wegen einer verbrecherischen Verschwörung herbeizuführen, schreibt einen Brief in der nachgeahmten Handschrift des Z, der scheinbar an einen Mitverschworenen gerichtet ist und legt den Brief auf einen Platz, den die Polizei, wie er weiß, wahrscheinlich durchsuchen wird. A hat ein falsches Zeugnis hergestellt.

Sec. 193. **Strafe des falschen Zeugnisses.**

Wer absichtlich auf irgendeiner Stufe eines gerichtlichen Verfahrens ein falsches Zeugnis abgibt oder ein falsches Zeugnis zum Zwecke der Benutzung auf irgendeiner Stufe eines gerichtlichen Verfahrens herstellt, wird mit Gefängnis bis zu 7 Jahren und mit Geldstrafe bestraft.

Wer absichtlich ein falsches Zeugnis in einem anderen Falle abgibt oder herstellt, wird mit Gefängnis bis zu 3 Jahren und mit Geldstrafe bestraft.

Erläuterung 1: Ein Verfahren vor dem Kriegsgericht ist ein gerichtliches Verfahren.

Erläuterung 2: Ein Ermittlungsverfahren, das nach dem Gesetz einem gerichtlichen Verfahren vorangeht, ist eine Stufe des gerichtlichen Verfahrens, auch wenn die Ermittlung nicht von einem Gericht angestellt wird.

Beispiel:
In einem Untersuchungsverfahren vor einem Magistrat, in dem geklärt werden soll, ob eine Hauptverhandlung gegen Z stattfinden soll, gibt A eine eidliche Erklärung ab, deren Unwahrheit er kennt. Da dieses Untersuchungsverfahren eine Stufe des gerichtlichen Verfahrens ist, so hat A ein falsches Zeugnis abgelegt.

Erläuterung 3: Ein Ermittlungsverfahren, das nach dem Gesetz von einem Gericht angeordnet ist und mit Ermächtigung des Gerichts durchgeführt wird, ist ein Abschnitt des gerichtlichen Verfahrens, auch wenn die Ermittlung nicht von einem Gericht angestellt wird.

Beispiel:
In einem Untersuchungsverfahren vor einem Beamten, der von einem Gericht damit beauftragt ist, die Grenzen eines Grundstücks an Ort und Stelle festzustellen, gibt A eidlich eine bewußt falsche Erklärung ab. Da diese Untersuchung ein Abschnitt des gerichtlichen Verfahrens ist, so hat A ein falsches Zeugnis abgelegt.

Sec. 194. **Abgabe oder Herstellung eines falschen Zeugnisses in der Absicht, eine Verurteilung wegen eines Kapitalverbrechens herbeizuführen.**

Wer ein falsches Zeugnis abgibt oder herstellt in der Absicht, dadurch die Verurteilung eines anderen wegen eines Verbrechens herbeizuführen, das *nach dem zur Zeit der Tat in Indien geltenden Recht* [nach einem zur Zeit geltenden Gesetz] ein Kapitalverbrechen ist, oder mit dem Bewußtsein, daß eine solche Verurteilung wahrscheinlich die Folge sein werde, wird mit lebenslänglicher Deportation oder mit strengem Gefängnis bis zu 10 Jahren bestraft. Außerdem ist Geldstrafe verwirkt.

Wenn ein Unschuldiger infolge des falschen Zeugnisses verurteilt und hingerichtet wird, so wird derjenige, der das falsche Zeugnis abgibt, mit dem Tode oder mit der im vorangehenden Absatz bezeichneten Strafe bestraft.

Sec. 195. **Abgabe oder Herstellung eines falschen Zeugnisses in der Absicht, eine Verurteilung wegen einer mit Deportation oder Gefängnis bedrohten Tat herbeizuführen.**

Wer ein falsches Zeugnis abgibt oder herstellt in der Absicht, dadurch die Verurteilung eines anderen wegen einer Straftat herbeizuführen, die *nach dem zur Zeit der Tat in Indien geltenden Recht* [nach einem zur Zeit geltenden Gesetz] zwar kein Kapitalverbrechen, aber mit lebenslänglicher Deportation oder einer Gefängnisstrafe von mindestens 7 Jahren bedroht ist, oder mit dem Bewußtsein, daß eine solche Verurteilung wahrscheinlich die Folge sein werde, wird so bestraft, wie jemand, der wegen der betreffenden Straftat zu bestrafen wäre.

Beispiel:
A gibt vor Gericht ein falsches Zeugnis ab in der Absicht, dadurch die Verurteilung des Z wegen Bandenraubs herbeizuführen. Die Strafe für

Bandenraub ist lebenslängliche Deportation oder strenges Gefängnis bis zu 10 Jahren, mit oder ohne Geldstrafe. A ist somit zu einer solchen Deportations- oder Gefängnisstrafe, mit oder ohne Geldstrafe, zu verurteilen.

Sec. 196. **Wissentliche Benutzung eines falschen Zeugnisses oder Beweismittels.**

Wer aus niedriger Gesinnung ein Zeugnis oder Beweismittel als wahr oder echt benutzt oder zu benutzen versucht, obwohl er weiß, daß es falsch oder fälschlich hergestellt ist, wird ebenso bestraft, als ob er selbst das falsche Zeugnis abgegeben oder das falsche Beweismittel hergestellt hätte.

Sec. 197. **Ausstellung oder Unterzeichnung einer falschen Bescheinigung.**

Wer eine Bescheinigung ausstellt oder unterzeichnet, die nach dem Gesetz ausgestellt oder unterzeichnet werden muß, oder nach dem Gesetz als Beweismittel für eine Tatsache verwendbar ist, obwohl er ihre Unrichtigkeit in einem wesentlichen Punkte kennt oder annimmt, wird ebenso bestraft, als ob er ein falsches Zeugnis abgegeben hätte.

Sec. 198. **Wissentliche Benutzung einer falschen Bescheinigung.**

Wer aus niedriger Gesinnung eine solche Bescheinigung als wahrheitsgemäße Bescheinigung benutzt oder zu benutzen versucht, obwohl er weiß, daß sie in einem wesentlichen Punkte falsch ist, wird ebenso bestraft, als ob er ein falsches Zeugnis abgegeben hätte.

Sec. 199. **Falsche Angaben in einer Erklärung, die nach dem Gesetz als Beweismittel verwendbar ist.**

Wer in einer von ihm angefertigten oder unterschriebenen Erklärung, die ein Gericht, ein Amtsträger oder eine andere Person nach dem Gesetz als Beweismittel für eine Tatsache verwenden muß oder darf, eine falsche Angabe macht, deren Unrichtigkeit in einem für den Gegenstand der Erklärung wesentlichen Punkte er kennt oder annimmt, oder eine Angabe macht, die er nicht für wahr hält, wird ebenso bestraft, als ob er ein falsches Zeugnis abgegeben hätte.

Sec. 200. **Wissentliche Benutzung einer solchen Erklärung.**

Wer aus niedriger Gesinnung eine solche Erklärung als wahrheitsgemäße Erklärung benutzt oder zu benutzen versucht, obwohl er weiß, daß sie in einem wesentlichen Punkte unrichtig ist, wird ebenso bestraft, als ob er ein falsches Zeugnis abgegeben hätte.

Erläuterung: Eine Erklärung, die nur eines Formfehlers wegen unverwendbar ist, ist dennoch eine Erklärung im Sinne der Sections 199 und 200.

Sec. 201. **Verschwindenlassen von Beweismitteln für eine Straftat oder Erteilung einer falschen Auskunft in der Absicht, Verbrecher zu decken.**

Wer weiß oder wissen muß, daß eine Straftat begangen sei, und ein Beweismittel für die Begehung der Tat verschwinden läßt in der Absicht, den Täter vor der gesetzlichen Strafe zu schützen, oder wer in dieser Absicht über die Straftat eine Auskunft erteilt, deren Unrichtigkeit er kennt oder annimmt, wird, wenn die Tat, von der er weiß oder annimmt, daß sie begangen sei, mit Todesstrafe bedroht ist, mit Gefängnis bis zu 7 Jahren und mit Geldstrafe bestraft;

wenn die Tat mit lebenslänglicher Deportation oder mit Gefängnis bis zu 10 Jahren bedroht ist, mit Gefängnis bis zu 3 Jahren und mit Geldstrafe bestraft;

wenn die Tat mit Gefängnis unter 10 Jahren bedroht ist, mit einer Gefängnisstrafe, die bis zu einem Viertel der für die Tat vorgesehenen Höchststrafe betragen darf, oder mit Geldstrafe oder mit beidem bestraft.

Beispiel:

A, der weiß, daß B Z ermordet habe, hilft B, die Leiche zu verstecken in der Absicht, B vor Strafe zu schützen. A ist mit Gefängnis bis zu 7 Jahren und mit Geldstrafe zu bestrafen.

Sec. 202. **Absichtliches Nichterteilen von Auskunft über eine Straftat ungeachtet einer Verpflichtung zur Erteilung der Auskunft.**

Wer, obwohl er weiß oder wissen muß, daß eine Straftat begangen ist, es absichtlich unterläßt, eine Auskunft über die Straftat zu erteilen, die zu erteilen er gesetzlich verpflichtet ist, wird mit Gefängnis bis zu 6 Monaten oder mit Geldstrafe oder mit beidem bestraft.

Sec. 203. **Erteilung einer falschen Auskunft über eine Straftat.**

Wer weiß oder wissen muß, daß eine Straftat begangen ist, und über die Straftat eine Auskunft erteilt, deren Unrichtigkeit er kennt oder annimmt, wird mit Gefängnis bis zu 2 Jahren oder mit Geldstrafe oder mit beidem bestraft.

Erläuterung: In den Sections 201 und 202 und in dieser Section umfaßt das Wort „Straftat" jede außerhalb *Indiens* [der Provinzen und der Bundeshauptstadt] begangene Handlung, die, wenn in *Indien* [den Provinzen oder der Bundeshauptstadt] begangen, nach Section 302, 304, 382, 392, 393, 394, 395, 396, 397, 398, 399, 402, 435, 436, 449, 450, 457, 458, 459 oder 460 strafbar wäre.

Sec. 204. **Vernichtung einer Urkunde in der Absicht, ihre Vorlegung als Beweismittel zu verhindern.**

Wer eine Urkunde beiseiteschafft oder vernichtet, zu deren Vorlegung als Beweismittel vor einem Gericht oder in einem gesetzmäßigen Verfahren vor einem Amtsträger er gesetzlich verpflichtet sein kann, oder wer eine solche Urkunde ganz oder teilweise unbrauchbar oder unlesbar macht in der Absicht, ihre Vorlegung oder Benutzung als Beweismittel vor dem Gericht oder Amtsträger zu verhindern, oder wer dies tut, nachdem er ordnungsmäßig geladen oder aufgefordert worden ist, die Urkunde zu diesem Zweck vorzulegen, wird mit Gefängnis bis zu 2 Jahren oder mit Geldstrafe oder mit beidem bestraft.

Sec. 205. **Personenunterschiebung in einem Verfahren oder im Rahmen einer Strafverfolgung.**

Wer sich fälschlich für einen anderen ausgibt und in der angenommenen Eigenschaft ein Geständnis ablegt oder eine Erklärung abgibt, ein Urteil gegen sich ergehen läßt, eine Ladung oder einen Haftbefehl veranlaßt,

Bürgschaft oder Sicherheit leistet oder eine andere Handlung in einem Verfahren oder im Rahmen einer Strafverfolgung vornimmt, wird mit Gefängnis bis zu 3 Jahren oder mit Geldstrafe oder mit beidem bestraft.

Sec. 206. **Arglistiges Beiseiteschaffen oder Verbergen von Vermögen, um seine Wegnahme zum Zwecke der Beschlagnahme oder Zwangsvollstreckung zu verhindern.**

Wer in Täuschungsabsicht irgendwelches Vermögen oder ein Vermögensrecht beiseiteschafft, verbirgt oder jemand überträgt oder aushändigt, um zu verhindern, daß das Vermögen oder Vermögensrecht auf Grund einer Beschlagnahme oder zur Bezahlung einer Geldstrafe nach Maßgabe eines schon verkündeten oder, wie der Täter weiß, zu erwartenden Urteils eines Gerichts oder einer anderen Behörde, oder daß es zur Vollstreckung eines schon erlassenen oder wie der Täter weiß, zu erwartenden gerichtlichen Urteils oder einer gerichtlichen Verfügung in einem bürgerlich-rechtlichen Rechtsstreit weggenommen werde, wird mit Gefängnis bis zu 2 Jahren oder mit Geldstrafe oder mit beidem bestraft.

Sec. 207. **Arglistige Inanspruchnahme von Vermögen, um seine Wegnahme zum Zwecke der Beschlagnahme oder Zwangsvollstreckung zu verhindern.**

Wer in Täuschungsabsicht irgendwelches Vermögen oder ein Vermögensrecht annimmt, in Empfang nimmt oder beansprucht, obwohl er weiß, daß er kein Recht und keinen rechtmäßigen Anspruch auf das Vermögen oder Vermögensrecht hat, oder wer im Hinblick auf ein Vermögen oder Vermögensrecht eine Täuschung begeht, um zu verhindern, daß das Vermögen oder Vermögensrecht auf Grund einer Beschlagnahme oder zur Bezahlung einer Geldstrafe nach Maßgabe eines schon verkündeten oder, wie der Täter weiß, zu erwartenden Urteils eines Gerichts oder einer anderen Behörde, oder daß es zur Vollstreckung eines schon erlassenen oder zu erwartenden gerichtlichen Urteils oder einer gerichtlichen Verfügung in einem bürgerlich-rechtlichen Streitverfahren weggenommen werde, wird mit Gefängnis bis zu 2 Jahren oder mit Geldstrafe oder mit beidem bestraft.

Sec. 208. **Strafe dessen, der sich in Täuschungsabsicht zur Zahlung eines nicht geschuldeten Geldbetrages verurteilen läßt.**

Wer in Täuschungsabsicht veranlaßt oder zuläßt, daß auf Grund der Klage eines anderen auf Zahlung eines nicht geschuldeten Geldbetrages oder auf Zahlung eines größeren als des geschuldeten Betrages oder auf Übertragung von Vermögen oder Vermögensrechten, zu der der Kläger nicht berechtigt ist, ein Urteil oder eine Verfügung gegen ihn erlassen wird, oder wer in Täuschungsabsicht veranlaßt oder zuläßt, daß ein Urteil oder eine Verfügung gegen ihn vollstreckt wird, obwohl die geschuldete Leistung schon erbracht ist, oder daß die Zwangsvollstreckung wegen eines Anspruchs erfolgt, wegen dessen der Gläubiger schon befriedigt ist, wird mit Gefängins bis zu 2 Jahren oder mit Geldstrafe oder mit beidem bestraft.

Beispiel:

A strengt eine Klage gegen Z an. Z, der weiß, daß A wahrscheinlich ein Urteil gegen ihn erlangen werde, läßt in Täuschungsabsicht ein Urteil in einem Rechtsstreit mit B, der keinen Anspruch gegen ihn hat, gegen sich ergehen, damit B entweder in seinem Interesse oder zum Vorteil des Z aus den Erträgnissen aus dem Verkauf von Z's Vermögen Nutzen ziehen möge. Z hat sich nach dieser Vorschrift strafbar gemacht.

Sec. 209. **Geltendmachung eines falschen Anspruchs vor Gericht in rechtswidriger Absicht.**

Wer in betrügerischer oder rechtswidriger Absicht oder in der Absicht, jemand zu schädigen oder zu belästigen, vor einem Gericht einen Anspruch erhebt, der, wie er weiß, nicht besteht, wird mit Gefängnis bis zu 2 Jahren und mit Geldstrafe bestraft.

Sec. 210. **Arglistiges Erstreiten eines Urteils über einen nicht geschuldeten Betrag.**

Wer in Täuschungsabsicht ein Urteil oder eine Verfügung gegen einen anderen über einen nicht geschuldeten Geldbetrag oder über einen größeren als den geschuldeten Betrag oder eine Verurteilung zur Übertragung von Vermögen oder Vermögensinteressen erlangt, zu der er nicht berechtigt ist, oder wer in Täuschungsabsicht veranlaßt, daß ein Urteil oder eine Verfügung gegen einen anderen vollstreckt wird, obwohl die geschuldete Leistung schon erbracht ist, oder daß die Zwangsvollstreckung wegen eines Anspruchs erfolgt, wegen dessen der Gläubiger schon befriedigt ist, oder wer in Täuschungsabsicht zuläßt oder gestattet, daß eine solche Handlung in seinem Namen begangen werde, wird mit Gefängnis bis zu 2 Jahren oder mit Geldstrafe oder mit beidem bestraft.

Sec. 211. **Falsche Anschuldigung wegen einer Straftat in Schädigungsabsicht.**

Wer in der Absicht, jemand einen Nachteil zuzufügen, ein Strafverfahren gegen einen anderen einleitet oder herbeiführt, oder jemand fälschlich der Begehung einer Straftat beschuldigt, obwohl er weiß, daß kein rechtmäßiger oder gesetzlicher Grund für das Verfahren oder die Anschuldigung gegen den anderen besteht, wird mit Gefängnis bis zu 2 Jahren oder mit Geldstrafe oder mit beidem bestraft.

Wenn ein solches Strafverfahren auf Grund einer falschen Anschuldigung wegen einer Straftat eingeleitet wird, die mit Todesstrafe, mit lebenslänglicher Deportation oder mit Gefängnis von mindestens 7 Jahren bedroht ist, so wird der Täter mit Gefängnis bis zu 7 Jahren und mit Geldstrafe bestraft.

Sec. 212. **Begünstigung.**

Wer nach Begehung einer Straftat jemand beherbergt oder verbirgt, der, wie er weiß oder wissen muß, der Täter ist, um ihn vor der gesetzlichen Strafe zu bewahren,

wird, wenn die Tat mit Todesstrafe bedroht ist, mit Gefängnis bis zu 5 Jahren und mit Geldstrafe,

wenn die Tat mit lebenslänglicher Deportation oder mit Gefängnis bis zu 10 Jahren bedroht ist, mit Gefängnis bis zu 3 Jahren und mit Geldstrafe,

wenn die Tat mit Gefängnis von mindestens einem Jahr bedroht ist, mit Gefängnis bis zu einem Viertel der für die Tat vorgesehenen Höchststrafe oder mit Geldstrafe oder mit beidem bestraft.

„Straftat" im Sinne dieser Vorschrift umfaßt jede außerhalb *Indiens* [der Provinzen und der Bundeshauptstadt] begangene Handlung, die, wenn in *Indien* [den Provinzen oder der Bundeshauptstadt] begangen, nach Sec. 302, 304, 382, 392, 393, 394, 395, 396, 397, 398, 399, 402, 435, 436, 449, 450, 457, 458, 459 oder 460 strafbar wäre. Eine jede solche Handlung gilt im Sinne dieser Vorschrift als ebenso strafbar, als ob der Angeklagte die Tat in *Indien* [den Provinzen oder der Bundeshauptstadt] begangen hätte.

Ausnahme: Diese Bestimmung gilt nicht für Fälle, in denen die Tat von dem Ehegatten des Täters begangen wird.

Beispiel:

A, der weiß, daß B einen Bandenraub begangen hat, versteckt wissentlich B, um ihn vor der gesetzlichen Strafe zu bewahren. Da B die Strafe der lebenslänglichen Deportation verwirkt hat, so ist A mit Gefängnis bis zu 3 Jahren und mit Geldstrafe zu bestrafen.

Sec. 213. **Annahme von Geschenken als Belohnung für die Bewahrung eines Verbrechers vor Strafe.**

Wer eine Vergütung für sich oder jemand anders oder die Rückerstattung von Eigentum für sich und jemand anders annimmt, zu erlangen versucht oder sich gewähren läßt als Belohnung dafür, daß er eine Straftat verbirgt oder jemand vor der gesetzlichen Strafe für eine Straftat bewahrt oder dafür, daß er nicht gegen einen anderen strafrechtlich vorgeht, wird

wenn die Tat mit Todesstrafe bedroht ist, mit Gefängnis bis zu 7 Jahren und mit Geldstrafe,

wenn die Tat mit lebenslänglicher Deportation oder mit Gefängnis bis zu 10 Jahren bedroht ist, mit Gefängnis bis zu 3 Jahren und mit Geldstrafe,

wenn die Tat mit Gefängnis unter 10 Jahren bedroht ist, mit Gefängnis bis zu einem Viertel der für die Tat vorgesehenen Höchststrafe oder mit Geldstrafe oder mit beidem bestraft.

Sec. 214. **Anbieten von Geschenken oder der Rückerstattung von Eigentum als Gegenleistung für die Begünstigung des Täters.**

Wer jemand eine Vergütung gewährt oder anbietet oder gewähren oder zukommen läßt oder die Rückerstattung von Eigentum veranlaßt als Gegenleistung dafür, daß dieser eine Straftat verbirgt oder jemand vor der gesetzlichen Strafe für eine Straftat bewahrt oder nicht gegen einen anderen strafrechtlich vorgeht, wird,

wenn die Tat mit Todesstrafe bedroht ist, mit Gefängnis bis zu 7 Jahren und mit Geldstrafe,

wenn die Tat mit lebenslänglicher Deportation oder mit Gefängnis bis zu 10 Jahren bedroht ist, mit Gefängnis bis zu 3 Jahren und mit Geldstrafe,

wenn die Tat mit Gefängnis unter 10 Jahren bedroht ist, mit Gefängnis bis zu einem Viertel der für die Straftat vorgesehenen Höchststrafe oder mit Geldstrafe oder mit beidem bestraft.

Ausnahme: Die Bestimmungen der Sections 213 und 214 umfassen nicht Fälle, in denen die Tat nach dem Gesetz verglichen werden darf.

Sec. 215. Annahme von Geschenken als Belohnung für die Hilfeleistung bei der Rückerstattung gestohlenen Eigentums.

Wer eine Vergütung annimmt oder in ihre Gewährung einwilligt nnter dem Vorwande oder als Gegenleistung dafür, daß er jemand bei der Rückerlangung beweglichen Eigentums hilft, das der andere durch eine nach diesem Gesetz strafbare Handlung verloren hat, wird mit Gefängnis bis zu 2 Jahren oder mit Geldstrafe oder mit beidem bestraft, wenn er nicht alles in seiner Macht stehende tut, um die Festnahme und Verurteilung des Täters wegen der Straftat herbeizuführen.

Sec. 216. Begünstigung eines Verbrechers, der aus der Haft entkommen ist oder dessen Verhaftung angeordnet ist.

Wenn jemand, der wegen einer Straftat verurteilt oder angeklagt ist, sich wegen dieser Straftat in Haft befindet und aus der Haft entkommt,

oder wenn ein Amtsträger in Ausübung seiner Amtsbefugnisse anordnet, daß jemand wegen einer Straftat verhaftet werde, so wird jeder, der ihn in Kenntnis des Entkommens oder des Haftbefehls beherbergt oder verbirgt, um ihn vor der Verhaftung zu bewahren, in folgender Weise bestraft:

Wenn die Straftat, deretwegen der Flüchtige in Haft war, oder deretwegen seine Verhaftung angeordnet ist, mit Todesstrafe bedroht ist, so wird die Begünstigung mit Gefängnis bis zu 7 Jahren und mit Geldstrafe bestraft;

wenn die Straftat mit lebenslänglicher Deportation oder mit Gefängnis von 10 Jahren bedroht ist, so wird die Begünstigung mit Gefängnis bis zu 3 Jahren, mit oder ohne Geldstrafe, bestraft;

wenn die Straftat mit Gefängnis bis zu mindestens einem Jahr, aber unter 10 Jahren bedroht ist, so wird die Begünstigung mit Gefängnis bis zu einem Viertel der für die Straftat vorgesehenen Höchststrafe oder mit Geldstrafe oder mit beiden bestraft.

„Straftat" im Sinne dieser Vorschrift umfaßt jede Handlung oder Unterlassung, die jemand außerhalb *Indiens* [der Provinzen und der Bundeshauptstadt] begangen haben soll, die aber, wenn innerhalb *Indiens* [der Provinzen oder der Bundeshauptstadt] begangen, eine Straftat wäre, auf Grund deren der Täter nach einem Auslieferungsgesetz [nach dem Fugitive Offenders Act von 1881] oder nach einer anderen Bestimmung in *Indien* [den Provinzen oder der Bundeshauptstadt] verhaftet oder in Verwahrung genommen werden könnte. Eine jede solche Handlung oder Unterlassung gilt als nach dieser Vorschrift strafbar, als ob der Angeklagte die Straftat in *Indien* [den Provinzen oder der Bundeshauptstadt] begangen hätte.

Ausnahme: Diese Bestimmung gilt nicht für Fälle, in denen die Tat von dem Ehegatten des zu Verhaftenden begangen wird.

Sec. 216 A. Strafe der Begünstigung von Räubern oder Bandenräubern.

Wer weiß oder wissen muß, daß bestimmte Personen einen Raub oder Bandenraub begehen wollen oder kürzlich begangen haben, und diese Personen oder eine von ihnen beherbergt, um die Begehung des Raubes oder Bandenraubes zu erleichtern oder sie oder eine von ihnen vor Strafe zu bewahren, wird mit strengem Gefängnis bis zu 7 Jahren und mit Geldstrafe bestraft.

Erläuterung: Für die Anwendung dieser Vorschrift kommt es nicht darauf an, ob der Raub oder Bandenraub innerhalb oder außerhalb *Indiens* [der Provinzen und der Bundeshauptstadt] begangen ist.

Ausnahme: Diese Vorschrift gilt nicht für Fälle, in denen die Tat von dem Ehegatten des Räubers begangen wird.

Sec. 217. **Zuwiderhandlung eines Amtsträgers gegen eine gesetzliche Anordnung in der Absicht, jemand vor Strafe oder Eigentum vor der Beschlagnahme zu bewahren.**

Wer als Amtsträger wissentlich einer gesetzlichen Anordnung im Hinblick auf seine Amtsführung zuwiderhandelt in der Absicht, jemand vor der gesetzlichen Strafe zu bewahren oder eine Milderung der von ihm verwirkten Strafe zu erreichen oder Eigentum vor einer nach dem Gesetz verwirkten Beschlagnahme oder sonstigen Belastung zu bewahren oder mit dem Bewußtsein, daß eine dieser Folgen wahrscheinlich eintreten werde, wird mit Gefängnis bis zu 2 Jahren oder mit Geldstrafe oder mit beidem bestraft.

Sec. 218. **Anfertigung eines unrichtigen Protokolls oder Schriftstücks durch einen Amtsträger in der Absicht, jemand vor Strafe oder Eigentum vor der Beschlagnahme zu bewahren.**

Wer als Amtsträger in seiner amtlichen Eigenschaft mit der Herstellung eines Protokolls oder anderen Schriftstücks betraut ist und das Protokoll oder Schriftstück wissentlich unrichtig herstellt in der Absicht, dadurch der Allgemeinheit oder einem anderen einen Verlust oder Nachteil zuzufügen oder jemand vor der gesetzlichen Strafe zu bewahren oder Eigentum vor einer nach dem Gesetz verwirkten Beschlagnahme oder sonstigen Belastung zu bewahren oder mit dem Bewußtsein, daß eine dieser Folgen wahrscheinlich eintreten werde, wird mit Gefängnis bis zu 3 Jahren oder mit Geldstrafe oder mit beidem bestraft.

Sec. 219. **Erstattung eines falschen Berichts durch einen Amtsträger in einem gerichtlichen Verfahren aus niedriger Gesinnung.**

Wer als Amtsträger aus niedriger oder böswilliger Gesinnung auf irgendeiner Stufe eines gerichtlichen Verfahrens einen Bericht erstattet, eine Anordnung, einen Rechtsspruch oder eine Entscheidung erläßt oder verkündet, die, wie er weiß, dem Gesetz widerspricht, wird mit Gefängnis bis zu 7 Jahren oder mit Geldstrafe oder mit beidem bestraft.

Sec. 220. **Überweisung eines Angeklagten an ein Gericht zum Zwecke der Aburteilung oder Verwahrung durch eine dazu befugte Person mit dem Bewußtsein der Rechtswidrigkeit.**

Wer als Träger eines Amtes, das ihn dazu befugt, Personen zum Zwecke der Aburteilung oder der Verwahrung an ein Gericht zu überweisen oder Personen in Verwahrung zu halten, jemand aus niedriger oder böswilliger Gesinnung zum Zwecke der Aburteilung oder Verwahrung überweist, oder jemand in Ausübung seiner Befugnis in Gewahrsam hält mit dem Bewußtsein, daß er damit rechtswidrig handelt, wird mit Gefängnis bis zu 7 Jahren oder mit Geldstrafe oder mit beidem bestraft.

Sec. 221. Absichtliches Unterlassen der Festnahme durch einen Amtsträger, der zu der Festnahme verpflichtet ist.

Wer als Amtsträger in seiner amtlichen Eigenschaft verpflichtet ist, eine wegen einer Straftat angeklagte oder zu verhaftende Person zu verhaften oder in Gewahrsam zu halten, es jedoch absichtlich unterläßt, diese Person zu verhaften, sie absichtlich entkommen läßt oder ihr absichtlich bei dem Entkommen oder dem Versuch des Entkommens aus dem Gewahrsam Hilfe leistet, wird folgendermaßen bestraft:

Mit Gefängnis bis zu 7 Jahren, mit oder ohne Geldstrafe, wenn die in Gewahrsam befindliche oder zu verhaftende Person wegen einer mit Todesstrafe bedrohten Tat angeklagt oder zu verhaften war;

mit Gefängnis bis zu 3 Jahren, mit oder ohne Geldstrafe, wenn die in Gewahrsam befindliche oder zu verhaftende Person wegen einer Straftat angeklagt oder zu verhaften war, die mit lebenslänglicher Deportation oder mit Gefängnis bis zu 10 Jahren bedroht ist;

mit Gefängnis bis zu 2 Jahren, mit oder ohne Geldstrafe, wenn die in Gewahrsam befindliche oder zu verhaftende Person wegen einer Straftat angeklagt oder zu verhaften war, die mit Gefängnis von weniger als 10 Jahren bedroht ist.

Sec. 222. Absichtliches Unterlassen der Festnahme einer verurteilten oder dem Gericht überwiesenen Person durch einen Amtsträger, der zur Festnahme verpflichtet ist.

Wer als Amtsträger in seiner amtlichen Eigenschaft verpflichtet ist, eine wegen einer Straftat verurteilte oder rechtmäßig in Haft genommene Person zu verhaften oder in Gewahrsam zu halten, es jedoch absichtlich unterläßt, sie zu verhaften, sie absichtlich entkommen läßt oder ihr absichtlich bei dem Entkommen oder dem Versuch des Entkommens aus dem Gewahrsam Hilfe leistet, wird folgendermaßen bestraft:

Mit lebenslänglicher Deportation oder Gefängnis bis zu 14 Jahren, mit oder ohne Geldstrafe, wenn die in Gewahrsam befindliche oder zu verhaftende Person zum Tode verurteilt ist;

mit Gefängnis bis zu 7 Jahren, mit oder ohne Geldstrafe, wenn die in Gewahrsam befindliche oder zu verhaftende Person durch ein gerichtliches Urteil oder auf Grund der Umwandlung eines solchen Urteils zu lebenslänglicher Deportation oder Deportation oder Gefängnis von mindestens 10 Jahren verurteilt ist;

mit Gefängnis bis zu 3 Jahren oder mit Geldstrafe oder mit beidem, wenn die in Gewahrsam befindliche oder zu verhaftende Person durch ein gerichtliches Urteil zu einer Gefängnisstrafe von weniger als 10 Jahren verurteilt ist oder gesetzmäßig in Haft genommen war.

Sec. 223. Fahrlässiges Entkommenlassen aus dem Gewahrsam oder der Haft.

Wer als Amtsträger in seiner amtlichen Eigenschaft gesetzlich verpflichtet ist, eine wegen einer Straftat angeklagte oder verurteilte oder gesetzmäßig in Haft genommene Person in Gewahrsam zu halten, diese Person jedoch fahrlässig aus der Verwahrung entkommen läßt, wird mit einfachem Gefängnis bis zu 2 Jahren oder mit Geldstrafe oder mit beidem bestraft.

Sec. 224. Widerstand gegen eine rechtmäßige Verhaftung oder Behinderung einer solchen Verhaftung.

Wer absichtlich seiner rechtmäßigen Verhaftung auf Grund einer Straftat, deretwegen er angeklagt oder verurteilt ist, Widerstand leistet oder ihr gesetzwidrig ein Hindernis in den Weg legt, oder wer aus einer Haft, in der er einer solchen Straftat wegen rechtmäßig gehalten wird, entflieht oder zu entfliehen versucht, wird mit Gefängnis bis zu 2 Jahren oder mit Geldstrafe oder mit beidem bestraft.

Erläuterung: Die in dieser Vorschrift vorgesehene Strafe wird zusätzlich zu der Strafe verhängt, die die zu verhaftende oder zu verwahrende Person wegen der Straftat verwirkt hatte, deretwegen sie angeklagt oder verurteilt war.

Sec. 225. Widerstand gegen die Verhaftung eines anderen oder Behinderung einer solchen Verhaftung.

Wer absichtlich der rechtmäßigen Verhaftung eines anderen wegen einer Straftat Widerstand leistet oder ihr gesetzwidrig ein Hindernis in den Weg legt, oder wer einen anderen aus einer Haft, in der dieser rechtmäßig auf Grund einer Straftat gehalten wird, befreit oder zu befreien versucht, wird mit Gefängnis bis zu 2 Jahren oder mit Geldstrafe oder mit beidem bestraft.

Wenn die zu verhaftende oder befreite Person oder derjenige, dessen Befreiung versucht wird, wegen einer Straftat angeklagt ist oder verhaftet werden darf, die mit lebenslänglicher Deportation oder mit Gefängnis bis zu 15 Jahren bedroht ist, so ist die Strafe Gefängnis bis zu 3 Jahren und Geldstrafe.

Wenn die zu verhaftende oder befreite Person oder derjenige, dessen Befreiung versucht wird, wegen einer Straftat angeklagt ist oder verhaftet werden darf, die mit Todesstrafe bedroht ist, so ist die Strafe Gefängnis bis zu 7 Jahren und Geldstrafe.

Wenn die zu verhaftende oder befreite Person oder derjenige, dessen Befreiung versucht wird, auf Grund eines gerichtlichen Urteils oder auf Grund der Umwandlung einer durch ein solches Urteil verhängten Strafe zu lebenslänglicher Deportation oder zu Deportation oder Gefängnis von mindestens 10 Jahren verurteilt ist, so ist die Strafe Gefängnis bis zu 7 Jahren und Geldstrafe.

Wenn die zu verhaftende oder befreite Person oder derjenige, dessen Befreiung versucht wird, zum Tode verurteilt ist, so ist die Strafe lebenslängliche Deportation oder Gefängnis bis zu 10 Jahren. Außerdem ist Geldstrafe verwirkt.

Sec. 225 A. Unterlassen der Festnahme oder Entkommenlassen durch einen Amtsträger in sonst nicht geregelten Fällen.

Wer als Amtsträger in seiner amtlichen Eigenschaft gesetzlich verpflichtet ist, jemand in Fällen zu verhaften oder in Gewahrsam zu halten, die nicht in Sec. 221, 222 oder 223 oder in einem anderen zur Zeit der Tat geltenden Gesetz vorgesehen sind, es jedoch unterläßt, ihn zu verhaften oder ihn aus dem Gewahrsam entkommen läßt, wird

(a) wenn er die Tat absichtlich begeht, mit Gefängnis bis zu 3 Jahren oder mit Geldstrafe oder mit beidem bestraft;

(b) wenn er die Tat fahrlässig begeht, mit einfachem Gefängnis bis zu 2 Jahren oder mit Geldstrafe oder mit beidem bestraft.

Sec. 225 B. **Widerstand gegen eine rechtmäßige Verhaftung, Behinderung einer solchen Verhaftung, Flucht oder Befreiung in sonst nicht geregelten Fällen.**

Wer in einem nicht in Sec. 224 oder 225 oder einem anderen zur Zeit der Tat geltenden Gesetz vorgesehenen Falle seiner eigenen rechtmäßigen Verhaftung oder der eines anderen absichtlich Widerstand leistet oder gesetzwidrig ein Hindernis in den Weg legt, oder aus einer Haft, in der er rechtmäßig gehalten wird, entflieht oder zu entfliehen versucht, oder einen anderen aus einer Haft, in der er rechtmäßig gehalten wird, befreit oder zu befreien versucht, wird mit Gefängnis bis zu 6 Monaten oder mit Geldstrafe oder mit beidem bestraft.

Sec. 226. **Strafe dessen, der sich rechtswidrig der Deportation entzieht.**

Wer rechtmäßig deportiert worden ist, aber vor Ablauf der für die Deportation vorgesehenen Zeit zurückkehrt, ohne daß ihm die Strafe erlassen wäre, wird mit lebenslänglicher Deportation und mit Geldstrafe bestraft. Außerdem verbüßt er eine Strafe von mindestens 3 Jahren strengen Gefängnisses vor der Deportation.

Sec. 227. **Verstoß gegen die Bedingungen eines Straferlasses.**

Wer nach Annahme eines bedingten Straferlasses wissentlich gegen eine Bedingung verstößt, unter der der Straferlaß gewährt worden ist, wird mit der Strafe bestraft, zu der er ursprünglich verurteilt war, sofern er die Strafe noch nicht verbüßt hat; wenn er jedoch einen Teil der Strafe verbüßt hat, mit der Strafe, die er noch nicht verbüßt hat.

Sec. 228. **Absichtliche Beleidigung oder Störung eines Amtsträgers in einem gerichtlichen Verfahren.**

Wer absichtlich einen Amtsträger beleidigt oder unterbricht, während dieser auf irgendeiner Stufe eines gerichtlichen Verfahrens tätig ist, wird mit einfachem Gefängnis bis zu 6 Monaten oder mit Geldstrafe bis zu 1000 Rupien oder mit beidem bestraft.

Sec. 229. **Strafe dessen, der sich als Geschworenen oder beisitzenden Laienrichter ausgibt.**

Wer dadurch, daß er sich für einen anderen ausgibt, oder auf sonstige Weise absichtlich bewirkt oder wissentlich zuläßt, daß er als Geschworener oder Laienbeisitzer ernannt, in die Liste der Geschworenen oder Beisitzer aufgenommen oder vereidigt wird in einem Falle, in dem er, wie er weiß, nicht dazu befugt ist, oder wer sich mit dem Bewußtsein, daß er unter solchen Umständen ernannt, in die Liste aufgenommen oder vereidigt ist, vorsätzlich als Geschworener oder Beisitzer betätigt, wird mit Gefängnis bis zu 2 Jahren oder mit Geldstrafe oder mit beidem bestraft.

Kapitel XII.

Münzverbrechen und Stempeldelikte.

Sec. 230. **Begriffsbestimmung der Münze.**

Eine Münze ist ein Metallgegenstand, der gegenwärtig als Geld verwendet wird und von der Regierung eines Staates oder einer souveränen Macht zum Zwecke einer solchen Verwendung geprägt und ausgegeben ist.

Eine *indische Münze* [Münze der Königin] ist ein Metallgegenstand, der auf Anordnung der *Regierung von Indien* [der Königin, der Zentralregierung oder einer Regierung in den Dominions der Königin] zum Zwecke der Verwendung als Geld geprägt und ausgegeben ist. Münzen, die in dieser Weise geprägt und ausgegeben sind, sollen im Sinne dieses Kapitels weiterhin als *indische Münzen* [Münzen der Königin] gelten, auch wenn sie nicht mehr als Geld verwendet werden.

Beispiele:

(a) Cowries[1]) sind keine Münzen.

(b) Stücke ungeprägten Kupfers, auch wenn sie als Geld gebraucht werden, sind keine Münzen.

(c) Medaillen sind keine Münzen, soweit sie nicht als Geld benutzt werden.

(d) Die Münzen, die als Rupien der Ostindischen Kompagnie bezeichnet werden, sind *indische Münzen* [Münzen der Königin].

(e) Die „Farukhabad“ Rupie, die früher auf Anordnung der Regierung von Indien als Geld benutzt wurde, ist eine *indische Münze* [Münze der Königin], obwohl sie nicht mehr in Gebrauch ist.

Sec. 231. **Nachmachen von Münzen.**

Wer eine Münze nachmacht oder wissentlich einen Teil der zum Nachmachen erforderlichen Ausführungshandlung vornimmt, wird mit Gefängnis bis zu 7 Jahren und mit Geldstrafe bestraft.

Erläuterung: Diese Straftat begeht auch derjenige, der in Täuschungsabsicht oder mit dem Bewußtsein, daß dadurch wahrscheinlich eine Täuschung hervorgerufen werde, einer echten Münze den Anschein einer andersgearteten Münze gibt.

Sec. 232. **Nachmachen *indischer Münzen* [von Münzen der Königin].**

Wer eine *indische Münze* [Münze der Königin] nachmacht oder wissentlich einen Teil der zum Nachmachen erforderlichen Ausführungshandlung vornimmt, wird mit lebenslänglicher Deportation oder mit Gefängnis bis zu 10 Jahren bestraft. Außerdem ist Geldstrafe verwirkt.

Sec. 233. **Herstellung oder Verkauf von Werkzeugen zum Nachmachen von Münzen.**

Wer einen Stempel oder ein Werkzeug herstellt oder ändert oder einen Teil der zur Herstellung oder Änderung erforderlichen Ausführungshandlung vornimmt oder einen Stempel oder ein Werkzeug kauft, verkauft oder darüber verfügt, und beabsichtigt oder weiß oder wissen muß, daß die Absicht besteht, den Gegenstand zum Nachmachen von Münzen zu verwenden, wird mit Gefängnis bis zu 3 Jahren und mit Geldstrafe bestraft.

---

1) Cowries sind Muschelgeld.

Sec. 234. Herstellung oder Verkauf von Werkzeugen zum Nachmachen *indischer Münzen* [von Münzen der Königin].

Wer einen Stempel oder ein Werkzeug herstellt oder ändert, oder einen Teil der zur Herstellung oder Änderung erforderlichen Ausführungshandlung vornimmt oder einen Stempel oder ein Werkzeug kauft, verkauft oder darüber verfügt, und beabsichtigt oder weiß oder wissen muß, daß die Absicht besteht, den Gegenstand zum Nachmachen *indischer Münzen* [von Münzen der Königin] zu verwenden, wird mit Gefängnis bis zu 7 Jahren und mit Geldstrafe bestraft.

Sec. 235. Besitz von Werkzeugen oder Material zum Nachmachen von Münzen.

Wer ein Werkzeug oder Material zum Zwecke des Nachmachens von Münzen im Besitz hat, oder wer es im Besitz hat und weiß oder wissen muß, daß es zu diesem Zweck benutzt werden soll, wird mit Gefängnis bis zu 3 Jahren und mit Geldstrafe bestraft.

Wenn *indische Münzen* [Münzen der Königin] nachgemacht werden sollen, ist die Strafe Gefängnis bis zu 10 Jahren und Geldstrafe.

Sec. 236. Teilnahme in *Indien* [den Provinzen oder der Bundeshauptstadt] am Nachmachen von Münzen außerhalb *Indiens* [der Provinzen und der Bundeshauptstadt].

Wer in *Indien* [den Provinzen oder der Bundeshauptstadt] an dem Nachmachen von Münzen außerhalb *Indiens* [der Provinzen und der Bundeshauptstadt] teilnimmt, wird ebenso bestraft, als ob er an dem Nachmachen der Münzen in *Indien* [den Provinzen oder der Bundeshauptstadt] teilgenommen hätte.

Sec. 237. Einfuhr oder Ausfuhr nachgemachter Münzen.

Wer nachgemachte Münzen *nach Indien* [in die Provinzen oder die Bundeshauptstadt] einführt oder von dort ausführt, obwohl er weiß oder wissen muß, daß die Münzen nachgemacht sind, wird mit Gefängnis bis zu 3 Jahren und mit Geldstrafe bestraft.

Sec. 238. Einfuhr oder Ausfuhr nachgemachter *indischer Münzen* [Münzen der Königin].

Wer nachgemachte *indische Münzen* [Münzen der Königin] *nach Indien* [in die Provinzen oder die Bundeshauptstadt] einführt oder von dort ausführt, obwohl er weiß oder wissen muß, daß die Münzen nachgemacht sind, wird mit lebenslänglicher Deportation oder mit Gefängnis bis zu 10 Jahren bestraft. Außerdem ist Geldstrafe verwirkt.

Sec. 239. Weitergeben nachgemachter Münzen, deren Besitzer die Unechtheit zur Zeit der Besitzerlangung kannte.

Wer nachgemachte Münzen im Besitz hat, deren Unechtheit er zur Zeit der Besitzerlangung kannte, und sie in Täuschungsabsicht oder zum Zwecke der Täuschung durch einen anderen an jemand weitergibt oder jemand zur Annahme der Münzen zu verleiten versucht, wird mit Gefängnis bis zu 5 Jahren und mit Geldstrafe bestraft.

Sec. 240. Weitergeben nachgemachter *indischer Münzen* [Münzen der Königin], deren Besitzer die Unechtheit zur Zeit der Besitzerlangung kannte.

Wer nachgemachte *indische Münzen* [Münzen der Königin] im Besitz hat, deren Unechtheit er zur Zeit der Besitzerlangung kannte, und sie in Täuschungsabsicht oder zum Zwecke der Täuschung durch einen anderen an jemand weitergibt oder jemand zur Annahme der Münzen zu verleiten versucht, wird mit Gefängnis bis zu 10 Jahren und mit Geldstrafe bestraft.

Sec. 241. Weitergeben nachgemachter Münzen, deren Unechtheit der Besitzer zur Zeit der Besitzerlangung nicht kannte.

Wer jemand eine nachgemachte Münze in Kenntnis ihrer Unechtheit als echt weitergibt oder jemand zur Annahme einer solchen Münze als echter Münze zu verleiten versucht, aber die Unechtheit zur Zeit der Besitzerlangung noch nicht kannte, wird mit Gefängnis bis zu 2 Jahren oder mit einer Geldstrafe bis zur Höhe des 10fachen Wertes der nachgemachten Münzen oder mit beidem bestraft.

Beispiel:

Ein Münzpräger A übergibt nachgemachte Rupien seinem Komplizen B zum Zwecke der Ausgabe. B verkauft die Rupien an C, der bei dem Ankauf die Unechtheit kennt. C bezahlt die Rupien als Entgelt für Waren an D, und D nimmt sie an, ohne die Unechtheit zu kennen. Nach Annahme der Rupien entdeckt D, daß sie gefälscht sind und gibt sie weiter, als wären sie echt. Hier ist D nur nach dieser Vorschrift strafbar, während B und C je nach den Umständen nach den Sec. 239 oder 240 zu bestrafen sind.

Sec. 242. Besitz nachgemachter Münzen, deren Besitzer die Unechtheit zur Zeit der Besitzerlangung kannte.

Wer in Täuschungsabsicht oder zum Zwecke der Täuschung durch andere nachgemachte Münzen im Besitz hat, deren Unechtheit er zur Zeit der Besitzerlangung kannte, wird mit Gefängnis bis zu 3 Jahren und mit Geldstrafe bestraft.

Sec. 243. Besitz *indischer Münzen* [von Münzen der Königin], deren Besitzer die Unechtheit zur Zeit der Besitzerlangung kannte.

Wer in Täuschungsabsicht oder zum Zwecke der Täuschung durch andere nachgemachte *indische Münzen* [Münzen der Königin] im Besitz hat, deren Unechtheit er zur Zeit der Besitzerlangung kannte, wird mit Gefängnis bis zu 7 Jahren und mit Geldstrafe bestraft.

Sec. 244. Strafbarkeit von Angestellten eines staatlichen Münzamtes, die das Gewicht oder die Zusammensetzung der Münzen abweichend von den gesetzlichen Vorschriften gestalten.

Wer als Angestellter eines in *Indien* [den Provinzen oder der Bundeshauptstadt] gesetzmäßig bestehenden Münzamtes etwas tut oder es unterläßt, etwas zu tun, wozu er gesetzlich verpflichtet ist, in der Absicht, einer von diesem Münzamt ausgegebenen Münze ein anderes Gewicht oder eine andere Zusammensetzung zu geben, als gesetzlich festgesetzt ist, wird mit Gefängnis bis zu 7 Jahren und mit Geldstrafe bestraft.

Sec. 245. **Rechtswidrige Wegnahme eines Werkzeugs zum Prägen von Münzen aus einem amtlichen Münzamt.**

Wer ohne Befugnis ein Werkzeug oder Gerät zum Prägen von Münzen aus einem in *Indien* [den Provinzen oder der Bundeshauptstadt] gesetzmäßig bestehenden Münzamt fortnimmt, wird mit Gefängnis bis zu 7 Jahren und mit Geldstrafe bestraft.

Sec. 246. **Verminderung des Gewichts oder Änderung der Zusammensetzung von Münzen in betrügerischer oder rechtswidriger Absicht.**

Wer in betrügerischer oder rechtswidriger Absicht an einer Münze eine Handlung vornimmt, die das Gewicht vermindert oder die Zusammensetzung der Münze verändert, wird mit Gefängnis bis zu 3 Jahren und mit Geldstrafe bestraft.

Erläuterung: Wer einen Teil der Münze herausnimmt und etwas anderes in die Höhlung einsetzt, verändert die Zusammensetzung der Münze.

Sec. 247. **Verminderung des Gewichts oder Änderung der Zusammensetzung *indischer Münzen* [von Münzen der Königin] in betrügerischer oder rechtswidriger Absicht.**

Wer in betrügerischer oder rechtwidriger Absicht an einer *indischen Münze* [Münze der Königin] eine Veränderung vornimmt, die das Gewicht vermindert oder die Zusammensetzung der Münze verändert, wird mit Gefängnis bis zu 7 Jahren und mit Geldstrafe bestraft.

Sec. 248. **Veränderung des Aussehens von Münzen in der Absicht, ihnen den Anschein andersgearteter Münzen zu geben.**

Wer an einer Münze eine Handlung vornimmt, die das Aussehen der Münze verändert, um der Münze den Anschein einer andersgearteten Münze zu geben, wird mit Gefängnis bis zu 3 Jahren und mit Geldstrafe bestraft.

Sec. 249. **Veränderung des Aussehens von *indischen Münzen* [Münzen der Königin] in der Absicht, ihnen den Anschein andersgearteter Münzen zu geben.**

Wer an einer *indischen Münze* [Münze der Königin] eine Handlung vornimmt, die das Aussehen der Münze verändert, um der Münze den Anschein einer andersgearteten Münze zu geben, wird mit Gefängnis bis zu 7 Jahren und mit Geldstrafe bestraft.

Sec. 250. **Weitergeben von Münzen in Kenntnis einer Veränderung.**

Wer Münzen im Besitz hat, an denen, wie ihm zur Zeit der Besitzerlangung bekannt war, die in Sec. 246 oder 248 bezeichnete Straftat begangen ist, und in Täuschungsabsicht oder zum Zwecke der Täuschung durch andere eine solche Münze an jemand weitergibt, oder jemand zu deren Annahme zu verleiten versucht, wird mit Gefängnis bis zu 5 Jahren und mit Geldstrafe bestraft.

Sec. 251. Weitergeben *indischer Münzen* [von Münzen der Königin] in Kenntnis einer Veränderung.

Wer *indische Münzen* [Münzen der Königin] im Besitz hat, an denen, wie ihm zur Zeit der Besitzerlangung bekannt war, die in Sec. 247 oder 249 bezeichnete Straftat begangen ist, und in Täuschungsabsicht oder zum Zwecke der Täuschung durch andere eine solche Münze an jemand weitergibt oder jemand zu deren Annahme zu verleiten versucht, wird mit Gefängnis bis zu 10 Jahren und mit Geldstrafe bestraft.

Sec. 252. Besitz von Münzen, deren Besitzer die Veränderung zur Zeit der Besitzerlangung kannte.

Wer in Täuschungsabsicht oder zum Zwecke der Täuschung durch andere Münzen im Besitz hat, an denen, wie ihm zur Zeit der Besitzerlangung bekannt war, eine der in Sec. 246 oder 248 bezeichneten Straftaten begangen ist, wird mit Gefängnis bis zu 3 Jahren und mit Geldstrafe bestraft.

Sec. 253. Besitz *indischer Münzen* [von Münzen der Königin], deren Besitzer die Veränderung zur Zeit der Besitzerlangung kannte.

Wer in Täuschungsabsicht oder zum Zwecke der Täuschung durch andere Münzen im Besitz hat, an denen, wie ihm zur Zeit der Besitzerlangung bekannt war, eine der in Sec. 247 oder 249 bezeichneten Straftaten begangen ist, wird mit Gefängnis bis zu 5 Jahren und mit Geldstrafe bestraft.

Sec. 254. Weitergeben veränderter Münzen, deren Veränderung der Besitzer zur Zeit der Besitzerlangung nicht kannte.

Wer jemand eine Münze als echte Münze oder als eine Münze anderer Art weitergibt oder jemand zur Annahme einer Münze als echter Münze oder als einer Münze anderer Art zu verleiten versucht, an der, wie er weiß, eine der in den Sec. 246, 247, 248 oder 249 bezeichneten Straftaten begangen ist, ohne jedoch zur Zeit der Besitzerlangung von einer solchen Handlung gewußt zu haben, wird mit Gefängnis bis zu 2 Jahren oder mit einer Geldstrafe bis zur Höhe des 10fachen Wertes der veränderten echten Münzen bestraft.

Sec. 255. Nachmachen von Steuermarken.

Wer eine von der Regierung für Zwecke der Steuereinnahme ausgegebene Marke nachmacht oder wissentlich einen Teil der zum Nachmachen erforderlichen Ausführungshandlung vornimmt, wird mit lebenslänglicher Deportation oder mit Gefängnis bis zu 10 Jahren bestraft. Außerdem ist Geldstrafe verwirkt.

Erläuterung: Diese Straftat begeht auch, wer der echten Marke einer bestimmten Bezeichnung den Anschein einer Marke einer anderen Bezeichnung verleiht.

Sec. 256. Besitz von Werkzeugen oder Material zum Nachmachen von Steuermarken.

Wer ein Werkzeug oder Material zum Zwecke des Nachmachens von der Regierung für Zwecke der Steuereinnahme ausgegebenen Marken im Besitz hat, oder wer es im Besitz hat und weiß oder wissen muß, daß es zu diesem Zweck benutzt werden soll, wird mit Gefängnis bis zu 7 Jahren und mit Geldstrafe bestraft.

Sec. 257. Herstellung oder Verkauf von Werkzeugen zum Nachmachen von Steuermarken.

Wer ein Werkzeug herstellt oder einen Teil der zur Herstellung erforderlichen Ausführungshandlungen vornimmt oder ein Werkzeug kauft, verkauft oder darüber verfügt und beabsichtigt oder weiß oder wissen muß, daß die Absicht besteht, es zum Nachmachen einer von der Regierung für Zwecke der Steuereinnahme ausgegebenen Marke zu verwenden, wird mit Gefängnis bis zu 7 Jahren und mit Geldstrafe bestraft.

Sec. 258. Verkauf nachgemachter Steuermarken.

Wer eine Marke verkauft oder zum Verkauf anbietet, die, wie er weiß oder wissen muß, die Nachahmung einer von der Regierung für Zwecke der Steuereinnahme ausgegebene Marke ist, wird mit Gefängnis bis zu 7 Jahren und mit Geldstrafe bestraft.

Sec. 259. Besitz nachgemachter Steuermarken.

Wer eine Marke im Besitz hat, die, wie er weiß, die Nachahmung einer von der Regierung für Zwecke der Steuereinnahme ausgegebenen Marke ist, in der Absicht, sie als echte Marke zu benutzen oder als eine solche darüber zu verfügen, oder damit sie als echte Marke benutzt werde, wird mit Gefängnis bis zu 7 Jahren und mit Geldstrafe bestraft.

Sec. 260. Benutzung von Steuermarken in Kenntnis der Unechtheit.

Wer eine Marke als echte Marke benutzt, obwohl er weiß, daß sie die Nachahmung einer von der Regierung für Zwecke der Steuereinnahme ausgegebenen Marke ist, wird mit Gefängnis bis zu 7 Jahren oder mit Geldstrafe oder mit beidem bestraft.

Sec. 261. Entfernung der Schrift von einer mit einer Steuermarke versehenen Urkunde oder Ablösung der Marke von einer Urkunde in der Absicht, der Regierung einen Schaden zuzufügen.

Wer in Täuschungsabsicht oder in der Absicht, der Regierung einen Schaden zuzufügen, geschriebene Worte oder eine Urkunde von einem Gegenstand entfernt oder sie dort unkenntlich macht, der eine von der Regierung für Zwecke der Steuereinnahme ausgegebene Marke trägt, oder wer von einem Schriftstück oder einer Urkunde eine für das Schriftstück oder die Urkunde verwendete Marke zum Zwecke der Verwendung für ein anderes Schriftstück oder eine andere Urkunde entfernt, wird mit Gefängnis bis zu 3 Jahren oder mit Geldstrafe oder mit beidem bestraft.

Sec. 262. Benutzung von Steuermarken in Kenntnis der Vorbenutzung.

Wer in Täuschungsabsicht oder in der Absicht, der Regierung einen Schaden zuzufügen, eine von der Regierung für Zwecke der Steuereinnahme ausgegebene Marke, gleichviel zu welchem Zweck, benutzt, die, wie er weiß, schon vorher benutzt worden ist, wird mit Gefängnis bis zu 2 Jahren oder mit Geldstrafe oder mit beidem bestraft.

Sec. 263. Ausradieren von Kennzeichen, die darauf hindeuten, daß eine Marke benutzt worden ist.

Wer in Täuschungsabsicht oder in der Absicht, der Regierung einen Schaden zuzufügen, auf einer von der Regierung für Zwecke der Steuereinnahme ausgegebenen Marke ein Kennzeichen ausradiert oder ein Kennzeichen entfernt, das auf der Marke angebracht oder aufgedruckt ist, um zu beweisen, daß die Marke gebraucht worden ist, oder wer wissentlich eine solche Marke, auf der das Kennzeichen ausradiert oder von der es entfernt ist, im Besitz hat, sie verkauft oder darüber verfügt, oder wer eine Steuermarke verkauft oder darüber verfügt, obwohl er weiß, daß sie gebraucht worden ist, wird mit Gefängnis bis zu 3 Jahren oder mit Geldstrafe oder mit beidem bestraft.

Sec. 263 A. Verbot der Benutzung fingierter Marken.

(1) Wer

(a) eine fingierte Marke herstellt, wissentlich veräußert, damit handelt oder sie verkauft oder wissentlich eine fingierte Marke für Zwecke des Postverkehrs benutzt; oder

(b) eine fingierte Marke ohne Entschuldigung im Besitz hat; oder

(c) einen Stempel, eine Platte, ein Werkzeug oder Material zur Herstellung fingierter Marken herstellt oder ohne Entschuldigung im Besitz hat,

wird mit Geldstrafe bis zu 200 Rupien bestraft.

(2) Marken, Stempel, Platten, Werkzeuge oder Materialien dieser Art, die jemand zum Zwecke der Herstellung fingierter Marken im Besitz hat, können beschlagnahmt werden und werden eingezogen.

(3) Im Sinne dieser Bestimmung bedeutet „fingierte Marke“ jede Marke, die fälschlich den Anschein erweckt, als wäre sie von der Regierung ausgegeben, um die Bezahlung von Porto zu beweisen, sowie jedes Faksimile, jede Nachahmung oder Darstellung — gleichgültig, ob auf Papier oder in anderer Weise — einer von der Regierung zu diesem Zwecke ausgegebenen Marke.

(4) In dieser Bestimmung sowie in Sec. 255 bis 263 (beide eingeschlossen) umfaßt das Wort „Regierung“ im Zusammenhang mit einer oder hinsichtlich einer zum Zwecke des Beweises der Portozahlung ausgegebenen Marke, ungeachtet der in Sec. 17 enthaltenen Begriffsbestimmung, auch solche Personen, die gesetzmäßig mit Verwaltungsbefugnissen in *Indien* [Pakistan], in den Dominions Ihrer Majestät oder im Auslande betraut sind.

Kapitel XIII.

Straftaten in Bezug auf Gewichte und Maße.

Sec. 264. Betrügerische Benutzung falscher Wiegegeräte.

Wer in Täuschungsabsicht wissentlich ein falsches Werkzeug zum Wiegen benutzt, wird mit Gefängnis bis zu einem Jahre oder mit Geldstrafe oder mit beidem bestraft.

Straftaten in Bezug auf Gewichte und Maße
Straftaten gegen die öffentliche Gesundheitspflege

Sec. 265. **Betrügerische Benutzung falscher Gewichte oder Maße.**

Wer in Täuschungsabsicht ein falsches Gewicht oder ein falsches Längen- oder Hohlmaß benutzt, oder in Täuschungsabsicht ein Gewicht oder ein Längen- oder Hohlmaß als ein anderes Gewicht oder Maß benutzt als das, das es ist, wird mit Gefängnis bis zu einem Jahr oder mit Geldstrafe oder mit beidem bestraft.

Sec. 266. **Besitz falscher Gewichte oder Maße.**

Wer wissentlich ein falsches Wiegegerät, Gewicht oder Längen- oder Hohlmaß im Besitz hat, in der Absicht, daß es zu Täuschungszwecken benutzt werde, wird mit Gefängnis bis zu einem Jahr oder mit Geldstrafe oder mit beidem bestraft.

Sec. 267. **Herstellung oder Verkauf falscher Gewichte oder Maße.**

Wer wissentlich ein falsches Wiegegerät, Gewicht oder Längen- oder Hohlmaß herstellt, verkauft oder darüber verfügt, damit es als echtes Gerät, Gewicht oder Maß benutzt werde, oder mit dem Bewußtsein, daß es wahrscheinlich als solches benutzt werden wird, wird mit Gefängnis bis zu einem Jahre oder mit Geldstrafe oder mit beidem bestraft.

Kapitel XIV.

Straftaten gegen die öffentliche Gesundheitspflege, Sicherheit, Sitte, gegen Anstand und Moral.

Sec. 268. **Öffentliches Ärgernis.**

Der Erregung eines öffentlichen Ärgernisses ist schuldig, wer eine Handlung oder rechtswidrige Unterlassung begeht, die einen Nachteil, eine Gefahr oder Belästigung für die Allgemeinheit oder allgemein für die in der Nachbarschaft wohnenden oder Eigentum besitzenden Personen herbeiführt oder zwangsläufig einen Nachteil, eine Behinderung, eine Gefahr oder Belästigung für Personen bei der Ausübung eines öffentlichen Nutzungsrechts mit sich bringt.

Ein öffentliches Ärgernis wird nicht dadurch entschuldigt, daß es eine gewisse Bequemlichkeit oder einen gewissen Vorteil mit sich bringt.

Sec. 269. **Fahrlässigkeit, die die Gefahr einer Ansteckung mit lebensgefährlichen Krankheiten herbeiführt.**

Wer rechtswidrig oder fahrlässig eine Handlung begeht, die, wie er weiß oder wissen muß, geeignet ist, eine Ansteckung mit einer lebensgefährlichen Krankheit zu verbreiten, wird mit Gefängnis bis zu 6 Monaten oder mit Geldstrafe oder mit beidem bestraft.

Sec. 270. **Böswillige Handlungen, die geeignet sind, eine Ansteckung mit lebensgefährlichen Krankheiten zu verbreiten.**

Wer böwillig eine Handlung begeht, die, wie er weiß oder wissen muß, geeignet ist, die Ansteckung mit einer lebensgefährlichen Krankheit zu verbreiten, wird mit Gefängnis bis zu 2 Jahren oder mit Geldstrafe oder mit beidem bestraft.

Sec. 271. Verstoß gegen Quarantäne-Regeln.

Wer wissentlich einer Anordnung zuwiderhandelt, die von der *Regierung* [Zentral- oder Provinzialregierung] erlassen und verkündet worden ist, um ein Schiff unter Quarantäne zu stellen, oder den Verkehr in Quarantäne befindlicher Schiffe mit der Küste oder mit anderen Schiffen oder den Verkehr zwischen Orten, an denen eine ansteckende Krankheit ausgebrochen ist, und anderen Orten zu regeln wird mit Gefängnis bis zu 6 Monaten oder mit Geldstrafe oder mit beidem bestraft.

Sec. 272. Verfälschung zum Verkauf bestimmter Nahrungsmittel.

Wer ein Nahrungsmittel derart verfälscht, daß sein Genuß gesundheitsschädlich wird, um es als Nahrungsmittel zu verkaufen oder mit dem Bewußtsein, daß es wahrscheinlich als Nahrungsmittel verkauft werden wird, wird mit Gefängnis bis zu 6 Monaten oder mit Geldstrafe bis zu 1000 Rupien oder mit beidem bestraft.

Sec. 273. Verkauf gesundheitsschädlicher Nahrungsmittel.

Wer einen Gegenstand als Nahrungsmittel verkauft, anbietet oder zum Verkauf ausstellt, der gesundheitsschädlich geworden oder gemacht worden ist oder sich in einem für den Genuß ungeeigneten Zustand befindet, obwohl er weiß oder wissen muß, daß sein Genuß für die Gesundheit schädlich ist, wird mit Gefängnis bis zu 6 Monaten oder mit Geldstrafe bis zu 1000 Rupien oder mit beidem bestraft.

Sec. 274. Verfälschung von Drogen.

Wer eine Droge oder ein medizinische Präparat derart verfälscht, daß er seine Wirksamkeit vermindert, die Wirkung der Droge oder des medizinischen Präparates verändert, oder es gesundheitsschädlich macht in der Absicht, daß es zu ärztlichen Zwecken verkauft oder benutzt werden möge, als wäre es nicht verfälscht worden, oder mit dem Bewußtsein, daß es wahrscheinlich zu solchen Zwecken verkauft oder benutzt werden wird, wird mit Gefängnis bis zu 6 Monaten oder mit Geldstrafe bis zu 1000 Rupien oder mit beidem bestraft.

Sec. 275. Verkauf verfälschter Drogen.

Wer weiß, daß eine Droge oder ein medizinisches Präparat verfälscht und daß dadurch seine Wirksamkeit vermindert, seine Wirkung verändert, oder daß es gesundheitsschädlich gemacht worden ist, und die Droge oder das Präparat gleichwohl verkauft, anbietet, zum Verkauf ausstellt oder in einer Apotheke zu ärztlichen Zwecken als unverfälscht ausgibt oder veranlaßt, daß es von jemand in Unkenntnis der Verfälschung zu ärztlichen Zwecken benutzt werde, wird mit Gefängnis bis zu 6 Monaten oder mit Geldstrafe bis zu 1000 Rupien oder mit beidem bestraft.

Sec. 276. Verkauf von Drogen oder Präparaten unter falscher Bezeichnung.

Wer wissentlich eine Droge oder ein medizinisches Präparat zu ärztlichen Zwecken als eine Droge oder ein medizinisches Präparat anderer Art verkauft, anbietet, zum Verkauf ausstellt oder in einer Apotheke ausgibt, wird mit Gefängnis bis zu 6 Monaten oder mit Geldstrafe bis zu 1000 Rupien oder mit beidem bestraft.

Sec. 277. Verunreinigung des Wassers in einer öffentlichen Quelle oder einem Wasserbehälter.

Wer vorsätzlich das Wasser einer der Öffentlichkeit zugänglichen Quelle oder eines der Öffentlichkeit zugänglichen Wasserbehälters verunreinigt und dadurch die Quelle oder den Wasserbehälter weniger geeignet für die Benutzung zu den Zwecken macht, zu denen die Quelle oder der Behälter unter gewöhnlichen Umständen benutzt wird, wird mit Gefängnis bis zu 3 Monaten oder mit Geldstrafe bis zu 500 Rupien oder mit beidem bestraft.

Sec. 278. Verunreinigung der Luft.

Wer vorsätzlich die Luft an einem Orte derart verunreinigt, daß er sie für Personen, die in der Nachbarschaft wohnen oder Geschäfte betreiben oder einen öffentlichen Weg benutzen, gesundheitsschädlich macht, wird mit Geldstrafe bis zu 500 Rupien bestraft.

Sec. 279. Leichtfertiges Fahren oder Reiten auf öffentlichen Wegen.

Wer auf einem öffentlichen Wege ein Fahrzeug fährt oder reitet und dabei so leichtfertig oder fahrlässig handelt, daß er menschliches Leben gefährdet oder wahrscheinlich jemand anders verletzen oder schädigen muß, wird mit Gefängnis bis zu 6 Monaten oder mit Geldstrafe bis zu 1000 Rupien oder mit beidem bestraft.

Sec. 280. Leichtfertiges Steuern eines Schiffes.

Wer ein Schiff so leichtfertig oder fahrlässig steuert, daß er menschliches Leben gefährdet oder wahrscheinlich jemand anders verletzen oder schädigen muß, wird mit Gefängnis bis zu 6 Monaten oder mit Geldstrafe bis zu 1000 Rupien oder mit beidem bestraft.

Sec. 281. Aufstellen falscher Lichter, Marken oder Bojen.

Wer ein falsches Licht, eine falsche Marke oder Boje aufstellt in der Absicht, dadurch Schiffer irrezuleiten oder mit dem Bewußtsein, daß dies wahrscheinlich die Folge sein werde, wird mit Gefängnis bis zu 7 Jahren oder mit Geldstrafe oder mit beidem bestraft.

Sec. 282. Transport von Personen auf dem Wasser gegen Entgelt auf unsicheren oder überladenen Schiffen.

Wer wissentlich oder fahrlässig jemand auf dem Wasser gegen Entgelt auf einem Schiff transportiert oder transportieren läßt, obwohl das Schiff sich in einem solchen Zustand befindet oder so beladen ist, daß das Leben des Transportierten gefährdet ist, wird mit Gefängnis bis zu 6 Monaten oder mit Geldstrafe bis zu 1000 Rupien oder mit beidem bestraft.

Sec. 283. Verursachung einer Gefahr oder Errichtung eines Hindernisses auf öffentlichen Wegen oder Schiffahrtslinien.

Wer eine Handlung begeht oder es unterläßt, in seinem Besitz oder in seiner Obhut befindliches Eigentum in Ordnung zu halten und dadurch auf einem öffentlichen Wege oder einer öffentlichen Schiffahrtslinie eine Gefahr, ein Hindernis oder einen Schaden für jemand herbeiführt, wird mit Geldstrafe bis zu 200 Rupien bestraft.

Sec. 284. **Fahrlässiges Umgehen mit Giftstoffen.**

Wer mit einem Giftstoff so leichtfertig oder fahrlässig umgeht, daß er menschliches Leben gefährdet oder wahrscheinlich jemand verletzen oder schädigen muß,

oder es wissentlich oder fahrlässig unterläßt, mit einem in seinem Besitz befindlichen Giftstoff so zu verfahren, wie es notwendig ist, um eine Gefährdung menschlichen Lebens zu verhindern,

wird mit Gefängnis bis zu 6 Monaten oder mit Geldstrafe bis zu 1000 Rupien oder mit beidem bestraft.

Sec. 285. **Fahrlässiges Umgehen mit Feuer oder Brennstoffen.**

Wer mit Feuer oder einem Brennstoff so leichtfertig oder fahrlässig umgeht, daß er menschliches Leben gefährdet oder wahrscheinlich jemand verletzen oder schädigen muß,

oder es wissentlich oder fahrlässig unterläßt, mit Feuer oder Brennstoff in seinem Besitz so zu verfahren, wie es notwendig ist, um eine Gefährdung menschlichen Lebens zu verhindern,

wird mit Gefängnis bis zu 6 Monaten oder mit Geldstrafe bis zu 1000 Rupien oder mit beidem bestraft.

Sec. 286. **Fahrlässiges Umgehen mit Sprengstoff.**

Wer mit einem Sprengstoff so leichtfertig oder fahrlässig umgeht, daß er menschliches Leben gefährdet oder wahrscheinlich jemand verletzen oder schädigen muß,

oder es wissentlich oder fahrlässig unterläßt, mit einem in seinem Besitz befindlichen Sprengstoff so zu verfahren, wie es notwendig ist, um eine Gefährdung menschlichen Lebens zu verhindern,

wird mit Gefängnis bis zu 6 Monaten oder mit Geldstrafe bis zu 1000 Rupien oder mit beidem bestraft.

Sec. 287. **Fahrlässiges Umgehen mit Maschinen.**

Wer mit einer Maschine so leichtfertig oder fahrlässig umgeht, daß er menschliches Leben gefährdet, oder wahrscheinlich jemand verletzen oder schädigen muß,

oder es wissentlich oder fahrlässig unterläßt, mit einer in seinem Besitz befindlichen oder ihm anvertrauten Maschine so zu verfahren, wie es notwendig ist, um eine Gefährdung menschlichen Lebens zu verhindern,

wird mit Gefängnis bis zu 6 Monaten oder mit Geldstrafe bis zu 1000 Rupien oder mit beidem bestraft.

Sec. 288. **Fahrlässiges Niederreißen oder Ausbessern von Bauwerken.**

Wer bei dem Niederreißen oder dem Ausbessern eines Bauwerks es wissentlich oder fahrlässig unterläßt, mit dem Bauwerk so zu verfahren, wie es notwendig ist, um zu verhindern, daß menschliches Leben durch den Einsturz des Bauwerks oder eines Teiles des Bauwerks gefährdet wird, wird mit Gefängnis bis zu 6 Monaten oder mit Geldstrafe bis zu 1000 Rupien oder mit beidem bestraft.

Sec. 289. **Fahrlässiges Umgehen mit einem Tier.**

Wer es wissentlich oder fahrlässig unterläßt, ein in seinem Besitz befindliches Tier so zu halten, wie es notwendig ist, um eine Gefährdung menschlichen Lebens oder die Gefahr einer schweren Körperverletzung durch das Tier zu verhindern, wird mit Gefängnis bis zu 6 Monaten oder mit Geldstrafe bis zu 1000 Rupien oder mit beidem bestraft.

Sec. 290. **Strafe der Erregung öffentlichen Ärgernisses in sonst nicht vorgesehenen Fällen.**

Wer ein öffentliches Ärgernis in einem sonst in diesem Gesetz nicht vorgesehenen Falle erregt, wird mit Geldstrafe bis zu 200 Rupien bestraft.

Sec. 291. **Fortsetzung der Ärgerniserregung unter Mißachtung eines Verbots.**

Wer sich der wiederholten oder fortgesetzten Erregung eines öffentlichen Ärgernisses schuldig macht, obwohl ihm dies durch einen zum Erlaß eines solchen Verbotes befugten Amtsträger untersagt worden ist, wird mit einfachem Gefängnis bis zu 6 Monaten oder mit Geldstrafe oder mit beidem bestraft.

Sec. 292. **Verkauf unzüchtiger Bücher usw.**

Wer

(a) ein unzüchtiges Buch oder Pamphlet, eine unzüchtige Schrift, Zeichnung, Malerei, Darstellung oder Figur oder einen anderen unzüchtigen Gegenstand gleichviel welcher Art verkauft, vermietet, verteilt, öffentlich ausstellt oder gleichviel auf welche Art in Umlauf setzt oder zu Zwecken des Verkaufs, der Vermietung, Verteilung, öffentlichen Ausstellung oder Verbreitung herstellt, erzeugt oder im Besitz hat; oder

(b) einen unzüchtigen Gegenstand zu einem der vorbezeichneten Zwecke einführt, ausführt oder transportiert oder dies tut, obwohl er weiß oder wissen muß, daß der Gegenstand verkauft, vermietet, verteilt, öffentlich ausgestellt oder auf irgendeine Weise in Umlauf gesetzt werden wird; oder

(c) sich an einem Geschäft beteiligt oder Vorteile daraus zieht, bei dem, wie er weiß oder wissen muß, derart unzüchtige Gegenstände zu den vorbezeichneten Zwecken hergestellt, erzeugt, angekauft, gehalten, eingeführt, ausgeführt, transportiert, öffentlich ausgestellt oder auf irgendeine Weise in Umlauf gesetzt werden; oder

(d) anzeigt oder auf irgendeine Weise bekannt macht, daß jemand bei einer nach dieser Vorschrift strafbaren Handlung beteilige oder sich an ihr zu beteiligen bereit sei, oder daß ein derart unzüchtiger Gegenstand von jemand oder durch jemand beschafft werden könne; oder

(e) sich zu einer Handlung erbietet oder eine Handlung zu begehen versucht, die nach dieser Vorschrift strafbar ist,

wird mit Gefängnis bis zu 3 Monaten oder mit Geldstrafe oder mit beidem bestraft.

Ausnahme: Diese Bestimmung gilt nicht für Bücher, Pamphlete, Schriften, Zeichnungen oder Malereien, die gutgläubig zu religiösen Zwecken besessen oder benutzt werden oder für plastische Darstellungen, Reliefs, Malereien oder sonstige Darstellungen an oder in einem Tempel oder an einem Wagen, der zum Fahren von Götterbildern benutzt oder sonst zu religiösen Zwecken gehalten oder benutzt wird.

Sec. 293. Verkauf unzüchtiger Gegenstände an Jugendliche.

Wer einen der in der vorangehenden Bestimmung bezeichneten Gegenstände einer Person unter 20 Jahren verkauft, vermietet, an sie verteilt oder ihn unter Jugendlichen verbreitet, sich dazu anbietet oder die Tat zu begehen versucht, wird mit Gefängnis bis zu 6 Monaten oder mit Geldstrafe oder mit beidem bestraft.

Sec. 294. Unzüchtige Handlungen und Lieder.

Wer anderen zum Ärgernis

(a) eine unzüchtige Handlung an einem der Öffentlichkeit zugänglichen Ort begeht; oder

(b) unzüchtige Lieder, Gedichte oder Worte an einem der Öffentlichkeit zugänglichen Orte oder in dessen Nähe singt, hersagt oder sonst äußert,

wird mit Gefängnis bis zu 3 Monaten oder mit Geldstrafe oder mit beidem bestraft.

Sec. 294 A. Halten einer Lotterie.

Wer einen Geschäftsraum oder sonst einen Raum zum Zwecke des Zeichnens einer Lotterie unterhält, die keine Staatslotterie und nicht von der *Staatsregierung* [Provinzialregierung] genehmigt ist, wird mit Gefängnis bis zu 6 Monaten oder mit Geldstrafe oder mit beidem bestraft.

Wer eine Aufforderung veröffentlicht, einen Betrag zu bezahlen, Sachen zu liefern oder etwas zum Wohle eines anderen zu tun oder zu unterlassen bei Eintritt eines Ereignisses oder einer Möglichkeit, deren Eintritt mit dem Ziehen eines Billets, eines Loses oder einer Zahl in einer solchen Lotterie verknüpft ist, wird mit Geldstrafe bis zu 1000 Rupien bestraft.

Kapitel XV.

Religionsdelikte.

Sec. 295. Beschädigung oder Beschmutzung einer Kultstätte in der Absicht, die Religion einer Personengruppe zu beschimpfen.

Wer eine Kultstätte oder einen von einer Personengruppe für heilig gehaltenen Gegenstand zerstört, beschädigt oder beschmutzt in der Absicht, dadurch die Religion der Personengruppe zu beschimpfen, oder mit dem Bewußtsein, daß die Personengruppe die Zerstörung, Beschädigung oder Beschmutzung wahrscheinlich als eine Beschimpfung ihrer Religion ansehen werde, wird mit Gefängnis bis zu 2 Jahren oder mit Geldstrafe oder mit beidem bestraft.

Sec. 295 A. Vorbedachte und böswillige Handlungen, begangen in der Absicht, die religiösen Gefühle einer Personengruppe durch eine Beschimpfung ihrer Religion oder ihres Glaubens zu verletzen.

Wer mit vorbedachter und böswilliger Absicht die religiösen Gefühle einer Gruppe *indischer Staatsbürger* [von Untertanen Ihrer Majestät] zu verletzen, durch gesprochene oder geschriebene Worte oder sichtbare Darstellungen die Religion oder den religiösen Glauben dieser Gruppe beschimpft oder zu beschimpfen versucht, wird mit Gefängnis bis zu 2 Jahren oder mit Geldstrafe oder mit beidem bestraft.

Sec. 296. **Störung religiöser Versammlungen.**

Wer vorsätzlich eine rechtmäßig zu einem Gottesdienst vereinigte Versammlung oder wer religiöse Zeremonien stört, wird mit Gefängnis bis zu einem Jahr oder mit Geldstrafe oder mit beidem bestraft.

Sec. 297. **Störung des Friedens von Begräbnisplätzen.**

Wer in der Absicht, jemandes Gefühle zu verletzen oder jemandes Religion zu beschimpfen, oder mit dem Bewußtsein, daß dadurch jemandes Gefühle wahrscheinlich verletzt oder jemandes Religion wahrscheinlich beschimpft wird,

den Frieden an einer Kultstätte, einer Begräbnisstätte oder an einem Orte stört, der für die Abhaltung von Begräbnisriten oder als Aufbewahrungsstätte für die Überreste Verstorbener abgegrenzt ist, oder eine Leiche schändet oder Personen stört, die zur Abhaltung von Begräbniszeremonien versammelt sind,

wird mit Gefängnis bis zu einem Jahr oder mit Geldstrafe oder mit beidem bestraft.

Sec. 298. **Äußerung von Worten usw. mit der vorbedachten Absicht, religiöse Gefühle anderer zu verletzen.**

Wer mit der vorbedachten Absicht, jemandes relgiöse Gefühle zu verletzen, ein Wort äußert oder einen Laut in jemandes Hörweite von sich gibt oder eine Bewegung in jemandes Sichtweite macht oder jemand einen Gegenstand sichtbar macht, wird mit Gefängnis bis zu einem Jahr oder mit Geldstrafe oder mit beidem bestraft.

Kapitel XVI.

Straftaten gegen den menschlichen Körper.

Straftaten gegen das Leben.

Sec. 299. **Schuldhafte Tötung.**

Wer den Tod eines Menschen durch eine Handlung verursacht, die er begeht entweder in der Absicht, den Tod herbeizuführen oder eine Körperverletzung zu begehen, die den Tod als deren wahrscheinliche Folge herbeiführen muß, oder mit dem Bewußtsein, daß er durch seine Handlung wahrscheinlich den Tod herbeiführen werde, begeht eine schuldhafte Tötung.

Beispiele:

(a) A legt Stöcke und Rasen über eine Grube in der Absicht, dadurch jemand zu töten oder mit dem Bewußtsein, daß jemand wahrscheinlich dadurch getötet werde. Z, in dem Glauben, der Boden sei fest, fällt in die Grube hinein und wird getötet. A hat eine schuldhafte Tötung begangen.

(b) A weiß, daß Z sich hinter einem Busch befinde. B weiß das nicht. A in der Absicht zu töten oder mit dem Bewußtsein, daß er wahrscheinlich Z's Tod herbeiführen werde, veranlaßt B, auf den Busch zu schießen. B schießt und tötet Z. Hier ist B keiner Straftat schuldig, aber A hat eine schuldhafte Tötung begangen.

(c) A schießt auf ein Huhn in der Absicht, es zu töten und zu stehlen, tötet aber B, der sich ohne Kenntnis des A hinter einem Busch befindet. In diesem Falle begeht A, obwohl er rechtswidrig handelt, keine schuldhafte Tötung. Denn es war nicht seine Absicht, B zu töten oder seinen Tod durch eine Handlung herbeizuführen, von der er wußte, daß sie wahrscheinlich den Tod herbeiführen werde.

Erläuterung 1: Wenn jemand einem anderen eine Körperverletzung zufügt, der mit einer Krankheit, einem Leiden oder körperlichem Siechtum behaftet ist, und dadurch dessen Tod beschleunigt, so soll er als jemand angesehen werden, der den Tod verursacht hat.

Erläuterung 2: Wenn der Tod durch eine Körperverletzung verursacht wird, so soll derjenige, der die Körperverletzung verursacht hat, als jemand angesehen werden, der den Tod verursacht hat, auch wenn der Tod durch Inanspruchnahme geeigneter Heilmittel und geschickter Behandlung hätte vermieden werden können.

Erläuterung 3: Die Tötung eines Kindes im Mutterleib ist keine schuldhafte Tötung. Die Tötung eines lebenden Kindes aber kann schuldhafte Tötung sein, wenn irgendein Teil des Kindes aus dem Mutterleibe hervorgetreten ist, selbst dann, wenn das Kind noch nicht geatmet hat oder noch nicht vollständig geboren ist.

Sec. 300. **Mord.**

Abgesehen von den später erwähnten Ausnahmefällen ist schuldhafte Tötung Mord, wenn die Tötungshandlung begangen wird

1. in der Absicht, den Tod zu verursachen; oder

2., wenn sie begangen wird in der Absicht, eine Körperverletzung zu begehen, die, wie der Täter weiß, wahrscheinlich den Tod des Verletzten herbeiführen muß; oder

3., wenn sie begangen wird in der Absicht, jemand eine Körperverletzung zuzufügen und die beabsichtigte Körperverletzung nach dem natürlichen Verlauf der Dinge hinreicht, um den Tod zu verursachen; oder

4., wenn der Handelnde weiß, daß die Handlung so überaus gefährlich ist, daß sie aller Wahrscheinlichkeit nach den Tod, oder daß sie eine Körperverletzung mit der wahrscheinlichen Folge des Todes herbeiführen wird und dennoch handelt ohne Entschuldigung dafür, daß er die Gefahr des Todes oder der Körperverletzung herbeiführt.

Beispiele:

(a) A erschießt Z mit Tötungsabsicht. Z stirbt. A begeht einen Mord.

(b) A, in dem Bewußtsein, daß Z an einer Krankheit leidet und daher ein Schlag wahrscheinlich seinen Tod herbeiführen wird, schlägt ihn in der Absicht, ihn körperlich zu verletzen. Z stirbt infolge des Schlages. A ist des Mordes schuldig, mag auch der Schlag nach dem natürlichen Verlauf der Dinge nicht hinreichend gewesen sein, um den Tod eines gesunden Menschen herbeizuführen. Wenn aber A, ohne zu wissen, daß Z an einer Krankheit leidet, diesem einen Schlag versetzt, der nach dem natürlichen Verlauf der Dinge einen gesunden Menschen nicht töten würde, so ist A trotz der Absicht der Körperverletzung nicht des Mordes schuldig, es sei denn, daß er beabsichtigte, den Tod oder eine Körperverletzung zu verursachen, die nach dem natürlichen Verlauf der Dinge den Tod herbeiführen würde.

(c) A versetzt Z absichtlich einen Messerstich oder einen Schlag mit einem Knüppel, der nach dem natürlichen Verlauf der Dinge dazu hinreicht, um einen Menschen zu töten. Z stirbt daran. Hier ist A des Mordes schuldig, auch wenn er vielleicht nicht beabsichtigt hatte, Z's Tod herbeizuführen.

(d) A feuert ohne Entschuldigung eine geladene Kanone in eine Menschenmenge und tötet jemand aus der Menge. A ist des Mordes schuldig, auch wenn er nicht die vorgefaßte Absicht hatte, eine bestimmte Person zu töten.

Ausnahme 1: **Fälle, in denen schuldhafte Tötung kein Mord ist.** Schuldhafte Tötung ist kein Mord, wenn der Täter die Selbstbeherrschung durch eine schwere und plötzliche Herausforderung verloren hatte und in diesem Zustand denjenigen, der ihn herausgefordert hat, oder versehentlich oder zufällig jemand anders tötet.

Diese Ausnahme unterliegt den folgenden Einschränkungen:

1. Die Herausforderung darf nicht von dem Täter erstrebt oder vorsätzlich hervorgerufen sein, um eine Entschuldigung für die Tötung oder Verletzung eines anderen zu haben.

2. Die Herausforderung darf nicht in einer Handlung bestehen, die in Befolgung des Gesetzes oder von einem Amtsträger in rechtmäßiger Ausübung seiner Amtsbefugnisse begangen wird.

3. Die Herausforderung darf nicht in einer Handlung bestehen, die in rechtmäßiger Ausübung des Notwehrrechtes begangen wird.

Erläuterung: Ob die Herausforderung schwer und plötzlich genug war, um die Annahme des Mordes auszuschließen, hängt von den Umständen ab.

Beispiele:

(a) A, in leidenschaftlicher Erregung, die Z durch eine Herausforderung hervorgerufen hat, tötet absichtlich Y, Z's Kind. Hier liegt Mord vor, da die Herausforderung nicht von dem Kinde ausging, und der Tod des Kindes nicht durch Zufall oder Mißgeschick bei Begehung der durch die Herausforderung ausgelösten Handlung herbeigeführt wurde.

(b) Y begeht eine Handlung, die eine schwere und plötzliche Herausforderung des A enthält. A, unter dem Eindruck dieser Herausforderung, feuert eine Pistole auf Y ab und tötet Z, ohne dessen Tod zu beabsichtigen oder zu wissen, daß er den in seiner Nähe, aber nicht in Sichtweite befindlichen Z töten werde. Hier hat A keinen Mord, sondern nur schuldhafte Tötung begangen.

(c) A wird von Z, einem Gerichtsdiener, rechtmäßig verhaftet. A wird durch die Verhaftung in plötzliche und heftige Erregung versetzt und tötet Z. Das ist Mord, da die Herausforderung in der Handlung eines Beamten bestand, der in Ausübung seiner Amtsbefugnisse handelte.

(d) A erscheint als Zeuge vor Z, einem Magistrat. Z sagt er glaube nicht ein Wort von A's Aussage, A habe einen Meineid geleistet. A läßt sich durch diese Worte in plötzliche Erregung versetzen und tötet Z. Er begeht einen Mord.

(e) A versucht Z an der Nase zu ziehen. Z, in Ausübung seines Notwehrrechts, hält A fest, um ihn daran zu hindern. A, dadurch in plötzliche und heftige Erregung versetzt, tötet Z. Das ist Mord, da die Herausforderung in einer Notwehrhandlung bestand.

(f) Z schlägt B. B wird durch diese Herausforderung in heftige Wut versetzt. A, der dabei steht, in der Absicht, aus B's Erregung Vorteil zu ziehen und ihn zur Tötung des Z zu veranlassen, gibt B zu diesem Zweck ein Messer in die Hand. B tötet Z mit dem Messer. Hier hat B vielleicht nur schuldhafte Tötung begangen, aber A ist des Mordes schuldig.

Ausnahme 2: Schuldhafte Tötung ist kein Mord, wenn der Täter in gutgläubiger Ausübung des Notwehrrechts zum Schutze von Personen oder Eigentum sein Notwehrrecht überschreitet und denjenigen, gegen den er das Notwehrrecht ausübt, ohne Überlegung und ohne die Absicht tötet, weiterzugehen als zum Zwecke der Verteidigung notwendig ist.

Beispiel:

Z versucht A mit der Reitpeitsche zu schlagen, ohne jedoch A eine schwere Körperverletzung zufügen zu wollen. A zieht eine Pistole. Z beharrt bei seinem Vorhaben. A, in gutem Glauben, daß er sich auf andere Weise nicht vor den Schlägen schützen könne, erschießt Z. A hat keinen Mord, sondern nur eine schuldhafte Tötung begangen.

Ausnahme 3: Schuldhafte Tötung ist kein Mord, wenn der Täter als Amtsträger oder als Helfer eines in Ausübung der Rechtspflege tätigen Amtsträgers die ihm rechtmäßig zustehenden Befugnisse überschreitet und jemand durch eine Handlung tötet, die er gutgläubig für rechtmäßig und für zur Erfüllung seiner Amtspflicht notwendig hält, und ohne böse Absicht gegenüber dem Getöteten begeht.

Ausnahme 4: Schuldhafte Tötung ist kein Mord, wenn sie ohne Überlegung in einem plötzlich ausbrechenden Kampfe und in leidenschaftlicher Erregung aus Anlaß eines plötzlich ausbrechenden Streites begangen wird, und der Täter weder einen unzulässigen Vorteil aus der Lage zieht, noch grausam oder auf ungewöhnliche Art und Weise handelt.

Erläuterung: In Fällen dieser Art kommt es nicht darauf an, von welcher Partei die Herausforderung ausgeht, oder welche Partei mit dem Angriff beginnt.

Ausnahme 5: Schuldhafte Tötung ist kein Mord, wenn der Getötete über 18 Jahre alt ist und mit seiner Einwilligung getötet wird, oder wenn er die Gefahr des Todes auf sich nimmt.

Beispiel:

A stiftet Z, der noch nicht 18 Jahre alt ist, vorsätzlich dazu an, Selbstmord zu begehen. Hier war Z im Hinblick auf seine Jugend nicht in der Lage, in seinen eigenen Tod einzuwilligen. A hat daher Anstiftung zum Mord begangen.

Sec. 301. Schuldhafte Tötung durch Tötung eines anderen als dessen, dessen Tod beabsichtigt war.

Wenn jemand in Tötungsabsicht oder mit dem Bewußtsein, daß seine Handlung wahrscheinlich den Tod herbeiführen wird, schuldhaft jemand anders tötet, dessen Tod er weder beabsichtigt, noch als die wahrscheinliche

Folge seiner Handlung voraussieht, so wird die schuldhafte Tötung so behandelt, als hätte der Täter den Tod desjenigen verursacht, dessen Tod er beabsichtigt oder als wahrscheinliche Folge seiner Handlung vorausgesehen hatte.

Sec. 302. **Strafe des Mordes.**

Wer einen Mord begeht, wird mit dem Tode oder lebenslänglicher Deportation bestraft. Außerdem ist Geldstrafe verwirkt.

Sec. 303. **Strafe des Mordes begangen von einem lebenslänglich Verurteilten.**

Wer als ein zu lebenslänglicher Deportation Verurteilter einen Mord begeht, wird mit dem Tode bestraft.

Sec. 304. **Strafe der schuldhaften Tötung, die kein Mord ist.**

Wer eine schuldhafte Tötung begeht, die kein Mord ist, wird mit lebenslänglicher Deportation oder mit Gefängnis bis zu 10 Jahren und Geldstrafe bestraft, wenn die Handlung begangen ist mit der Absicht, zu töten oder eine Körperverletzung zu begehen, die wahrscheinlich den Tod herbeiführen muß.

Die Strafe ist Gefängnis bis zu 10 Jahren oder Geldstrafe oder beides, wenn die Handlung begangen ist mit dem Bewußtsein, daß sie wahrscheinlich den Tod herbeiführen wird, doch ohne die Absicht, zu töten oder eine Körperverletzung zu begehen, die wahrscheinlich den Tod herbeiführen muß.

Sec. 304 A. **Fahrlässige Tötung.**

Wer den Tod eines Menschen durch eine leichtfertige oder fahrlässige Handlung verursacht, die keine schuldhafte Tötung ist, wird mit Gefängnis bis zu 2 Jahren oder mit Geldstrafe oder mit beidem bestraft.

Sec. 305. **Teilnahme am Selbstmord von Kindern oder Geisteskranken.**

Wenn eine Person unter 18 Jahren, ein Geisteskranker, Wahnsinniger oder Idiot, oder wenn jemand im Rauschzustand Selbstmord begeht, so wird jeder, der der Teilnahme an dem Selbstmord schuldig ist, mit dem Tode, mit lebenslänglicher Deportation oder mit Gefängnis bis zu 10 Jahren bestraft. Außerdem ist Geldstrafe verwirkt.

Sec. 306. **Teilnahme am Selbstmord.**

Wenn jemand Selbstmord begeht, so wird jeder Teilnehmer an dem Selbstmord mit Gefängnis bis zu 10 Jahren und mit Geldstrafe bestraft.

Sec. 307. **Versuch des Mordes.**

Wer eine Handlung mit einer solchen Absicht oder Kenntnis und unter solchen Umständen begeht, daß er des Mordes schuldig gewesen wäre, wenn er durch seine Handlung den Tod herbeigeführt hätte, wird mit Gefängnis bis zu 10 Jahren und mit Geldstrafe bestraft. Wenn durch die Handlung eine Körperverletzung begangen wird, so wird der Täter mit lebenslänglicher Deportation oder der oben genannten Strafe bestraft.

Wenn die Tat von einem zu lebenslänglicher Deportation Verurteilten begangen wird, so kann er, wenn eine Körperverletzung begangen wird, mit dem Tode bestraft werden.

Beispiele:

(a) A schießt auf Z in der Absicht, ihn zu töten, unter Umständen, unter denen A im Falle der vollendeten Tötung Mord begangen hätte. A ist nach dieser Vorschrift strafbar.

(b) A, in der Absicht, ein Kind in zartem Alter zu töten, setzt es an einer einsamen Stelle aus. A ist nach dieser Vorschrift strafbar, auch wenn der Tod des Kindes nicht eintritt.

(c) A, in der Absicht, Z zu ermorden, kauft ein Gewehr und lädt es. A hat sich noch nicht strafbar gemacht. A schießt das Gewehr auf Z ab. Dann hat er sich nach dieser Vorschrift strafbar gemacht, und wenn er Z durch den Schuß verwundet, so unterliegt er der Strafe des Absatz 1 Satz 2 dieser Vorschrift.

(d) A, in der Absicht, Z mit Hilfe von Gift zu ermorden, kauft Gift und vermischt es mit Speise, die in A's Gewahrsam bleibt. A hat sich noch nicht nach dieser Vorschrift strafbar gemacht. A stellt die Speise auf Z's Tisch oder händigt sie Z's Bedienten aus mit der Weisung, sie auf Z's Tisch zu stellen. Dann hat A sich nach dieser Vorschrift strafbar gemacht.

Sec. 308. **Versuch der schuldhaften Tötung, die kein Mord ist.**

Wer eine Handlung mit einer solchen Absicht oder Kenntnis oder unter solchen Umständen begeht, daß er der schuldhaften Tötung, aber nicht des Mordes schuldig gewesen wäre, wenn er durch seine Handlung den Tod herbeigeführt hätte, wird mit Gefängnis bis zu 3 Jahren oder mit Geldstrafe oder mit beidem bestraft. Wenn durch die Handlung eine Körperverletzung begangen wird, so wird der Täter mit Gefängnis bis zu 7 Jahren oder mit Geldstrafe oder mit beidem bestraft.

Beispiel:

A, unter dem Eindruck einer schweren und plötzlichen Herausforderung, schießt mit einer Pistole auf Z unter Umständen, unter denen er im Falle der Tötung schuldhafte Tötung, aber keinen Mord begangen hätte. A hat sich nach dieser Vorschrift strafbar gemacht.

Sec. 309. **Versuch des Selbstmordes.**

Wer versucht, Selbstmord zu begehen und eine Handlung in der Richtung auf die Ausführung dieser Tat begeht, wird mit einfachem Gefängnis bis zu einem Jahr oder mit Geldstrafe oder mit beidem bestraft.

Sec. 310. **Thug.**

Wer sich nach Inkrafttreten dieses Gesetzes gewohnheitsmäßig mit einer oder mehreren Personen zum Zwecke des Raubes oder der Kindesentführung mittels Mordes oder unter Umständen verbindet, unter denen ein Mord begangen werden soll, ist ein Thug.

Sec. 311. **Bestrafung des Thugs.**

Ein Thug wird mit lebenslänglicher Deportation und mit Geldstrafe bestraft.

Abtreibung, Verletzung ungeborener Kinder, Kindesaussetzung und Verheimlichung der Geburt.

Sec. 312. Abtreibung.

Wer vorsätzlich bewirkt, daß an einer schwangeren Frau eine Abtreibung begangen wird, wird mit Gefängnis bis zu 3 Jahren oder mit Geldstrafe oder mit beidem bestraft, es sei denn, daß die Abtreibung in gutem Glauben zur Erhaltung des Lebens der Mutter erfolgt. Wenn die Frau hochschwanger war, so ist die Strafe Gefängnis bis zu 7 Jahren. Außerdem ist Geldstrafe verwirkt.

Erläuterung: Unter diese Bestimmung fällt auch eine Frau, die eine Abtreibung an sich selbst bewirkt.

Sec. 313. Abtreibung ohne Zustimmung der Frau.

Wer die in der vorhergehenden Section bezeichnete Straftat ohne die Zustimmung der Frau begeht, wird — gleichgültig, ob die Frau hochschwanger war oder nicht — mit lebenslänglicher Deportation oder mit Gefängnis bis zu 10 Jahren bestraft. Außerdem ist Geldstrafe verwirkt.

Sec. 314. Verursachung des Todes durch eine Abtreibungshandlung.

Wer in der Absicht, eine Abtreibung herbeizuführen, eine Handlung begeht, die den Tod der Frau verursacht, wird mit Gefängnis bis zu 10 Jahren und mit Geldstrafe bestraft.

Wenn die Handlung ohne die Zustimmung der Frau begangen wird, so ist die Strafe lebenslängliche Deportation oder die oben bezeichnete Strafe.

Erläuterung: Es kommt für diese Straftat nicht darauf an, ob der Täter weiß, daß die Handlung wahrscheinlich den Tod herbeiführen wird.

Sec. 315. Handlungen in der Absicht, die Geburt eines Kindes zu verhindern oder seinen Tod nach der Geburt herbeizuführen.

Wer vor der Geburt eines Kindes eine Handlung in der Absicht begeht, die Geburt eines lebenden Kindes zu verhindern oder seinen Tod nach der Geburt herbeizuführen und dadurch die Geburt eines lebenden Kindes verhindert oder den Tod des Kindes nach der Geburt herbeiführt, wird mit Gefängnis bis zu 10 Jahren oder mit Geldstrafe oder mit beidem bestraft, es sei denn, daß die Handlung in gutem Glauben zur Erhaltung des Lebens der Mutter erfolgt.

Sec. 316. Tötung eines schon lebenden, aber noch ungeborenen Kindes durch schuldhafte Tötung.

Wer eine Handlung unter Umständen begeht, unter denen er bei Eintritt des Todes eine schuldhafte Tötung beginge, und dadurch den Tod eines schon lebenden, aber noch ungeborenen Kindes herbeiführt, wird mit Gefängnis bis zu 10 Jahren und mit Geldstrafe bestraft.

Beispiel:

A, in dem Bewußtsein, daß er wahrscheinlich den Tod einer schwangeren Frau herbeiführen wird, begeht eine Handlung, die im Falle des Todes der Mutter schuldhafte Tötung gewesen wäre. Die Frau wird verletzt, aber stirbt nicht, wohl aber wird der Tod eines schon lebenden, aber noch ungeborenen Kindes im Mutterleibe herbeigeführt. A hat sich nach dieser Vorschrift strafbar gemacht.

Sec. 317. **Aussetzung und Verlassen eines Kindes unter 12 Jahren durch Eltern oder Sorgeberechtigte.**

Wer als Vater oder Mutter oder Sorgeberechtigter eines Kindes unter 12 Jahren das Kind irgendwo aussetzt oder verläßt in der Absicht, sich des Kindes für immer zu entledigen, wird mit Gefängnis bis zu 7 Jahren oder mit Geldstrafe oder mit beidem bestraft.

Erläuterung: Diese Vorschrift schließt nicht die Verurteilung wegen Mordes oder schuldhafter Tötung — je nach den Umständen — aus, wenn das Kind infolge der Aussetzung stirbt.

Sec. 318. **Verheimlichung der Geburt durch Verstecken der Leiche.**

Wer absichtlich die Geburt eines Kindes verheimlicht oder zu verheimlichen sucht, indem er heimlich die Leiche verbrennt oder sonst damit verfährt — mag das Kind vor, nach oder während der Geburt verstorben sein — wird mit Gefängnis bis zu 2 Jahren oder mit Geldstrafe oder mit beidem bestraft.

Körperverletzung.

Sec. 319. **Körperverletzung.**

Wer einem anderen einen körperlichen Schmerz zufügt oder bei ihm eine Krankheit oder Siechtum hervorruft, begeht eine Körperverletzung.

Sec. 320. **Schwere Körperverletzung.**

Nur die im folgenden bezeichneten Arten der Körperverletzung gelten als „schwere" Körperverletzungen:

1. Entmannung;
2. dauernde Vernichtung der Sehkraft auf einem oder beiden Augen;
3. dauernde Vernichtung der Hörkraft auf einem oder beiden Ohren;
4. Verlust eines Gliedes oder Gelenks;
5. Unbrauchbarmachung oder Herbeiführung einer dauernden Schwächung im Gebrauch eines Gliedes oder Gelenks;
6. dauernde Entstellung des Kopfes oder Gesichts;
7. Bruch oder Verrenkung eines Knochens oder Zahns;
8. Jede Verletzung, die das Leben gefährdet oder bewirkt, daß der Verletzte während eines Zeitraums von mindestens 20 Tagen schwere körperliche Schmerzen zu erdulden hat oder unfähig ist, seinen gewöhnlichen Beschäftigungen nachzugehen.

Sec. 321. **Vorsätzliche Körperverletzung.**

Wer eine Handlung in der Absicht begeht, jemand eine Körperverletzung zuzufügen oder mit dem Bewußtsein, daß er dadurch wahrscheinlich jemand eine Körperverletzung zufügen wird und ihm auf diese Weise eine Körperverletzung zufügt, „begeht vorsätzlich eine Körperverletzung".

Sec. 322. Vorsätzliche schwere Körperverletzung.

Wer vorsätzlich eine Körperverletzung herbeiführt, begeht, wenn die begangene und beabsichtigte oder als wahrscheinlich vorausgesehene Körperverletzung schwerer Natur ist, „vorsätzlich eine schwere Körperverletzung".

Erläuterung: Jemand begeht vorsätzlich eine schwere Körperverletzung nur dann, wenn er tatsächlich eine schwere Körperverletzung begeht und diese entweder beabsichtigt oder weiß, daß er wahrscheinlich eine schwere Verletzung herbeiführen wird. Dies ist auch dann der Fall, wenn er in der Absicht oder mit dem Bewußtsein des wahrscheinlichen Eintritts einer schweren Verletzung bestimmter Art in Wirklichkeit eine schwere Körperverletzung anderer Art begeht.

Beispiel:

A, in der Absicht, Z's Gesicht dauernd zu entstellen oder mit dem Bewußtsein, daß dies die wahrscheinliche Folge sein wird, versetzt Z einen Schlag, der Z's Gesicht zwar nicht dauernd entstellt, aber Z schwere körperliche Schmerzen über einen Zeitraum von 20 Tagen zufügt.

A hat vorsätzlich eine schwere Körperverletzung begangen.

Sec. 323. Strafe der vorsätzlichen Körperverletzung.

Wer außer im Falle der Sec. 334 vorsätzlich eine Körperverletzung begeht, wird mit Gefängnis bis zu einem Jahr oder mit Geldstrafe bis zu 1000 Rupien oder mit beidem bestraft.

Sec. 324. Vorsätzliche Körperverletzung mit gefährlichen Waffen oder Mitteln.

Wer außer im Falle der Sec. 334 vorsätzlich eine Körperverletzung begeht mit Hilfe einer Schuß- oder Stichwaffe, eines Messers oder eines Werkzeugs, das, als Angriffswaffe verwendet, zur Tötung geeignet ist, mit Hilfe von Feuer oder eines erhitzten Gegenstandes oder von Gift, durch Benutzung eines ätzenden Mittels oder Sprengstoffs oder einer Substanz, deren Einatmen, Verschlucken oder Eintritt in den Blutkreislauf mit schwerer Gefahr für den menschlichen Körper verbunden ist, oder wer sich eines Tieres dazu bedient, wird mit Gefängnis bis zu 3 Jahren oder mit Geldstrafe oder mit beidem bestraft.

Sec. 325. Strafe der vorsätzlichen schweren Körperverletzung.

Wer außer im Falle der Sec. 335 vorsätzlich eine schwere Körperverletzung begeht, wird mit Gefängnis bis zu 7 Jahren und mit Geldstrafe bestraft.

Sec. 326. Vorsätzliche schwere Körperverletzung mit gefährlichen Waffen oder Mitteln.

Wer außer im Falle der Sec. 335 vorsätzlich eine schwere Körperverletzung begeht mit Hilfe einer Schuß- oder Stichwaffe, eines Messers oder eines Werkzeugs, das, als Angriffswaffe verwendet, zur Tötung geeignet ist, mit Hilfe von Feuer oder eines erhitzten Gegenstandes oder von Gift, durch Benutzung eines ätzendes Mittels oder Sprengstoffes oder einer Substanz, deren Einatmen, Verschlucken oder Eintritt in den Blutkreislauf mit schwerer Gefahr für den menschlichen Körper verbunden ist, oder wer sich eines Tieres dazu bedient, wird mit lebenslänglicher Deportation oder Gefängnis bis zu 10 Jahren bestraft. Außerdem ist Geldstrafe verwirkt.

Sec. 327. **Vorsätzliche Körperverletzung in Erpressungs- oder Nötigungsabsicht.**

Wer vorsätzlich eine Körperverletzung begeht, um den Verletzten oder jemand, der mit dem Verletzten verbunden ist, zur Übergabe von Eigentum oder eines Wertpapiers zu zwingen, oder um den Verletzten oder jemand, der mit dem Verletzten verbunden ist, zur Begehung einer rechtswidrigen Handlung oder zur Förderung einer Straftat zu nötigen, wird mit Gefängnis bis zu 10 Jahren und mit Geldstrafe bestraft.

Sec. 328. **Körperverletzung mit Hilfe von Gift usw. in der Absicht, eine Straftat zu begehen.**

Wer jemand Gift oder eine betäubende, berauschende oder gesundheitsschädliche Droge oder etwas anderes dieser Art verabreicht oder ihn etwas derartiges zu sich nehmen läßt in der Absicht, ihm eine Körperverletzung zuzufügen oder eine Straftat zu begehen oder ihre Begehung zu erleichtern oder mit dem Bewußtsein, daß er dadurch wahrscheinlich eine Körperverletzung herbeiführen werde, wird mit Gefängnis bis zu 10 Jahren und mit Geldstrafe bestraft.

Sec. 329. **Vorsätzliche schwere Körperverletzung in Erpressungs- oder Nötigungsabsicht.**

Wer vorsätzlich eine schwere Körperverletzung begeht, um den Verletzten oder jemand, der mit dem Verletzten verbunden ist, zur Übergabe von Eigentum oder eines Wertpapiers zu zwingen, oder um den Verletzten oder jemand, der mit dem Verletzten verbunden ist, zur Begehung einer rechtswidrigen Handlung oder zur Förderung einer Straftat zu nötigen, wird mit lebenslänglicher Deportation oder mit Gefängnis bis zu 10 Jahren bestraft. Außerdem ist Geldstrafe verwirkt.

Sec. 330. **Vorsätzliche Körperverletzung in der Absicht, ein Geständnis zu erpressen oder die Rückerstattung von Eigentum zu erzwingen.**

Wer vorsätzlich eine Körperverletzung begeht, um von dem Verletzten oder jemand, der mit dem Verletzten verbunden ist, ein Geständnis oder eine Auskunft zu erpressen, die zur Aufdeckung einer Straftat oder einer Verfehlung führen könnte, oder um den Verletzten oder jemand, der mit dem Verletzten verbunden ist, zur Rückerstattung oder zur Veranlassung der Rückgabe von Eigentum oder eines Wertpapiers oder zur Befriedigung eines Anspruchs oder einer Forderung, oder zur Erteilung einer Auskunft zu zwingen, die zur Rückerstattung von Eigentum oder eines Wertpapiers führen könnte, wird mit Gefängnis bis zu 7 Jahren und mit Geldstrafe bestraft.

Beispiele:

(a) A, ein Polizeibeamter, foltert Z, um Z zu dem Geständnis zu zwingen, daß er ein Verbrechen begange habe. A ist nach dieser Bestimmung strafbar.

(b) A, ein Polizeibeamter, foltert B, um ihn zu einer Angabe darüber zu veranlassen, wo Diebesgut aufbewahrt ist, A ist nach dieser Bestimmung strafbar.

(c) A, ein Steuerbeamter, foltert Z, um ihn zur Bezahlung gewisser von Z geschuldeter Steuerrückstände zu zwingen. A ist nach dieser Bestimmung strafbar.

(d) A, ein Gutsbesitzer, foltert einen Pächter, um ihn zur Bezahlung seiner Pacht zu zwingen. A ist nach dieser Bestimmung strafbar.

Sec. 331. **Vorsätzliche schwere Körperverletzung in der Absicht, ein Geständnis zu erpressen oder die Rückerstattung von Eigentum zu erzwingen.**

Wer vorsätzlich eine schwere Körperverletzung begeht, um von dem Verletzten oder jemand, der mit dem Verletzten verbunden ist, ein Geständnis oder eine Auskunft zu erpressen, die zur Aufdeckung einer Straftat oder einer Verfehlung führen könnte, oder um den Verletzten oder jemand, der mit dem Verletzten verbunden ist, zur Rückerstattung oder zur Veranlassung der Rückgabe von Eigentum oder eines Wertpapiers oder zur Befriedigung eines Anspruchs oder einer Forderung oder zur Erteilung einer Auskunft zu zwingen, die zur Rückerstattung von Eigentum oder eines Wertpapiers führen könnte, wird mit Gefängnis bis zu 10 Jahren und mit Geldstrafe bestraft.

Sec. 332. **Vorsätzliche Körperverletzung zur Abschreckung eines Amtsträgers von der Erfüllung seiner Amtspflicht.**

Wer vorsätzlich eine Körperverletzung gegenüber jemand begeht, der als Amtsträger in der Erfüllung seiner Amtspflicht begriffen ist, oder in der Absicht, den Verletzten oder einen anderen Amtsträger an der Erfüllung seiner Amtspflicht zu verhindern oder ihn davon abzuschrecken, oder wer die Körperverletzung infolge einer Handlung begeht, die der Verletzte in rechtmäßiger Erfüllung seiner Amtspflicht vorgenommen oder versucht hat, wird mit Gefängnis bis zu 3 Jahren oder mit Geldstrafe oder mit beidem bestraft.

Sec. 333. **Vorsätzliche schwere Körperverletzung zur Abschreckung eines Amtsträgers von der Erfüllung seiner Amtspflicht.**

Wer vorsätzlich eine schwere Körperverletzung gegenüber jemand begeht, der als Amtsträger in der Erfüllung seiner Amtspflicht begriffen ist, oder in der Absicht, den Verletzten oder einen anderen Amtsträger an der Erfüllung seiner Amtspflicht zu verhindern oder ihn davon abzuschrecken, oder wer die Körperverletzung infolge einer Handlung begeht, die der Verletzte in rechtmäßiger Erfüllung seiner Amtspflicht vorgenommen oder versucht hat, wird mit Gefängnis bis zu 10 Jahren und mit Geldstrafe bestraft.

Sec. 334. **Vorsätzliche Körperverletzung unter dem Eindruck einer Herausforderung.**

Wer vorsätzlich eine Körperverletzung unter dem Eindruck einer schweren und plötzlichen Herausforderung begeht und weder beabsichtigt, jemand anders als den Herausforderer zu verletzen, noch die Verletzung eines anderen als wahrscheinlich voraussieht, wird mit Gefängnis bis zu einem Monat oder mit Geldstrafe bis zu 500 Rupien oder mit beidem bestraft.

Sec. 335. **Vorsätzliche schwere Körperverletzung unter dem Eindruck einer Herausforderung.**

Wer vorsätzlich eine schwere Körperverletzung unter dem Eindruck einer schweren und plötzlichen Herausforderung begeht und weder beabsichtigt, jemand anders als den Herausforderer schwer zu verletzen, noch die Verletzung eines anderen als wahrscheinlich voraussieht, wird mit Gefängnis bis zu 4 Jahren oder mit Geldstrafe bis zu 2000 Rupien oder mit beidem bestraft.

Erläuterung: Die letztgenannten beiden Bestimmungen unterliegen den gleichen Einschränkungen wie die Ausnahme 1 der Sec. 300.

Sec. 336. **Gefährdung des Lebens oder der persönlichen Sicherheit anderer.**

Wer eine Handlung so leichtfertig oder fahrlässig begeht, daß er das Leben oder die persönliche Sicherheit anderer gefährdet, wird mit Gefängnis bis zu 3 Monaten oder mit Geldstrafe bis zu 250 Rupien oder mit beidem bestraft.

Sec. 337. **Körperverletzung durch eine das Leben oder die persönliche Sicherheit anderer gefährdende Handlung.**

Wer jemand eine Körperverletzung so leichtfertig oder fährlässig zufügt, daß er menschliches Leben oder die persönliche Sicherheit anderer gefährdet, wird mit Gefängnis bis zu 6 Monaten oder mit Geldstrafe bis zu 500 Rupien oder mit beidem bestraft.

Sec. 338. **Schwere Körperverletzung durch eine das Leben oder die persönliche Sicherheit anderer gefährdende Handlung.**

Wer jemand eine schwere Körperverletzung so leichtfertig oder fahrlässig zufügt, daß er menschliches Leben oder die persönliche Sicherheit anderer gefährdet, wird mit Gefängnis bis zu 2 Jahren oder mit Geldstrafe bis zu 1000 Rupien oder mit beidem bestraft.

Rechtswidrige Nötigung und Freiheitsberaubung.

Sec. 339. **Rechtswidrige Nötigung.**

Wer vorsätzlich jemand Hindernisse in den Weg legt und ihn so davon abhält, sich in einer Richtung zu bewegen, in der er sich bewegen darf, nötigt diese Person.

Ausnahme: Die Sperrung eines privaten Land- oder Wasserwegs durch jemand, der sich zu einer solchen Sperrung gutgläubig für berechtigt hält, ist keine Straftat im Sinne dieser Bestimmung.

Beispiel:

A sperrt einen Pfad, den Z zu beschreiten befugt ist. A ist nicht des guten Glaubens, daß er den Pfad sperren dürfe. Auf diese Weise wird Z daran gehindert, den Pfad zu benutzen. A begeht eine rechtswidrige Nötigung gegenüber Z.

Sec. 340. **Rechtswidrige Freiheitsberaubung.**

Wer jemand rechtswidrig nötigt, indem er ihn daran hindert, bestimmte fest umschriebene Grenzen zu überschreiten, beraubt diesen rechtswidrig der Freiheit.

Beispiel:

(a) A veranlaßt Z, sich in einen von Wänden umschlossenen Raum zu begeben und schließt Z ein. Auf diese Weise wird Z daran gehindert, die festumschriebene Grenze der Wände zu überschreiten. A begeht eine rechtswidrige Freiheitsberaubung gegenüber Z.

(b) A stellt Männer mit Schußwaffen an den Ausgängen eines Gebäudes auf und sagt Z, daß die Männer auf ihn schießen würden, wenn Z versuche, das Gebäude zu verlassen. A begeht eine rechtswidrige Freiheitsberaubung gegenüber Z.

Sec. 341. **Strafe der rechtwidrigen Nötigung.**

Wer jemand rechtswidrig nötigt, wird mit einfachem Gefängnis bis zu einem Monat oder mit Geldstrafe bis zu 500 Rupien oder mit beidem bestraft.

Sec. 342. **Strafe der rechtswidrigen Freiheitsberaubung.**

Wer jemand rechtswidrig der Freiheit beraubt, wird mit Gefängnis bis zu einem Jahr oder mit Geldstrafe bis zu 1000 Rupien oder mit beidem bestraft.

Sec. 343. **Rechtswidrige Freiheitsberaubung über 3 oder mehr Tage.**

Wer jemand über 3 oder mehr Tage rechtswidrig der Freiheit beraubt, wird mit Gefängnis bis zu 2 Jahren oder mit Geldstrafe oder mit beidem bestraft.

Sec. 344. **Rechtswidrige Freiheitsberaubung über 10 oder mehr Tage.**

Wer jemand über 10 oder mehr Tage rechtswidrig der Freiheit beraubt, wird mit Gefängnis bis zu 3 Jahren und mit Geldstrafe bestraft.

Sec. 345. **Rechtswidrige Freiheitsberaubung gegenüber jemand, dessen Freilassung angeordnet ist.**

Wer jemand rechtswidrig gefangen hält, obwohl er weiß, daß seine Freilassung ordnungsgemäß angeordnet worden ist, wird mit einer zusätzlichen Gefängnisstrafe bis zu 2 Jahren neben der Gefängnisstrafe bestraft, die er nach einer anderen Bestimmung dieses Kapitels verwirkt haben mag.

Sec. 346. **Rechtswidriges Verbergen eines Gefangenen.**

Wer jemand rechtswidrig der Freiheit beraubt unter Umständen, die darauf hindeuten, daß er beabsichtigt, die Freiheitsberaubung oder den Ort der Gefangenhaltung vor jemand, der mit dem der Freiheit beraubten verbunden ist, oder vor einem Amtsträger geheimzuhalten, oder die Entdeckung der Örtlichkeit durch diese Personen zu verhindern, wird mit einer zusätzlichen Gefängnisstrafe von 2 Jahren neben der Strafe bestraft, die er für die rechtswidrige Freiheitsberaubung verwirkt haben mag.

Sec. 347. **Rechtswidrige Freiheitsberaubung in Erpressungs- oder Nötigungsabsicht.**

Wer jemand rechtswidrig der Freiheit beraubt, um den der Freiheit beraubten oder jemand, der mit diesem verbunden ist, zur Übergabe von Eigentum oder eines Wertpapiers zu zwingen, oder um den der Freiheit beraubten oder jemand, der mit diesem verbunden ist, zur Begehung einer rechtswidrigen Handlung oder zur Erteilung einer Auskunft zu zwingen, die die Begehung einer Straftat erleichtern könnte, wird mit Gefängnis bis zu 3 Jahren und mit Geldstrafe bestraft.

Sec. 348. **Rechtswidrige Freiheitsberaubung in der Absicht, ein Geständnis zu erpressen oder die Rückerstattung von Eigentum zu erzwingen.**

Wer jemand rechtswidrig der Freiheit beraubt, um von dem der Freiheit beraubten oder von jemand, der mit diesem verbunden ist, ein Geständnis oder eine Auskunft zu erpressen, die zur Aufdeckung einer Straftat oder einer Verfehlung führen könnte, oder um den der Freiheit beraubten oder jemand, der mit diesem verbunden ist, zur Rückerstattung oder zur Veranlassung der Rückgabe von Eigentum oder eines Wertpapiers oder zur Befriedigung eines Anspruchs oder einer Forderung oder zur Erteilung einer Auskunft zu zwingen, die zur Rückerstattung von Eigentum oder eines Wertpapiers führen könnte, wird mit Gefängnis bis zu 3 Jahren und mit Geldstrafe bestraft.

Verbrecherische Gewaltanwendung und strafbarer Angriff.

Sec. 349. **Gewalt.**

Jemand wendet einem anderen gegenüber Gewalt an, wenn er veranlaßt, daß der andere eine Bewegung vornimmt, eine Bewegung ändert oder aufhört, sich zu bewegen, oder wenn er einen Gegenstand in Bewegung setzt, seine Bewegung ändert oder zum Stillstand bringt, so daß der Gegenstand mit dem Körper des anderen, oder mit irgendetwas, was dieser trägt oder bei sich führt, in Berührung kommt, oder wenn die Berührung mit einem Gegenstand derart hergestellt wird, daß die Berührung dem anderen fühlbar wird. Dabei ist erforderlich, daß derjenige, der die Bewegung hervorruft, ändert oder zum Stillstand bringt, dies auf eine der im folgenden bezeichneten drei Arten tut:

1. Durch Anwendung eigener Körpergewalt;
2. durch Einwirkung auf einen Gegenstand derart, daß die Bewegung, ihre Änderung oder ihr Stillstand ohne weitere Handlung des Täters oder einer anderen Person erfolgt;
3. dadurch, daß ein Tier dazu veranlaßt wird, sich zu bewegen, seine Bewegung zu verändern oder einzustellen.

Sec. 350. **Verbrecherische Gewaltanwendung.**

Wer absichtlich Gewalt gegen jemand ohne dessen Einwilligung anwendet, um eine Straftat zu begehen oder in der Absicht, durch die Gewaltanwendung dem Verletzten einen Nachteil zuzufügen, ihn zu erschrecken oder zu belästigen oder mit dem Bewußtsein, daß dies wahrscheinlich die Folge sein wird, wendet diesem gegenüber verbrecherische Gewalt an.

Beispiele:

(a) Z sitzt in einem Boot, das an dem Ufer eines Flusses befestigt ist. A löst die Befestigung und bewirkt absichtlich, daß das Boot den Fluß hinuntertreibt. Hier ruft A absichtlich eine Bewegung des Z hervor, und zwar tut er dies durch eine Einwirkung auf Gegenstände mit der Wirkung, daß die Bewegung ohne weitere Handlung irgendeiner Person hervorgerufen wird. Daher hat A absichtlich Gewalt gegenüber Z angewendet. Wenn er dies ohne Z's Einwilligung tut, um eine Straftat zu begehen oder in der Absicht oder mit dem Bewußtsein, daß die Gewaltanwendung dem Z einen Schaden zufüge, ihn in Furcht versetze oder belästige, so hat A verbrecherische Gewalt gegenüber Z angewendet.

(b) Z fährt in einem Wagen. A macht Z's Pferde scheu und veranlaßt sie so, ihre Gangart zu beschleunigen. A hat hier eine Veränderung in der Bewegung des Z verursacht, indem er die Pferde veranlaßte, ihre Bewegung zu ändern. A hat somit gegenüber Z Gewalt angewendet, und wenn A dies ohne Z's Einwilligung getan hat in der Absicht oder mit dem Bewußtsein, dadurch den Z zu verletzen, zu erschrecken oder zu belästigen, so hat A verbrecherische Gewalt gegenüber Z angewendet.

(c) Z wird in einer Sänfte getragen. A, in der Absicht, Z zu berauben, hält die Stange fest und bringt die Sänfte zum Stehen. Hier hat A die Bewegung des Z zum Stillstand gebracht, und zwar hat er dies unter Anwendung eigener Körperkraft getan. Somit hat A dem Z gegenüber Gewalt angewendet, und da A dies absichtlich und ohne Z's Einwilligung getan hat, um eine Straftat zu begehen, so hat A gegenüber Z verbrecherische Gewalt angewendet.

(d) A rempelt absichtlich Z auf der Straße an. Hier hat A unter Anwendung körperlicher Gewalt seinen eigenen Körper in Bewegung gesetzt und mit Z in Berührung gebracht. Er hat also absichtlich gegenüber Z Gewalt angewendet. Wenn er dies ohne Z's Einwilligung in der Absicht und mit dem Bewußtsein getan hat, den Z zu verletzen, zu erschrecken oder zu belästigen, so hat er gegenüber Z verbrecherische Gewalt angewendet.

(e) A wirft einen Stein mit der Absicht oder mit dem Bewußtsein, daß der Stein wahrscheinlich mit Z oder mit dessen Kleidung oder mit einem von Z getragenen Gegenstand in Berührung kommen werde, oder daß er ins Wasser fallen und das Wasser gegen Z's Kleidung oder einen von Z getragenen Gegenstand spritzen werde. Wenn hier der Steinwurf bewirkt, daß irgend eine Substanz mit Z oder mit Z's Kleidung in Berührung kommt, so hat er Z gegenüber Gewalt angewendet, und wenn er dies ohne Z's Einwilligung in der Absicht getan hat, Z zu verletzen, zu erschrecken oder zu belästigen, so hat er gegenüber Z verbrecherische Gewalt angewendet.

(f) A reißt einer Frau absichtlich den Schleier in die Höhe. Hier wendet A ihr gegenüber absichtlich Gewalt an, und wenn er dies ohne ihre Einwilligung tut in der Absicht oder mit dem Bewußtsein, sie zu verletzen, zu erschrecken oder zu belästigen, so hat er ihr gegenüber verbrecherische Gewalt angewendet.

(g) Z badet. A gießt in das Bad wissentlich kochendes Wasser. Hier bewirkt A absichtlich unter Anwendung seiner Körperkraft eine Bewegung in dem kochenden Wasser, die das Wasser mit Z oder mit anderem Wasser in Berührung bringt, dessen Berührung Z körperlich fühlbar wird. A hat somit Z gegenüber absichtlich Gewalt angewendet, und wenn er dies ohne Z's Einwilligung getan hat in der Absicht oder mit dem Bewußtsein, Z zu verletzen, zu erschrecken oder zu belästigen, so hat A verbrecherische Gewalt angewendet.

(h) A hetzt einen Hund dazu auf, Z ohne dessen Einwilligung anzuspringen. Hier hat A, wenn er Z verletzen, erschrecken oder belästigen wollte, verbrecherische Gewalt angewendet.

Sec. 351 **Strafbarer Angriff.**

Wer eine Bewegung macht oder Anstalten trifft in der Absicht, es möchten die Bewegung oder die Anstalten bei einem Anwesenden die Besorgnis hervorrufen, daß er verbrecherische Gewalt ihm gegenüber anwenden werde, oder mit dem Bewußtsein, daß er wahrscheinlich diese Besorgnis hervorrufen werde, unternimmt einen strafbaren Angriff.

Erläuterung: Bloße Worte stellen keinen Angriff dar. Aber die Worte, die jemand gebraucht, können seinen Bewegungen oder Anstalten eine solche Bedeutung geben, daß sie diese als Angriff erscheinen lassen.

Beispiele:

(a) A schüttelt seine Faust gegen Z in der Absicht oder mit dem Bewußtsein, daß damit wahrscheinlich in Z der Glaube hervorgerufen werde, A sei im Begriff, Z zu schlagen. A hat einen Angriff gegen Z unternommen.

(b) A beginnt, den Maulkorb eines bissigen Hundes zu lösen in der Absicht oder mit dem Bewußtsein, daß dadurch wahrscheinlich in Z der Glaube hervorgerufen werde, A werde den Hund auf Z hetzen. A hat einen Angriff auf Z unternommen.

(c) A hebt einen Stock und sagt zu Z: „Ich werde Dir eine Tracht Prügel verabreichen." Obwohl hier A's Worte an sich noch keinen Angriff darstellen und die bloße Bewegung, abgesehen von den Begleitumständen, wohl noch keinen Angriff enthalten, kann doch die Bewegung im Zusammenhang mit den Worten zum Angriff werden.

Sec. 352. **Strafe des Angriffs oder der verbrecherischen Gewaltanwendung ohne vorhergehende schwere Herausforderung.**

Wer jemand angreift oder verbrecherische Gewalt gegen jemand übt, ohne von diesem durch eine schwere und plötzliche Herausforderung dazu veranlaßt worden zu sein, wird mit Gefängnis bis zu 3 Monaten oder mit Geldstrafe bis zu 500 Rupien oder mit beidem bestraft.

Erläuterung: Eine schwere und plötzliche Herausforderung ist kein Strafmilderungsgrund für eine Straftat nach dieser Bestimmung, wenn die Herausforderung als Entschuldigung für die Straftat von dem Täter erstrebt oder vorsätzlich hervorgerufen wird; oder

wenn die Herausforderung in einer Handlung besteht, die in Befolgung des Gesetzes oder von einem Amtsträger in rechtmäßiger Ausübung seiner Amtsbefugnisse begangen wird; oder

wenn die Herausforderung in einer Handlung besteht, die in rechtmäßiger Ausübung des Notwehrrechts begangen wird.

Ob die Herausforderung schwer und plötzlich genug war, um eine Milderung der Strafe zu rechtfertigen, hängt von den Umständen ab.

Sec. 353. Angriff oder verbrecherische Gewaltanwendung zur Abschrekkung eines Amtsträgers von der Erfüllung seiner Amtspflicht.

Wer einen Angriff gegen jemand unternimmt oder verbrecherische Gewalt gegen jemand übt, der als Amtsträger in der Erfüllung seiner Amtspflicht begriffen ist, oder in der Absicht, den Amtsträger an der Erfüllung seiner Amtspflicht zu verhindern oder ihn davon abzuschrecken, oder wer die Tat infolge einer Handlung begeht, die der Verletzte in rechtmäßiger Erfüllung seiner Amtspflicht vorgenommen oder versucht hat, wird mit Gefängnis bis zu 2 Jahren oder mit Geldstrafe oder mit beidem bestraft.

Sec. 354. Angriff oder verbrecherische Gewaltanwendung gegen eine Frau in der Absicht, ihr Schamgefühl zu verletzen.

Wer eine Frau angreift oder verbrecherische Gewalt gegen eine Frau übt in der Absicht, ihr Schamgefühl zu verletzen oder mit dem Bewußtsein, daß dies wahrscheinlich die Folge sein werde, wird mit Gefängnis bis zu 2 Jahren oder mit Geldstrafe oder mit beidem bestraft.

Sec. 355. Angriff oder verbrecherische Gewaltanwendung in Beschimpfungsabsicht ohne vorhergehende schwere Herausforderung.

Wer jemand angreift oder verbrecherische Gewalt gegen jemand übt in der Absicht, ihn zu beschimpfen, ohne von diesem durch eine schwere und plötzliche Herausforderung dazu veranlaßt worden zu sein, wird mit Gefängnis bis zu 2 Jahren oder mit Geldstrafe oder mit beidem bestraft.

Sec. 356. Angriff oder verbrecherische Gewaltanwendung bei dem Versuch eines Diebstahls.

Wer jemand angreift oder verbrecherische Gewalt gegen jemand übt bei dem Versuch, Eigentum zu stehlen, das dieser gerade trägt oder bei sich führt, wird mit Gefängnis bis zu 2 Jahren oder mit Geldstrafe oder mit beidem bestraft.

Sec. 357. Angriff oder verbrecherische Gewaltanwendung bei dem Versuch einer Freiheitsberaubung.

Wer jemand angreift oder verbrecherische Gewalt gegen jemand übt bei dem Versuch, diesen rechtswidrig der Freiheit zu berauben, wird mit Gefängnis bis zu einem Jahr oder mit Geldstrafe bis zu 1000 Rupien oder mit beidem bestraft.

Sec. 358. Angriff oder verbrecherische Gewaltanwendung unter dem Eindruck einer schweren Herausforderung.

Wer jemand angreift oder verbrecherische Gewalt gegen jemand übt unter dem Eindruck einer schweren und plötzlichen Herausforderung durch den Verletzten, wird mit einfachem Gefängnis bis zu einem Monat oder mit Geldstrafe bis zu 200 Rupien oder mit beidem bestraft.

Erläuterung: Für diese Bestimmung gilt dieselbe Erläuterung wie für Sec. 352.

Menschenraub, Entführung, Versklavung und Unterwerfung unter Zwangsarbeit.

Sec. 359. **Menschenraub.**

Es gibt zwei Arten von Menschenraub: Menschenraub, durch den jemand aus *Indien* [den Provinzen und der Bundeshauptstadt] entführt, und Menschenraub, durch den jemand der rechtmäßigen Personensorge entzogen wird.

Sec. 360. **Menschenraub durch Entführung aus *Indien* [den Provinzen und der Bundeshauptstadt].**

Wer jemand ohne seine Einwilligung oder die Einwilligung einer zu deren Erteilung gesetzlich befugten Person über die Grenzen *Indiens* [der Provinzen und der Bundeshauptstadt] hinausschafft, begeht einen Menschenraub durch Entführung aus *Indien* [den Provinzen und der Bundeshauptstadt].

Sec. 361. **Menschenraub durch Entführung aus der rechtmäßigen Personensorge.**

Wer einen minderjährigen Knaben unter *16* [14] Jahren oder ein minderjähriges Mädchen unter *18* [16] Jahren oder einen Geisteskranken der Obhut des Sorgeberechtigten ohne Einwilligung des Sorgeberechtigten entzieht oder ihn aus der Obhut herauslockt, begeht einen Menschenraub durch Entführung aus der rechtmäßigen Personensorge.

Erläuterung: Das Wort „Sorgeberechtigter" in dieser Bestimmung umfaßt jede Person, die nach dem Gesetz mit der Sorge für den Minderjährigen oder Geisteskranken oder mit seiner Obhut betraut ist.

Ausnahme: Diese Vorschrift umfaßt nicht die Handlungen dessen, der sich gutgläubig für den Vater eines unehelichen Kindes hält, oder der gutgläubig mit der Obhut eines solchen Kindes betraut zu sein glaubt, es sei denn, daß die Handlung zu einem unsittlichen oder rechtswidrigen Zweck begangen wird.

Sec. 362. **Entführung.**

Wer jemand gewaltsam dazu zwingt oder ihn durch Täuschungsmittel dazu verführt, einen Ort zu verlassen, entführt diese Person.

Sec. 363. **Strafe des Menschenraubes.**

Wer jemand aus *Indien* [den Provinzen und der Bundeshauptstadt] entführt oder der rechtmäßigen Personensorge entzieht, wird mit Gefängnis bis zu 7 Jahren und mit Geldstrafe bestraft.

Sec. 364. **Menschenraub oder Entführung zum Zwecke des Mordes.**

Wer jemand raubt oder entführt, damit dieser ermordet oder der Gefahr des Mordes ausgesetzt werde, wird mit lebenslänglicher Deportation oder mit strengem Gefängnis bis zu 10 Jahren bestraft. Außerdem ist Geldstrafe verwirkt.

Beispiele:

(a) A entführt Z aus *Indien* [den Provinzen und der Bundeshauptstadt] in der Absicht oder mit dem Bewußtsein, daß Z einem Götzen geopfert werde. A hat sich nach dieser Bestimmung strafbar gemacht.

(b) A schleppt B gewaltsam aus seiner Wohnung fort oder lockt ihn aus seiner Wohnung heraus, damit B ermordet werde. A hat sich nach dieser Bestimmung strafbar gemacht.

Sec. 365. Menschenraub oder Entführung in der Absicht der heimlichen und rechtswidrigen Freiheitsberaubung.

Wer jemand raubt oder entführt, damit diese Person heimlich und rechtswidrig ihrer Freiheit beraubt werde, wird mit Gefängnis bis zu 7 Jahren und mit Geldstrafe bestraft.

Sec. 366. Menschenraub, Entführung oder Verführung begangen an einer Frau, um sie zur Eheschließung zu zwingen.

Wer eine Frau raubt oder entführt in der Absicht, daß sie gegen ihren Willen zu einer Heirat gezwungen werde, oder mit dem Bewußtsein, daß dies wahrscheinlich die Folge sein werde, oder damit sie zu außerehelichem Geschlechtsverkehr gezwungen oder verführt werde, oder mit dem Bewußtsein, daß dies wahrscheinlich die Folge sein werde, mit mit Gefängnis bis zu 10 Jahren und mit Geldstrafe bestraft. Wer durch verbrecherische Einschüchterung im Sinne dieses Gesetzes oder durch Mißbrauch seiner Autorität oder durch andere Zwangsmittel eine Frau dazu veranlaßt, einen Ort zu verlassen in der Absicht, daß sie zu außerehelichem Geschlechtsverkehr mit einem anderen gezwungen oder verführt werde, oder mit dem Bewußtsein, daß dies wahrscheinlich die Folge sein werde, wird ebenso bestraft.

Sec. 366 A. Verkuppelung eines minderjährigen Mädchens.

Wer, gleichviel durch welche Mittel, ein minderjähriges Mädchen unter 18 Jahren dazu veranlaßt, einen Ort zu verlassen oder etwas zu tun in der Absicht, daß das Mädchen zu außerehelichem Geschlechtsverkehr mit einer anderen Person gezwungen oder verführt werde, oder mit dem Bewußtsein, daß dies wahrscheinlich die Folge sein werde, wird mit Gefängnis bis zu 10 Jahren und mit Geldstrafe bestraft.

Sec. 366 B. Einführung von Mädchen aus dem Ausland.

Wer ein Mädchen unter 21 Jahren aus dem Ausland *oder aus dem Staate Jammu und Kaschmir nach Indien* [in die Provinzen oder die Bundeshauptstadt] einführt, damit es zu außerehelichem Geschlechtsverkehr mit einem anderen gezwungen oder verführt werde, oder mit dem Bewußtsein, daß dies wahrscheinlich die Folge sein wird,

[oder wer in gleicher Absicht oder mit dem gleichen Bewußtsein ein solches Mädchen, das von ihm oder von jemand anders in gleicher Absicht oder mit gleichem Bewußtsein nach Pakistan eingeführt worden ist, aus einem Staat in Pakistan in die Provinzen und die Bundeshauptstadt einführt],

wird mit Gefängnis bis zu 10 Jahren und mit Geldstrafe bestraft.

Sec. 367. Menschenraub oder Entführung zum Zwecke der schweren Körperverletzung, der Versklavung usw.

Wer jemand raubt oder entführt, damit dieser das Opfer einer schweren Körperverletzung, der Versklavung oder eines widernatürlichen Geschlechtsverkehrs werde, oder der Gefahr einer solchen Behandlung ausgesetzt werde, oder mit dem Bewußtsein, daß er wahrscheinlich so behandelt oder dieser Gefahr ausgesetzt werde, wird mit Gefängnis bis zu 10 Jahren und mit Geldstrafe bestraft.

Sec. 368. Rechtswidriges Verbergen oder Gefangenhalten einer geraubten oder entführten Person.

Wer jemand rechtswidrig verbirgt oder gefangen hält mit dem Bewußtsein, daß der Gefangene geraubt oder entführt worden ist, wird ebenso bestraft, als hätte er selbst diese Person in der Absicht oder mit dem Bewußtsein oder zu dem Zweck geraubt oder entführt, in der oder mit oder zu dem er sie verbirgt oder gefangenhält.

Sec. 369. Raub oder Entführung eines Kindes unter 10 Jahren zum Zwecke des Diebstahls.

Wer ein Kind unter 10 Jahren raubt oder entführt in der Absicht, dem Kinde rechtswidrig bewegliches Eigentum wegzunehmen, wird mit Gefängnis bis zu 7 Jahren und mit Geldstrafe bestraft.

Sec. 370. Kauf- und andere Rechtsgeschäfte im Hinblick auf Sklaven.

Wer jemand als Sklaven einführt, ausführt, fortschafft, kauft, verkauft oder über ihn verfügt, oder wer jemand gegen seinen Willen als Sklaven annimmt, aufnimmt oder festhält, wird mit Gefängnis bis zu 7 Jahren und mit Geldstrafe bestraft.

Sec. 371. Gewohnheitsmäßiger Sklavenhandel.

Wer gewohnheitsmäßig Sklaven einführt, ausführt, fortschafft, kauft, verkauft oder Sklavenhandel betreibt, wird mit lebenslänglicher Deportation oder mit Gefängnis bis zu 10 Jahren bestraft. Außerdem ist Geldstrafe verwirkt.

Sec. 372. Verkauf von Minderjährigen zum Zwecke der Prostitution.

Wer eine Person unter 18 Jahren verkauft, vermietet oder sonst über sie verfügt in der Absicht, daß diese Person, gleichviel in welchem Alter, zum Zwecke der Prostitution oder des außerehelichen Geschlechtsverkehrs oder zu rechtswidrigen oder unsittlichen Zwecken verwendet oder mißbraucht werde, oder mit dem Bewußtsein, daß diese Person, gleichviel in welchem Alter, wahrscheinlich für Zwecke dieser Art verwendet oder mißbraucht werden wird, wird mit Gefängnis bis zu 10 Jahren und mit Geldstrafe bestraft.

Erläuterung 1: Wenn ein Mädchen unter 18 Jahren einer Prostituierten oder jemand, der ein Bordell unterhält oder betreibt, verkauft, vermietet oder sonst überlassen wird, so soll bis zum Beweise des Gegenteils angenommen werden, daß der Täter über das Mädchen in der Absicht verfügte, es zum Zwecke der Prostitution zu mißbrauchen.

Erläuterung 2: Im Sinne dieser Vorschrift bedeutet „außerehelicher Geschlechtsverkehr" Geschlechtsverkehr zwischen Personen, zwischen denen weder eine Ehe, noch ein Band oder eine Verbindung besteht, die, wenn sie auch keine Ehe ist, doch nach dem Personenrecht oder der Gewohnheit der Gemeinschaft, der beide angehören, oder, wenn sie verschiedenen Gemeinschaften angehören, nach dem Recht oder der Gewohnheit beider Gemeinschaften als eine eheähnliche Beziehung anerkannt wird.

Sec. 373. **Ankauf von Minderjährigen zum Zwecke der Prostitution.**

Wer eine Person unter 18 Jahren kauft, mietet oder sich sonst deren Besitz verschafft in der Absicht, daß diese Person, gleichviel in welchem Alter, zum Zwecke der Prostitution oder des außerehelichen Geschlechtsverkehrs oder zu rechtswidrigen oder unsittlichen Zwecken verwendet oder mißbraucht werde, oder mit dem Bewußtsein, daß diese Person, gleichviel in welchem Alter, wahrscheinlich für Zwecke dieser Art verwendet oder mißbraucht werden wird, wird mit Gefängnis bis zu 10 Jahren und mit Geldstrafe bestraft.

Erläuterung 1: Wenn eine Prostituierte oder jemand, der ein Bordell unterhält oder betreibt, ein Mädchen unter 18 Jahren kauft, mietet oder sich sonst dessen Besitz verschafft, so soll bis zum Beweise des Gegenteils angenommen werden, daß diese Person sich den Besitz des Mädchens in der Absicht verschafft hat, es zum Zwecke der Prostitution zu mißbrauchen.

Erläuterung 2: „Außerehelicher Geschlechtsverkehr" hat die gleiche Bedeutung wie in Sec. 372.

Sec. 374. **Unterwerfung unter Zwangsarbeit.**

Wer jemand rechtswidrig gegen seinen Willen zur Arbeit zwingt, wird mit Gefängnis bis zu einem Jahr oder mit Geldstrafe oder mit beidem bestraft.

Notzucht.

Sec. 375. **Notzucht.**

Ein Mann begeht Notzucht, wenn er außer in dem später erwähnten Ausnahmefall Geschlechtsverkehr mit einer Frau unter Umständen hat, die einer der folgenden fünf Beschreibungen entsprechen:

1. Gegen ihren Willen;
2. ohne ihre Einwilligung;
3. mit ihrer Einwilligung, wenn er diese dadurch erlangt hat, daß er die Frau in Furcht vor dem Tode oder vor einer Körperverletzung versetzt hat;
4. mit ihrer Einwilligung, wenn er weiß, daß er nicht ihr Gatte ist, und daß sie in dem Glauben eingewilligt hat, er sei ein anderer Mann, mit dem sie verheiratet ist oder verheiratet zu sein glaubt;
5. mit oder ohne ihre Einwilligung, wenn sie noch nicht *16* [14] Jahre alt ist.

Erläuterung: Die Einführung des Geschlechtsteils reicht dazu aus, um einen Geschlechtsverkehr im Sinne der Strafbestimmung über die Notzucht herbeizuführen.

Ausnahme: Geschlechtsverkehr eines Mannes mit seiner eigenen Frau, die nicht unter *15* [13] Jahren alt ist, ist keine Notzucht.

Sec. 376. **Strafe der Notzucht.**

Wer Notzucht begeht, wird mit lebenslänglicher Deportation oder mit Gefängnis bis zu 10 Jahren und mit Geldstrafe bestraft. Dies gilt nicht, wenn die genotzüchtigte Frau die Ehefrau des Täters und nicht unter 12 Jahren alt ist. In diesem Falle wird er mit Gefängnis bis zu 2 Jahren oder mit Geldstrafe oder mit beidem bestraft.

Widernatürliche Unzucht.

Sec. 377. **Widernatürliche Unzucht.**

Wer vorsätzlich widernatürlichen Geschlechtsverkehr mit einem Manne, einer Frau oder einem Tier hat, wird mit lebenslänglicher Deportation oder mit Gefängnis bis zu 10 Jahren bestraft. Außerdem ist Geldstrafe verwirkt.

Erläuterung: Die Einführung des Geschlechtsteils reicht dazu aus, um einen Geschlechtsverkehr im Sinne dieser Bestimmung herbeizuführen.

Kapitel XVII.

Straftaten gegen das Eigentum.

Diebstahl.

Sec. 378. **Diebstahl.**[1]

Wer in der Absicht, bewegliches Eigentum dem Besitz eines anderen ohne dessen Einwilligung zu rechtswidrigen Zwecken zu entziehen, das Eigentum zum Zwecke der Wegnahme von seinem Platze bewegt, begeht einen Diebstahl.

Erläuterung 1: Solange eine Sache mit dem Erdboden verbunden und somit nicht bewegliches Eigentum ist, kann sie nicht Gegenstand eines Diebstahls sein, aber sie wird möglicher Gegenstand eines Diebstahls, sobald sie vom Boden getrennt ist.

Erläuterung 2: Eine Fortbewegung der Sache durch die Handlung, die erst ihre Trennung vom Boden bewirkt, kann Diebstahl sein.

Erläuterung 3: Jemand bewegt eine Sache von ihrem Platze, wenn er ein Hindernis beseitigt, das ihre Bewegung verhindert, oder sie von einer anderen Sache trennt, ebenso wie durch ihre tatsächliche Bewegung vom Platze.

Erläuterung 4: Wer, gleichviel durch welche Mittel, ein Tier dazu veranlaßt, sich zu bewegen, bewegt das Tier und bewegt jede andere Sache, die infolge der Bewegung des Tieres ihrerseits in Bewegung gesetzt wird.

Erläuterung 5: Die Einwilligung im Sinne dieser Bestimmung kann ausdrücklich oder mittelbar, und sie kann von dem Besitzer der Sache oder von jemand erteilt werden, der dazu ausdrücklich oder mittelbar ermächtigt ist.

Beispiele:

(a) A fällt einen Baum auf Z's Grundstück in der Absicht, Z den Baum ohne dessen Einwilligung zu rechtswidrigen Zwecken wegzunehmen. Sobald hier A den Baum in der Absicht einer solchen Wegnahme vom Boden getrennt hat, hat er einen Diebstahl begangen.

(b) A steckt einen Köder für Hunde in seine Tasche und verführt so Z's Hund dazu, dem Köder zu folgen. Wenn A beabsichtigte, Z den Hund ohne dessen Einwilligung wegzunehmen, so hat A einen Diebstahl begangen, sobald Z's Hund begonnen hat, ihm zu folgen.

[1]) Die Elektrizitätsentziehung ist in Sec. 39 des Electricity Act von 1910 geregelt.

(c) A begegnet einem Ochsenwagen, der eine Kiste mit einem Schatz darin führt. Er treibt den Ochsenwagen in einer bestimmten Richtung, um den Schatz rechtswidrig wegzunehmen. Sobald der Ochsenwagen anfängt, sich zu bewegen, hat A Diebstahl an dem Schatz begangen.

(d) A, Z's Diener, dem Z seine Goldsachen anvertraut hat, läuft ohne Z's Einwilligung in rechtswidriger Absicht damit fort. A hat einen Diebstahl begangen.

(e) Z, der auf Reisen geht, vertraut seine Goldsachen A, dem Inhaber eines Lagerhauses, bis zu seiner Rückkehr an. A bringt die Sachen zu einem Goldschmied und verkauft sie. Hier waren die Sachen nicht in Z's Besitz. Sie konnten daher dem Z nicht weggenommen werden. Daher hat A zwar möglicherweise Untreue, aber keinen Diebstahl begangen.

(f) A findet einen Z gehörigen Ring auf einem Tisch des Hauses, das Z bewohnt. Hier befindet sich der Ring in Z's Besitz, und wenn A ihn in rechtswidriger Absicht wegnimmt, so begeht er einen Diebstahl.

(g) A findet einen Ring auf der Landstraße liegen. Der Ring ist in niemandes Besitz. Durch die Wegnahme begeht A keinen Diebstahl, sondern allenfalls Unterschlagung.

(h) A sieht einen Z gehörigen Ring auf einem Tisch in Z's Haus liegen. Da er es aus Furcht vor Nachforschungen und Entdeckung nicht wagt, sich den Ring sofort anzueignen, so versteckt A den Ring an einem Platz, an dem er höchstwahrscheinlich niemals von Z gefunden werden wird, in der Absicht, den Ring aus dem Versteck fortzunehmen und zu verkaufen, wenn der Verlust vergessen ist. Hier begeht A Diebstahl schon zu dem Zeitpunkt, in dem er den Ring zum ersten Male entfernt.

(i) A übergibt Z, einem Uhrmacher, seine Uhr zur Reparatur. Z bringt die Uhr in sein Geschäft. A, ohne dem Uhrmacher etwas zu schulden, weswegen der Uhrmacher die Uhr als Sicherheit behalten dürfte, betritt offen den Laden, reißt die Uhr Z aus der Hand und nimmt sie mit. Hier mag A zwar Hausfriedensbruch begangen und sich eines Angriffs schuldig gemacht haben, aber er hat keinen Diebstahl begangen, da er nicht in rechtswidriger Absicht gehandelt hat.

(j) Wenn A Z Geld für die Reparatur der Uhr schuldet und Z die Uhr rechtmäßig als Sicherheit für die Schuld zurückbehält, und A dann die Uhr dem Z wegnimmt in der Absicht, Z diesen Vermögenswert als Sicherheit für seine Schuld zu entziehen, so begeht er Diebstahl. Denn er handelt in rechtswidriger Absicht.

(k) Auch wenn A, der seine Uhr dem Z verpfändet hat, diese dem Z ohne dessen Einwilligung wegnimmt, ohne das Darlehen, für das er die Uhr verpfändet hatte, zurückzuzahlen, so begeht er Diebstahl, obwohl die Uhr ihm selbst gehört. Denn er nimmt die Uhr in rechtswidriger Absicht weg.

(l) A nimmt Z einen diesem gehörigen Gegenstand ohne dessen Einwilligung weg in der Absicht, ihn so lange zu behalten, bis er von Z eine Geldbelohnung für die Rückgabe erhalte. Hier handelt A in rechtswidriger Absicht und hat daher einen Diebstahl begangen.

(m) A, der in guten Beziehungen zu Z steht, geht in Z's Abwesenheit in dessen Bibliothek und nimmt ohne dessen ausdrückliche Einwilligung ein Buch weg lediglich zu dem Zweck, um es zu lesen und in der

Absicht, es wieder zurückzugeben. Hier hat A vermutlich angenommen, daß Z mit der Benutzung seines Buches einverstanden sein werde. Wenn dies A's Meinung war, so hat er keinen Diebstahl begangen.

(n) A bittet Z's Frau um eine Spende. Sie gibt A Geld, Nahrungsmittel und Kleider, Gegenstände, die wie A weiß, ihrem Manne Z gehören. Hier nimmt A wahrscheinlich an, daß Z's Frau befugt sei, Almosen zu verschenken. Wenn dies A's Meinung war, so hat er keinen Diebstahl begangen.

(o) A ist der Liebhaber von Z's Frau. Sie schenkt A Wertgegenstände, die, wie A weiß, ihrem Manne Z gehören, und die sie nicht an A verschenken darf. Wenn A die Sachen in rechtswidriger Absicht annimmt, so begeht er einen Diebstahl.

(p) A, in dem guten Glauben, daß ein Z gehöriger Gegenstand ihm selbst gehöre, nimmt B den Gegenstand weg. Hier begeht A keinen Diebstahl, da er keine rechtswidrige Absicht verfolgt.

Sec. 379. **Strafe des Diebstahls.**

Wer einen Diebstahl begeht, wird mit Gefängnis bis zu 3 Jahren oder mit Geldstrafe oder mit beidem bestraft.

Sec. 380. **Diebstahl in einem Wohnhause usw.**

Wer einen Diebstahl in einem Gebäude, Zelt oder Schiff begeht, das als Wohnung für Menschen oder zur Aufbewahrung von Eigentum dient, wird mit Gefängnis bis zu 7 Jahren und mit Geldstrafe bestraft.

Sec. 381. **Diebstahl eines Angestellten oder Bedienten an Eigentum im Besitz seines Herrn.**

Wer als Angestellter oder Bedienter oder als jemand, der als Angestellter oder Bedienter beschäftigt wird, Diebstahl an Eigentum begeht, das sich im Besitz seines Herrn oder Arbeitgebers befindet, wird mit Gefängnis bis zu 7 Jahren und mit Geldstrafe bestraft.

Sec. 382. **Diebstahl unter Vorbereitungen für die Tötung, Verletzung oder Nötigung eines anderen zur Ermöglichung des Diebstahls.**

Wer einen Diebstahl begeht, nachdem er Vorbereitungen für die Tötung, Verletzung oder Nötigung oder für die Versetzung eines anderen in Furcht vor dem Tode oder vor Verletzung oder Nötigung getroffen hat, um die Begehung des Diebstahls zu ermöglichen, oder um nach Begehung des Diebstahls entkommen, oder um das gestohlene Eigentum behalten zu können, wird mit strengem Gefängnis bis zu 10 Jahren und mit Geldstrafe bestraft.

Beispiele:

(a) A stiehlt Eigentum, das sich im Besitz des Z befindet. Bei Begehung des Diebstahls trägt er eine geladene Pistole unter seiner Kleidung verborgen, die er sich beschafft hat, um Z im Falle des Widerstandes zu verletzen. A hat sich nach dieser Vorschrift strafbar gemacht.

(b) A begeht einen Taschendiebstahl gegenüber Z, nachdem er einige seiner Komplizen in Z's Nähe aufgestellt hat, damit diese Z festhalten können, wenn Z bemerken sollte, was geschieht und Widerstand leisten oder versuchen sollte, A festzunehmen. A hat sich nach dieser Vorschrift strafbar gemacht.

Erpressung.

Sec. 383. Erpressung.

Wer absichtlich jemand in Furcht vor einem Nachteil versetzt, der ihm oder jemand anders zugefügt werden könnte, und dadurch in rechtswidriger Absicht den Eingeschüchterten dazu veranlaßt, jemand irgendwelches Eigentum oder ein Wertpapier oder einen unterzeichneten oder gesiegelten Gegenstand zu übergeben, der sich in ein Wertpapier umwandeln läßt, begeht eine „Erpressung".

Beispiele:

(a) A droht, einen verleumderischen Brief über Z zu veröffentlichen, wenn Z ihm kein Geld gebe. Auf diese Weise veranlaßt er Z, ihm Geld zu bezahlen. A hat eine Erpressung begangen.

(b) A droht Z, daß er Z's Kind so lange rechtswidrig gefangenhalten werde, bis Z einen Schuldschein unterzeichne und A aushändige, in dem er sich verpflichte, eine bestimmte Summe an A bezahlen. Z unterzeichnet und übergibt den Schein. A hat eine Erpressung begangen.

(c) A droht, bewaffnete Männer auf Z's Feld zu schicken und dieses umpflügen zu lassen, wenn nicht Z eine Verpflichtungsurkunde unterzeichne und B aushändige, in der Z sich unter Eingehung der Verpflichtung zur Zahlung einer Strafe bei Nichterfüllung verpflichte, gewisse Erzeugnisse an B zu liefern. Auf diese Weise veranlaßt A Z, die Verpflichtungsurkunde zu unterzeichnen und ihm auszuhändigen. A hat eine Erpressung begangen.

(d) A versetzt Z in Furcht vor einer schweren Körperverletzung und veranlaßt so Z in rechtswidriger Absicht dazu, ein leeres Papier zu unterzeichnen oder sein Siegel darunterzusetzen und es A auszuhändigen. Z unterzeichnet das Papier und händigt es A aus. Hier hat A Erpressung begangen, da das so unterzeichnete Papier in ein Wertpapier umgewandelt werden kann.

Sec. 384. Strafe der Erpressung.

Wer eine Erpressung begeht, wird mit Gefängnis bis zu 3 Jahren oder mit Geldstrafe oder mit beidem bestraft.

Sec. 385. Versetzung eines anderen in Furcht vor einem Nachteil zum Zwecke der Erpressung.

Wer jemand zum Zwecke der Erpressung in Furcht vor einem Nachteil versetzt oder zu versetzen versucht, wird mit Gefängnis bis zu 2 Jahren oder mit Geldstrafe oder mit beidem bestraft.

Sec. 386. Erpressung durch Versetzung eines anderen in Furcht vor dem Tode oder vor schwerer Körperverletzung.

Wer eine Erpressung begeht, indem er jemand in Furcht versetzt, daß er selbst oder ein anderer getötet oder schwer verletzt werden könnte, wird mit Gefängnis bis zu 10 Jahren und mit Geldstrafe bestraft.

Sec. 387. Versetzung eines anderen in Furcht vor dem Tode oder vor schwerer Körperverletzung zum Zwecke der Erpressung.

Wer jemand zum Zwecke der Erpressung in Furcht versetzt oder zu versetzen versucht, daß er selbst oder jemand anders getötet oder schwer verletzt werden könnte, wird mit Gefängnis bis zu 7 Jahren und mit Geldstrafe bestraft.

Sec. 388. **Erpressung durch Androhung einer Anklage wegen einer Straftat, die mit dem Tode, mit Deportation usw. bestraft wird.**

Wer eine Erpressung begeht, indem er jemand in Furcht vor einer Anklage gegen ihn selbst oder gegen jemand anders wegen einer vollendeten oder versuchten Straftat oder wegen versuchter Verleitung zu einer Straftat versetzt, die mit dem Tode, mit lebenslänglicher Deportation oder mit Gefängnis bis zu 10 Jahren bestraft wird, wird mit Gefängnis bis zu 10 Jahren und mit Geldstrafe bestraft. Wenn die Straftat nach Sec. 377 dieses Gesetzes strafbar wäre, so kann der Täter mit lebenslänglicher Deportation bestraft werden.

Sec. 389. **Versetzung eines anderen in Furcht vor einer Anklage wegen einer Straftat zum Zwecke der Erpressung.**

Wer jemand zum Zwecke der Erpressung in Furcht vor einer Anklage gegen ihn selbst oder gegen jemand anders wegen einer vollendeten oder versuchten Straftat versetzt, die mit dem Tode oder mit lebenslänglicher Deportation oder mit Gefängnis bis zu 10 Jahren bestraft wird, wird mit Gefängnis bis zu 10 Jahren und mit Geldstrafe bestraft. Wenn die Straftat nach Sec. 377 dieses Gesetzes strafbar wäre, so kann der Täter mit lebenslänglicher Deportation bestraft werden.

Raub und Bandenraub.

Sec. 390. **Raub.**

Jeder Raub ist entweder ein Diebstahl oder eine Erpressung.

Diebstahl als Raub.

Diebstahl ist „Raub", wenn der Täter zum Zwecke des Diebstahls oder bei Begehung des Diebstahls oder bei der Wegnahme oder dem Versuch der Wegnahme von gestohlenem Eigentum vorsätzlich jemand tötet, zu töten versucht, jemand verletzt oder rechtswidrig nötigt oder in Furcht vor dem sofortigen Tode, vor sofortiger Körperverletzung oder sofortiger Nötigung versetzt.

Erpressung als Raub.

Erpressung ist „Raub", wenn der Täter sich zur Zeit der Erpressung in Gegenwart des Eingeschüchterten aufhält und diesen in Furcht versetzt, daß er selbst oder jemand anders sofort getötet, verletzt oder genötigt werden könnte, und ihn so dazu veranlaßt, ihm den erpreßten Gegenstand auf der Stelle auszuhändigen.

Erläuterung: Der Täter ist gegenwärtig, wenn er nahe genug ist, um den anderen in Furcht vor dem sofortigen Tode oder sofortiger Verletzung oder Nötigung zu versetzen.

Beispiele:

(a) A hält Z am Boden fest und nimmt heimlich ohne Z's Einwilligung Geld und Juwelen aus dessen Kleidern weg. Hier hat A einen Diebstahl und zum Zwecke des Diebstahls vorsätzlich eine Nötigung begangen. Folglich hat A auch einen Raub begangen.

(b) A trifft Z auf der Landstraße, hält ihm eine Pistole vor und verlangt Z's Portemonnaie. Z liefert das Portemonnaie aus. Hier hat A das

Portemonnaie von Z erpreßt, indem er ihn in Furcht vor sofortiger Körperverletzung versetzte, und da er zur Zeit der Erpressung gegenwärtig war, so hat er auch einen Raub begangen.

(c) A trifft Z und dessen Kind auf der Landstraße. A bemächtigt sich des Kindes und droht, es einen Abhang hinunterzuwerfen, wenn Z nicht sein Portemonnaie ausliefere. Z liefert das Portemonnaie aus. Hier hat A das Portemonnaie von Z erpreßt, indem er Z in Furcht versetzte, daß das Kind, das zugegen war, auf der Stelle verletzt werden könne. A hat damit Raub gegen Z begangen.

(d) A erlangt Vermögenswerte von Z, indem er sagt: „Dein Kind befindet sich in den Händen meiner Bande und wird umgebracht werden, wenn Du uns nicht 10 000 Rupien schickst." Das ist Erpressung und als solche strafbar, aber kein Raub, wenn Z nicht in Furcht vor dem sofortigen Tode seines Kindes versetzt worden ist.

Sec. 391. **Bandenraub.**

Wenn mindestens 5 Personen gemeinschaftlich einen Raub begehen oder zu begehen versuchen, oder wenn die Gesamtzahl derer, die gemeinschaftlich einen Raub begehen oder zu begehen versuchen, und derer, die gegenwärtig sind und bei der Tat oder dem Versuch helfen, mindestens 5 beträgt, so begeht jeder, der die Tat begeht, versucht oder dabei hilft, einen „Bandenraub".

Sec. 392. **Strafe des Raubes.**

Wer einen Raub begeht, wird mit strengem Gefängnis bis zu 10 Jahren und mit Geldstrafe bestraft. Wenn der Raub zwischen Sonnenuntergang und Sonnenaufgang auf der Landstraße begangen wird, so kann die Gefängnistrafe bis zu 14 Jahren erhöht werden.

Sec. 393. **Versuch des Raubes.**

Wer versucht, einen Raub zu begehen, wird mit strengem Gefängnis bis zu 7 Jahren und mit Geldstrafe bestraft.

Sec. 394. **Vorsätzliche Körperverletzung bei Begehung eines Raubes.**

Wenn jemand bei Begehung oder bei dem Versuch eines Raubes vorsätzlich eine Körperverletzung begeht, so wird der Täter und jeder andere, der gemeinschaftlich mit dem Täter bei der Begehung oder dem Versuch des Raubes beteiligt ist, mit lebenslänglicher Deportation oder mit strengem Gefängnis bis zu 10 Jahren bestraft. Außerdem ist Geldstrafe verwirkt.

Sec. 395. **Strafe des Bandenraubes.**

Wer sich an einem Bandenraub beteiligt, wird mit lebenslänglicher Deportation oder mit strengem Gefängnis bis zu 10 Jahren bestraft. Außerdem ist Geldstrafe verwirkt.

Sec. 396. **Bandenraub verbunden mit Mord.**

Wenn jemand aus einer Bande von mindestens 5 Personen, die gemeinschaftlich Bandenraub begehen, bei Begehung der Tat einen Mord begeht, so wird jeder der an dem Bandenraub Beteiligten mit dem Tode, mit lebenslänglicher Deportation oder mit strengem Gefängnis bis zu 10 Jahren bestraft. Außerdem ist Geldstrafe verwirkt.

Sec. 397. Raub oder Bandenraub verbunden mit dem Versuch der Tötung oder der schweren Körperverletzung.

Wenn der Täter während der Begehung eines Raubes oder Bandenraubes eine tödliche Waffe benutzt oder jemand eine schwere Körperverletzung zufügt oder versucht, jemand zu töten oder schwer zu verletzen, so soll die Gefängnisstrafe dieses Täters mindestens 7 Jahre betragen.

Sec. 398. Versuch des Raubes oder Bandenraubes unter Mitführung tödlicher Waffen.

Wenn der Täter während des Versuchs eines Raubes oder Bandenraubes eine tödliche Waffe bei sich führt, so soll die Gefängnisstrafe dieses Täters mindestens 7 Jahre betragen.

Sec. 399. Vorbereitung des Bandenraubes.

Wer eine Vorbereitung für die Begehung eines Bandenraubes trifft, wird mit strengem Gefängnis bis zu 10 Jahren und mit Geldstrafe bestraft.

Sec. 400. Strafe der Zugehörigkeit zu einer Räuberbande.

Wer nach Inkrafttreten dieses Gesetzes einer Bande angehört, die zum Zwecke der gewohnheitsmäßigen Begehung von Bandenraub gebildet ist, wird mit lebenslänglicher Deportation oder mit strengem Gefängnis bis zu 10 Jahren bestraft. Außerdem ist Geldstrafe verwirkt.

Sec. 401. Strafe der Zugehörigkeit zu einer Diebesbande.

Wer nach Inkrafttreten dieses Gesetzes einer umherstreifenden oder sonstigen Bande angehört, die zum Zwecke der gewohnheitsmäßigen Begehung von Diebstahl oder Raub gebildet ist, aber nicht eine Bande von Thugs oder Bandenräubern ist, wird mit strengem Gefängnis bis zu 7 Jahren und mit Geldstrafe bestraft.

Sec. 402. Versammlung zum Zwecke des Bandenraubes.

Wer nach Inkrafttreten dieses Gesetzes an einer aus mindestens 5 Personen bestehenden Versammlung zum Zwecke des Bandenraubes teilnimmt, wird mit strengem Gefängnis bis zu 7 Jahren und mit Geldstrafe bestraft.

Strafbare Aneignung von Eigentum.

Sec. 403. Aneignung von Eigentum in rechtswidriger Absicht.

Wer sich in rechtswidriger Absicht bewegliches Eigentum aneignet oder es zu eigenem Vorteil verwendet, wird mit Gefängnis bis zu 2 Jahren oder mit Geldstrafe oder mit beidem bestraft.

Beispiele:

(a) A nimmt dem Z diesem gehöriges Eigentum weg in dem guten Glauben, daß der Gegenstand ihm selbst gehöre. A ist nicht des Diebstahls schuldig. Aber wenn A nach Entdeckung des Irrtums den Gegenstand in rechtswidriger Absicht zu seinem eigenen Vorteil verwendet, so macht er sich nach dieser Vorschrift strafbar.

(b) A, der mit Z befreundet ist, geht während Z's Abwesenheit in dessen Bibliothek und nimmt ohne Z's ausdrückliche Einwilligung ein Buch weg. Wenn A der Meinung war, daß Z mit der Wegnahme des Buches zum Zwecke des Lesens einverstanden sei, so hat A keinen Diebstahl begangen. Aber wenn A später das Buch zu seinem eigenen Vorteil verkauft, ist er nach dieser Vorschrift strafbar.

(c) A und B sind Miteigentümer eines Pferdes. A nimmt B das Pferd weg in der Absicht, es zu benutzen. In diesem Falle ist A, da er berechtigt ist, das Pferd zu benutzen, nicht der rechtswidrigen Zueignung schuldig. Aber wenn A das Pferd verkauft und den ganzen Ertrag zu seinem eigenen Vorteil verwendet, so ist er nach dieser Vorschrift strafbar.

Erläuterung 1: Eine nur vorübergehende Zueignung in rechtswidriger Absicht ist eine Zueignung im Sinne dieser Bestimmung.

Beispiel:

A findet eine Z gehörige, von der Regierung ausgestellte, mit einem Blankoindossament versehene Schuldverschreibung. Obwohl A weiß, daß der Schein Z gehört, verpfändet er ihn einem Bankier als Sicherheit für ein Darlehen in der Absicht, den Schein dem Z später zurückzugeben. A hat sich nach dieser Vorschrift strafbar gemacht.

Erläuterung 2: Wer Eigentum findet, das nicht im Besitz eines anderen ist, und den Gegenstand an sich nimmt, um ihn für den Eigentümer sicherzustellen oder ihn diesem zurückzugeben, handelt nicht in rechtswidriger Absicht und macht sich nicht strafbar. Er ist aber nach dieser Vorschrift strafbar, wenn er sich den Gegenstand zu seinem eigenen Vorteil aneignet, obwohl er den Eigentümer kennt oder in der Lage ist, ihn ausfindig zu machen, oder wenn er die Tat begeht, ohne vorher geeignete Schritte getan zu haben, um den Eigentümer ausfindig zu machen und ihn zu benachrichtigen, und ohne dem Eigentümer hinreichende Zeit gelassen zu haben, um sein Eigentum geltend zu machen.

Welche Schritte als geeignet anzusehen sind, und was hinreichende Zeit in einem solchen Falle bedeutet, hängt von den Umständen ab.

Es ist nicht erforderlich, daß der Finder den Eigentümer kennt, oder daß er weiß, es sei eine bestimmte Person der Eigentümer der Sache. Es genügt, wenn er sich zur Zeit der Aneignung nicht selbst für den Eigentümer hält und nicht gutgläubig annimmt, der wirkliche Eigentümer lasse sich nicht auffinden.

Beispiele:

(a) A findet auf der Landstraße eine Rupie, ohne zu wissen, wem sie gehört. A hebt die Rupie auf. Hier hat A sich nicht im Sinne dieser Vorschrift strafbar gemacht.

(b) A findet auf der Straße einen Brief, der eine Banknote enthält. Aus der Adresse und dem Inhalt des Briefes erfährt er, wem die Note gehört. Er behält sie für sich. Hier ist er nach dieser Vorschrift strafbar.

(c) A findet einen Scheck, der auf den Inhaber ausgestellt ist. Er hat keine Vermutung, wer den Scheck verloren haben könnte. Aber der Name des Ausstellers ist ersichtlich. A weiß, daß der Aussteller ihm die Person desjenigen bezeichnen könnte, zu dessen Gunsten der Scheck ausgestellt wurde. A eignet sich den Scheck an, ohne zu versuchen, den Eigentümer ausfindig zu machen. Er ist nach dieser Vorschrift strafbar.

(d) A sieht, wie Z sein Portemonnaie mit Geld darin fallen läßt. A hebt das Portemonnaie auf in der Absicht, es dem Z zurückzugeben, aber später behält er es zu seinem eigenen Vorteil. A hat sich nach dieser Vorschrift strafbar gemacht.

(e) A findet ein Portemonnaie mit Geld, ohne zu wissen, wem es gehört. Später findet er heraus, daß es Z gehört, behält es aber zu seinem eigenen Vorteil. A ist nach dieser Vorschrift strafbar.

(f) A findet einen wertvollen Ring, ohne zu wissen, wem er gehört. A verkauft ihn sofort ohne den Versuch, den Eigentümer ausfindig zu machen. A ist nach dieser Vorschrift strafbar.

Sec. 404. **Rechtswidrige Aneignung von Eigentum im Besitz eines Verstorbenen.**

Wer sich in rechtswidriger Absicht Eigentum aneignet oder es zu eigenem Vorteil verwendet mit dem Bewußtsein, daß das Eigentum sich zur Zeit des Todes im Besitz eines Verstorbenen befand, und daß es seither nicht im Besitz einer dazu befugten Person gewesen ist, wird mit Gefängnis bis zu 3 Jahren und mit Geldstrafe bestraft. Wenn der Täter zur Zeit des Todes bei dem Verstorbenen als Angestellter oder Bedienter beschäftigt war, so kann die Gefängnisstrafe bis zu 7 Jahren erhöht werden.

Beispiel:

Z stirbt. Er befand sich im Besitz von Möbeln und Geld. Sein Diener A eignet sich Möbel und Geld in rechtswidriger Absicht an, ehe das Eigentum in den Besitz einer dazu befugten Person gelangt ist. A hat sich nach dieser Vorschrift strafbar gemacht.

Untreue.

Sec. 405. **Untreue.**

Jemand, dem, gleichviel auf welche Art, Eigentum oder die Herrschaft über Eigentum anvertraut ist, und der sich in rechtswidriger Absicht dieses Eigentum aneignet oder es zu eigenem Vorteil verwendet oder das Eigentum in rechtswidriger Absicht benutzt oder darüber verfügt, sei es unter Verletzung einer gesetzlichen Bestimmung über die Verwaltung von Treuhandvermögen, sei es eines ausdrücklich oder stillschweigend geschlossenen Vertrages über das anvertraute Vermögen, oder der die Begehung der Tat durch einen anderen willentlich zuläßt, begeht „Untreue".

Beispiele:

(a) Ein Testamentsvollstrecker A verstößt in rechtswidriger Absicht gegen das Gesetz, das ihn anweist, den Nachlaß entsprechend dem Testament zu verteilen, und eignet sich den Nachlaß zu eigenem Vorteil an. A hat Untreue begangen.

(b) A ist Inhaber eines Warenlagers. Z, der auf Reisen geht, vertraut A seine Möbel an auf Grund eines Vertrages, wonach die Möbel gegen Zahlung einer vereinbarten Lagergebühr zurückzugeben sind. A verkauft die Möbel in rechtswidriger Absicht. A hat Untreue begangen.

(c) A, in Kalkutta wohnhaft, ist ein Agent des Z, der in Delhi wohnt. Es besteht ein ausdrücklicher oder stillschweigender Vertrag zwischen A und Z, wonach alle von Z dem A überwiesenen Beträge von A entsprechend Z's Anweisung angelegt werden sollen. Z überweist A 1 lakh[1]) Rupien mit der an A gerichteten Anweisung, den Betrag in Papieren einer bestimmten Gesellschaft anzulegen. A verstößt in rechtswidriger Absicht gegen die Weisungen, und verwendet das Geld in seinem eigenen Geschäft. A hat Untreue begangen.

(d) Wenn jedoch A in dem letzten Beispiel nicht in rechtswidriger Absicht, sondern in dem guten Glauben, daß es für Z vorteilhafter sei, Aktien der Bank von Bengalen zu haben, entgegen Z's Anweisung Aktien der Bank von Bengalen anstatt der von Z bezeichneten Papiere kauft, so hat A in Ermangelung der rechtswidrigen Absicht keine Untreue begangen, mag auch Z einen Schaden erleiden und zu einer bürgerlichrechtlichen Klage gegen A berechtigt sein.

(e) Dem A, einem Steuerbeamten, sind öffentliche Gelder anvertraut, und er ist gesetzlich verpflichtet oder durch einen ausdrücklich oder stillschweigend mit der Regierung geschlossenen Vertrag gehalten, die in seinem Besitz befindlichen öffentlichen Gelder in eine bestimmte Kasse einzuzahlen. A eignet sich das Geld in rechtswidriger Absicht an. Er hat Untreue begangen.

(f) Dem A, einem Spediteur, ist Eigentum von Z anvertraut mit dem Auftrag, es zu Lande oder zu Wasser zu transportieren. A eignet sich das Eigentum rechtswidrig an. Er hat Untreue begangen.

Sec. 406. **Strafe der Untreue.**

Wer Untreue begeht, wird mit Gefängnis bis zu 3 Jahren oder mit Geldstrafe oder mit beidem bestraft.

Sec. 407. **Untreue von Spediteuren usw.**

Ein Spediteur, Hafenlagerhalter oder Lagerhalter, dem Eigentum anvertraut ist, und der dieses Eigentum veruntreut, wird mit Gefängnis bis zu 7 Jahren und mit Geldstrafe bestraft.

Sec. 408. **Untreue eines Angestellten oder Bedienten.**

Wer als Angestellter oder Bedienter oder als jemand, der als Angestellter oder Bedienter beschäftigt wird, Untreue an Eigentum begeht, das ihm oder dessen Herrschaft ihm, gleichviel auf welche Art, in dieser Eigenschaft anvertraut ist, wird mit Gefängnis bis zu 7 Jahren und mit Geldstrafe bestraft.

Sec. 409. **Untreue eines Amtsträgers, Bankiers, Kaufmanns oder Agenten.**

Jemand, dem, gleichviel in welcher Art, in seiner Eigenschaft als Amtsträger oder in seiner Geschäftstätigkeit als Bankier, Kaufmann, Vertreter, Makler, Bevollmächtigter oder Agent Eigentum oder die Herrschaft über Eigentum anvertraut ist, und der Untreue an diesem Eigentum begeht, wird mit lebenslänglicher Deportation oder mit Gefängnis bis zu 10 Jahren bestraft. Außerdem ist Geldstrafe verwirkt.

1) Das sind 100 000 Rupien.

Ansichbringen von Diebesgut.

Sec. 410. Diebesgut.

Eigentum, dessen Besitz durch Diebstahl, Erpressung oder Raub übergegangen ist, und Eigentum, das Gegenstand einer strafbaren Aneignung oder einer Untreue geworden ist, wird als „Diebesgut" bezeichnet. Dabei macht es nichts aus, ob der Übergang des Besitzes, die Unterschlagung oder die Untreue innerhalb oder außerhalb *Indiens* [der Provinzen und der Bundeshauptstadt] stattgefunden hat. Wenn das Eigentum aber später in den Besitz einer Person gelangt, die nach dem Gesetz zu dem Besitz berechtigt ist, so hört es auf, Diebesgut zu sein.

Sec. 411. Rechtswidriges Ansichbringen von Diebesgut.

Wer in rechtswidriger Absicht Diebesgut an sich bringt oder behält, obwohl er weiß oder wissen muß, daß es sich um Diebesgut handelt, wird mit Gefängnis bis zu 3 Jahren oder mit Geldstrafe oder mit beidem bestraft.

Sec. 412. Rechtswidriges Ansichbringen von Gut, das Gegenstand eines Bandenraubes geworden ist.

Wer in rechtswidriger Absicht Diebesgut an sich bringt oder behält, obwohl er weiß oder wissen muß, daß der Besitz des Gutes durch Bandenraub erlangt ist, oder wer in rechtswidriger Absicht Eigentum, das, wie er weiß oder wissen muß, Diebesgut ist, von jemand annimmt, der, wie er weiß oder wissen muß, einer Räuberbande angehört oder angehört hat, wird mit lebenslänglicher Deportation oder mit Gefängnis bis zu 10 Jahren bestraft. Außerdem ist Geldstrafe verwirkt.

Sec. 413. Gewohnheitsmäßiger Handel mit Diebesgut.

Wer gewohnheitsmäßig Eigentum an sich bringt oder damit handelt, das, wie er weiß oder wissen muß, Diebesgut ist, wird mit lebenslänglicher Deportation oder mit Gefängnis bis zu 10 Jahren bestraft. Außerdem ist Geldstrafe verwirkt.

Sec. 414. Hilfeleistung beim Verbergen von Diebesgut.

Wer vorsätzlich bei dem Verbergen, Veräußern oder Fortschaffen von Eigentum hilft, das, wie er weiß oder wissen muß, Diebesgut ist, wird mit Gefängnis bis zu 3 Jahren oder mit Geldstrafe oder mit beidem bestraft.

Betrug.

Sec. 415. Betrug.

Wer jemand täuscht und dadurch den Getäuschten arglistig oder in rechtswidriger Absicht dazu veranlaßt, einem anderen Eigentum zu übertragen oder darin einzuwilligen, daß ein anderer Eigentum behält, oder wer den Getäuschten absichtlich dazu veranlaßt, etwas zu tun oder zu unterlassen, was er ohne die Täuschung nicht tun oder unterlassen würde, so daß dieser einen Schaden oder Nachteil an Leib, Seele, Ruf oder Eigentum erleidet oder wahrscheinlich erleiden wird, begeht „Betrug".

Erläuterung: Ein Verbergen von Tatsachen in rechtswidriger Absicht ist eine Täuschung im Sinne dieser Bestimmung.

Beispiele:

(a) A täuscht vor, er sei im Civil Service angestellt, täuscht dadurch absichtlich Z und veranlaßt diesen in rechtswidriger Absicht, ihm Waren auf Kredit zu überlassen, die er nicht zu bezahlen gedenkt. A betrügt.

(b) A versieht einen Artikel mit einem gefälschten Warenzeichen, versetzt durch diese Täuschung absichtlich Z in den Glauben, daß der Artikel von einer wohlbekannten Firma hergestellt sei, und verleitet Z in rechtswidriger Absicht dazu, den Artikel zu kaufen und dafür zu bezahlen. A betrügt.

(c) A legt Z eine falsche Warenprobe vor, versetzt Z durch diese Täuschung absichtlich in den Glauben, daß die Ware der Probe entspreche, und verleitet so Z in rechtswidriger Absicht dazu, die Ware zu kaufen und dafür zu bezahlen. A betrügt.

(d) A zieht zur Bezahlung einer Ware einen Wechsel auf eine Bank, bei der A kein Geld liegen hat, und von der A annimmt, daß sie den Wechsel nicht einlösen werde. Dadurch täuscht er absichtlich den Z und veranlaßt ihn in rechtswidriger Absicht dazu, die Ware zu liefern. A gedenkt nicht zu bezahlen. A betrügt.

(e) A verpfändet Gegenstände als Diamanten, die, wie er weiß, keine sind, täuscht dadurch absichtlich Z und verleitet diesen in rechtswidriger Absicht dazu, ihm Geld zu leihen. A betrügt.

(f) A versetzt Z absichtlich in den Glauben, daß er ein von Z zu gewährendes Darlehen zurückzuzahlen gedenke, ohne diese Absicht zu haben. Dadurch veranlaßt er Z in rechtswidriger Absicht dazu, ihm Geld zu leihen. A betrügt.

(g) A versetzt absichtlich Z in den falschen Glauben, daß er beabsichtige, Z eine bestimmte Menge von Indigo zu liefern, die er nicht zu liefern beabsichtigt. Auf diese Weise veranlaßt er Z in rechtswidriger Absicht dazu, im Vertrauen auf die Lieferung Geld vorzuschießen. A betrügt. Wenn jedoch A bei Empfangnahme des Geldes beabsichtigte zu liefern und den Vertrag erst später bricht, indem er nicht liefert, so betrügt er nicht, sondern setzt sich nur einer bürgerlich-rechtlichen Klage wegen Vertragsbruchs aus.

(h) A versetzt absichtlich Z in den falschen Glauben, er, A, habe seinerseits einen mit Z geschlossenen Vertrag erfüllt und veranlaßt dadurch Z in rechtswidriger Absicht dazu zu bezahlen. A betrügt.

(i) A verkauft ein Grundstück an B und läßt es auf. In dem Bewußtsein, daß er nach Verkauf des Grundstücks kein Recht mehr dazu hat, verkauft oder belastet A dasselbe Grundstück durch einen Vertrag mit Z unter Verschweigung des vorhergehenden Verkaufs und der Auflassung an B und läßt sich von Z den Kaufpreis oder den Betrag der Hypothek auszahlen. A betrügt.

Sec. 416. **Betrug durch Personenunterschiebung.**

Jemand „betrügt durch Personenunterschiebung", wenn er den Betrug dadurch begeht, daß er sich für eine andere Person ausgibt, oder wissentlich eine Person an Stelle einer anderen unterschiebt, oder es so darstellt, als sei er oder jemand anders eine andere Person als die, die er oder der andere in Wirklichkeit ist.

Erläuterung: Es macht keinen Unterschied aus, ob die unterschobene Person eine wirkliche oder erdachte Person ist.

Beispiele:

(a) A betrügt, indem er sich für einen reichen Bankier gleichen Namens ausgibt. A betrügt durch Personenunterschiebung.

(b) A betrügt, indem er sich für B, einen Verstorbenen, ausgibt. A betrügt durch Personenunterschiebung.

Sec. 417. **Strafe des Betruges.**

Wer betrügt, wird mit Gefängnis bis zu einem Jahr oder mit Geldstrafe oder mit beidem bestraft.

Sec. 418. **Betrug mit dem Bewußtsein der rechtswidrigen Schädigung eines anderen, dessen Interesse der Täter wahrzunehmen hat.**

Wer betrügt mit dem Bewußtsein, daß er dadurch wahrscheinlich jemand schädigen werde, dessen Interesse an dem durch den Betrug betroffenen Geschäft er nach Gesetz oder Vertrag wahrzunehmen verpflichtet war, wird mit Gefängnis bis zu 3 Jahren oder mit Geldstrafe oder mit beidem bestraft.

Sec. 419. **Strafe des Betruges durch Personenunterschiebung.**

Wer durch Personenunterschiebung betrügt, wird mit Gefängnis bis zu 3 Jahren oder mit Geldstrafe oder mit beidem bestraft.

Sec. 420. **Betrug und rechtswidrige Verleitung zur Übergabe von Eigentum.**

Wer betrügt und dadurch den Getäuschten in rechtswidriger Absicht dazu verleitet, jemand Eigentum zu übergeben oder ein Wertpapier oder einen unterzeichneten oder gesiegelten Gegenstand, der sich in ein Wertpapier umwandeln läßt, ganz oder teilweise herzustellen, zu verändern oder zu vernichten, wird mit Gefängnis bis zu 7 Jahren und mit Geldstrafe bestraft.

Betrügerische Geschäfte und Vermögensverfügungen.

Sec. 421. **Rechtswidriges oder betrügerisches Beiseiteschaffen oder Verbergen von Eigentum zum Nachteil der Gläubiger.**

Wer in rechtswidriger oder betrügerischer Absicht Eigentum beiseiteschafft, verbirgt oder einem anderen ohne angemessene Gegenleistung übergibt, überträgt oder übertragen läßt in der Absicht, dadurch die dem Gesetz entsprechende Verteilung dieses Eigentums unter seinen Gläubigern oder den Gläubigern eines anderen zu verhindern oder mit dem Bewußtsein, daß dies wahrscheinlich die Folge sein werde, wird mit Gefängnis bis zu 2 Jahren oder mit Geldstrafe oder mit beidem bestraft.

Sec. 422. **Rechtswidriges oder betrügerisches Vereiteln der Befriedigung von Gläubigern aus einer Schuld.**

Wer in rechtswidriger oder betrügerischer Absicht verhindert, daß ein Anspruch oder eine Forderung, die ihm oder einem anderen zusteht, dem Gesetz entsprechend für die Bezahlung seiner Schulden oder der Schulden des anderen nutzbar gemacht werde, wird mit Gefängnis bis zu 2 Jahren oder mit Geldstrafe oder mit beidem bestraft.

Straftaten gegen das Eigentum

Sec. 423. **Rechtswidrige und betrügerische Ausfertigung einer Urkunde, die eine falsche Angabe über das Entgelt enthält.**

Wer in rechtswidriger oder betrügerischer Absicht eine Urkunde unterzeichnet, ausfertigt oder als Partei in einer Urkunde erscheint, die vorgibt, Eigentum oder ein Recht daran zu übertragen oder zu belasten, und die eine falsche Angabe über die Gegenleistung für die Übertragung oder Belastung oder über die Person oder die Personen enthält, zu deren Vorteil oder Nutzen sie in Wirklichkeit bestimmt ist, wird mit Gefängnis bis zu 2 Jahren oder mit Geldstrafe oder mit beidem bestraft.

Sec. 424. **Rechtswidriges oder betrügerisches Beiseiteschaffen oder Verbergen von Eigentum.**

Wer in rechtswidriger oder betrügerischer Absicht eigenes oder fremdes Eigentum verbirgt oder beiseiteschafft oder in rechtswidriger oder betrügerischer Absicht bei dessen Verbergen oder Beiseiteschaffen hilft oder in rechtswidriger Absicht eine ihm zustehende Forderung oder einen ihm zustehenden Anspruch aufgibt, wird mit Gefängnis bis zu 2 Jahren oder mit Geldstrafe oder mit beidem bestraft.

Sachbeschädigung.

Sec. 425. **Sachbeschädigung.**

Wer in der Absicht, der Allgemeinheit oder einem anderen rechtswidrig einen Verlust oder Schaden zuzufügen oder mit dem Bewußtsein, daß dies wahrscheinlich die Folge sein werde, Eigentum vernichtet oder das Eigentum oder dessen Lage derart verändert, daß die Veränderung seinen Wert oder Nutzen aufhebt, vermindert oder nachteilig beeinflußt, begeht eine „Sachbeschädigung".

Erläuterung 1: Es ist für die Sachbeschädigung nicht erforderlich, daß der Täter beabsichtigt, dem Eigentümer der beschädigten oder vernichteten Sache einen Verlust oder Schaden zuzufügen. Es genügt, daß er beabsichtigt, durch Beschädigung des Eigentums irgendjemand rechtswidrig einen Verlust oder Schaden zuzufügen, gleichviel, ob die Sache ihm gehört oder nicht, oder daß er sich der Wahrscheinlichkeit dieses Erfolges bewußt ist.

Erläuterung 2: Sachbeschädigung kann durch eine Handlung begangen werden, die Eigentum des Täters selbst oder dem Täter und anderen gemeinsam gehörendes Eigentum in Mitleiderschaft zieht.

Beispiele:

(a) A verbrennt vorsätzlich ein Z gehöriges Wertpapier in der Absicht, Z rechtswidrig einen Verlust zuzufügen. A hat eine Sachbeschädigung begangen.

(b) A läßt Wasser in ein Z gehöriges Kühlhaus laufen und bringt so das Eis zum Schmelzen in der Absicht, Z rechtswidrig einen Verlust zuzufügen. A hat eine Sachbeschädigung begangen.

(c) A wirft vorsätzlich einen Z gehörigen Ring in einen Fluß in der Absicht, dadurch Z rechtswidrig einen Verlust zuzufügen. A hat eine Sachbeschädigung begangen.

(d) A, in dem Bewußtsein, daß demnächst eine Zwangsvollstreckung zum Zwecke der Befriedigung einer Forderung des Z in seine Habe erfolgen wird, vernichtet diese in der Absicht, Z auf diese Weise um die Befriedigung seines Anspruchs zu bringen und damit Z einen Schaden zuzufügen. A hat eine Sachbeschädigung begangen.

(e) A, der ein Schiff versichert hat, führt vorsätzlich einen Schiffbruch herbei in der Absicht, den Versicherern einen Schaden zuzufügen. A hat eine Sachbeschädigung begangen.

(f) A führt einen Schiffbruch herbei in der Absicht, Z einen Schaden zuzufügen, dem das Schiff für ein Darlehen unter Ausstellen eines Bodmereibriefes verpfändet worden ist. A hat eine Sachbeschädigung begangen.

(g) A, der gemeinsam mit Z Miteigentümer eines Pferdes ist, erschießt das Pferd in der Absicht, Z rechtswidrig einen Verlust zuzufügen. A hat eine Sachbeschädigung begangen.

(h) A treibt Vieh auf ein Z gehöriges Feld in der Absicht und mit dem Bewußtsein, damit Z's Ernte zu schädigen. A hat eine Sachbeschädigung begangen.

Sec. 426. **Strafe der Sachbeschädigung.**

Wer eine Sachbeschädigung begeht, wird mit Gefängnis bis zu 3 Monaten oder mit Geldstrafe oder mit beidem bestraft.

Sec. 427. **Verursachung eines Schadens im Betrage von mindestens 50 Rupien.**

Wer eine Sachbeschädigung begeht und dadurch einen Verlust oder Schaden von mindestens 50 Rupien verursacht, wird mit Gefängnis bis zu 2 Jahren oder mit Geldstrafe oder mit beidem bestraft.

Sec. 428. **Sachbeschädigung durch Tötung oder Verstümmelung eines Tieres im Werte von mindestens 10 Rupien.**

Wer eine Sachbeschädigung begeht, indem er ein Tier oder Tiere im Werte von mindestens 10 Rupien tötet, vergiftet, verstümmelt oder entwertet, wird mit Gefängnis bis zu 2 Jahren oder mit Geldstrafe oder mit beidem bestraft.

Sec. 429. **Sachbeschädigung durch Tötung oder Verstümmelung von Vieh oder von Tieren im Werte von mindestens 50 Rupien.**

Wer eine Sachbeschädigung begeht, indem er einen Elefanten, ein Kamel, ein Pferd, ein Maultier, einen Büffel, einen Bullen, eine Kuh oder einen Ochsen, welches immer der Wert dieser Tiere sein mag, oder ein anderes Tier im Werte von mindestens 50 Rupien tötet, vergiftet, verstümmelt oder entwertet, wird mit Gefängnis bis zu 5 Jahren oder mit Geldstrafe oder mit beidem bestraft.

Sec. 430. **Sachbeschädigung durch Beschädigung von Bewässerungsanlagen oder Ableitung von Wasser.**

Wer eine Sachbeschädigung durch eine Handlung begeht, die die Wasserzufuhr zu landwirtschaftlichen Zwecken, für die Ernährung von Menschen oder Menschen gehörenden Tieren, zu Reinigungszwecken oder für das Betreiben eines Gewerbebetriebes beeinträchtigt oder, wie der Täter weiß, wahrscheinlich beeinträchtigen wird, wird mit Gefängnis bis zu 5 Jahren oder mit Geldstrafe oder mit beidem bestraft.

Sec. 431. Sachbeschädigung an einem öffentlichen Wege, einer Brücke, einem Fluß oder Kanal.

Wer eine Sachbeschädigung durch eine Handlung begeht, die einen öffentlichen Weg, eine Brücke, einen schiffbaren Fluß oder einen — sei es natürlichen, sei es künstlichen — schiffbaren Kanal unbenutzbar oder weniger sicher für den Personen- oder Güterverkehr macht, oder, wie er weiß, diese Folge wahrscheinlich nach sich ziehen wird, wird mit Gefängnis bis zu 5 Jahren oder mit Geldstrafe oder mit beidem bestraft.

Sec. 432. Sachbeschädigung durch Herbeiführung einer Überschwemmung oder durch Beschädigung der öffentlichen Kanalisation.

Wer eine Sachbeschädigung durch eine Handlung begeht, die eine Überschwemmung oder eine mit einer Beschädigung verbundene Störung der öffentlichen Kanalisation herbeiführt, oder, wie er weiß, wahrscheinlich herbeiführen wird, wird mit Gefängnis bis zu 5 Jahren oder mit Geldstrafe oder mit beidem bestraft.

Sec. 433. Sachbeschädigung durch Zerstörung, Entfernung oder Beschädigung eines Leuchtturms oder Seezeichens.

Wer eine Sachbeschädigung begeht, indem er einen Leuchtturm, eine sonstige als Seezeichen benutzte Lichtanlage oder ein anderes Seezeichen, eine Boje oder einen anderen zur Orientierung der Seefahrer dienenden Gegenstand zerstört oder entfernt oder sonst eine Handlung begeht, die den Nutzen eines solchen Leuchtturms oder Seezeichens, einer Boje oder eines anderen der vorgenannten Gegenstände als eines Hilfsmittels für Seefahrer verringert, wird mit Gefängnis bis zu 7 Jahren oder mit Geldstrafe oder mit beidem bestraft.

Sec. 434. Sachbeschädigung durch Zerstörung, Entfernung usw. eines von einer Behörde aufgestellten Landzeichens.

Wer eine Sachbeschädigung begeht, indem er ein auf Anordnung eines Amtsträgers aufgestelltes Landzeichen zerstört oder entfernt oder sonst eine Handlung begeht, die den Nutzen eines solchen Landzeichens als eines Landzeichens verringert, wird mit Gefängnis bis zu einem Jahr, mit Geldstrafe oder mit beidem bestraft.

Sec. 435. Sachbeschädigung durch Brandstiftung oder Verwendung von Sprengstoff in der Absicht, einen Schaden im Betrage von mindestens 100 bzw. 10 Rupien herbeizuführen.

Wer eine Sachbeschädigung durch eine Brandstiftung oder die Verwendung von Sprengstoff begeht in der Absicht, einen Eigentumsschaden in Höhe von mindestens 100 Rupien oder, wenn es sich um landwirtschaftliche Erzeugnisse handelt, von mindestens 10 Rupien zu verursachen oder mit dem Bewußtsein, daß dies wahrscheinlich die Folge sein werde, wird mit Gefängnis bis zu 7 Jahren und mit Geldstrafe bestraft.

Sec. 436. Sachbeschädigung durch Brandstiftung oder Verwendung von Sprengstoff in der Absicht der Zerstörung eines Hauses usw.

Wer eine Sachbeschädigung durch eine Brandstiftung oder die Verwendung von Sprengstoff begeht in der Absicht, ein Haus zu zerstören, das gewöhnlich als Kultstätte oder als menschliche Wohnung oder zur Aufbewahrung von Eigentum dient, oder mit dem Bewußtsein, daß dies wahrscheinlich die Folge sein werde, wird mit lebenslänglicher Deportation oder mit Gefängnis bis zu 10 Jahren bestraft. Außerdem ist Geldstrafe verwirkt.

Sec. 437. Sachbeschädigung in der Absicht, ein Schiff zu vernichten oder zu gefährden, das mit einem Deck versehen ist, oder eine Wasserverdrängung von mindestens 20 Tonnen hat.

Wer eine Sachbeschädigung an einem Schiff begeht, das mit einem Deck versehen ist, oder eine Wasserverdrängung von mindestens 20 Tonnen hat, in der Absicht, das Schiff zu zerstören oder seine Sicherheit zu beeinträchtigen oder mit dem Bewußtsein, daß dies wahrscheinlich die Folge sein werde, wird mit Gefängnis bis zu 10 Jahren und mit Geldstrafe bestraft.

Sec. 438. Strafe der Sachbeschädigung nach Sec. 437 durch Brandstiftung oder Verwendung von Sprengstoff.

Wer eine in der vorgenannten Sec. bezeichnete Sachbeschädigung durch eine Brandstiftung oder die Verwendung von Sprengstoff begeht oder zu begehen versucht, wird mit lebenslänglicher Deportation oder mit Gefängnis bis zu 10 Jahren bestraft. Außerdem ist Geldstrafe verwirkt.

Sec. 439. Strafe desjenigen, der ein Schiff absichtlich in den Grund bohrt oder auf den Strand setzt in der Absicht, Diebstähle zu begehen usw.

Wer absichtlich ein Schiff in den Grund bohrt oder auf den Strand setzt in der Absicht, auf dem Schiff befindliches Eigentum zu stehlen oder sich rechtswidrig anzueignen, oder in der Absicht, daß der Diebstahl oder die Aneignung von anderen begangen werde, wird mit Gefängnis bis zu 10 Jahren und mit Geldstrafe bestraft.

Sec. 440. Sachbeschädigung unter Vorbereitungen für die Tötung oder Verletzung eines anderen.

Wer eine Sachbeschädigung begeht, nachdem er Vorbereitungen für die Tötung, Verletzung oder Nötigung oder für die Versetzung eines anderen in Furcht vor dem Tode, vor Verletzung oder Nötigung getroffen hat, wird mit Gefängnis bis zu 5 Jahren und mit Geldstrafe bestraft.

Strafbare Besitzstörung.

Sec. 441. Strafbare Besitzstörung.

Wer in das Besitztum eines anderen eindringt oder es betritt in der Absicht, eine Straftat zu begehen oder eine im Besitz befindliche Person einzuschüchtern, zu beleidigen oder zu belästigen,

oder wer ein solches Besitztum zwar rechtmäßig betreten hat, aber rechtswidrig darin oder darauf verbleibt in der Absicht, dadurch eine im Besitz befindliche Person einzuschüchtern, zu beleidigen oder zu belästigen oder eine Straftat zu begehen.

begeht eine „strafbare Besitzstörung".

Sec. 442. **Störung des Hausfriedens.**

Wer eine Besitzstörung begeht, indem er in ein Gebäude, Zelt oder Schiff eindringt, das als Wohnung für Menschen, oder in ein Gebäude, das als Kultstätte oder zur Aufbewahrung von Eigentum dient, oder darin verbleibt, begeht eine „Störung des Hausfriedens".

Erläuterung: Zur Störung des Hausfriedens genügt es, wenn der Täter mit irgendeinem Teil seines Körpers eindringt.

Sec. 443. **Heimtückische Störung des Hausfriedens.**

Wer eine Störung des Hausfriedens begeht unter Vorkehrungen, die die Störung vor einer zur Ausschließung oder Ausweisung des Störers aus dem Gebäude, Zelt oder Schiff befugten Person verbergen soll, ist der „heimtückischen Störung des Hausfriedens" schuldig.

Sec. 444. **Heimtückische Störung des Hausfriedens bei Nacht.**

Wer eine heimtückische Störung des Hausfriedens zwischen Sonnenuntergang und Sonnenaufgang begeht, begeht eine „heimtückische Störung des Hausfriedens bei Nacht".

Sec. 445. **Hausfriedensbruch.**

Einen „Hausfriedensbruch" begeht, wer den Hausfrieden stört und sich Zugang zu dem Hause oder einem Teil des Hauses auf eine der im folgenden bezeichneten sechs Arten verschafft; oder wer sich in dem Hause oder einem Teil des Hauses zwecks Begehung einer Straftat aufhält oder nach Begehung einer Straftat darin das Haus auf eine der im folgenden bezeichneten sechs Arten verläßt, nämlich:

1. Wenn er in das Haus eindringt oder es verläßt auf einem Wege, den er entweder selbst oder den ein Teilnehmer an der Störung des Hausfriedens hergestellt hat, um diese begehen zu können;
2. wenn er in das Haus eindringt oder es verläßt auf einem Wege, der nur von ihm selbst oder einem Teilnehmer der Tat zum Betreten durch Menschen bestimmt ist, oder auf einem Wege, zu dem er sich den Zugang durch Besteigen oder Erklimmen einer Mauer oder eines Gebäudes verschafft hat;
3. wenn er in das Haus eindringt oder es verläßt auf einem Wege, den er selbst oder ein Teilnehmer zum Zwecke der Störung des Hausfriedens mit Hilfe eines Mittels geöffnet hat, das der Besitzer des Hauses nicht zur Öffnung des Weges bestimmt hatte;
4. wenn er in das Haus eindringt oder es verläßt, indem er ein Schloß öffnet, um die Störung des Hausfriedens begehen oder das Haus nach Störung des Hausfriedens verlassen zu können;
5. wenn er sich den Ein- oder Ausgang durch Anwendung verbrecherischer Gewalt, durch einen Angriff oder durch Bedrohung eines anderen mit einem Angriff erzwingt;

6. wenn er in das Haus eindringt oder es verläßt auf einem Wege, der, wie er weiß, zwecks Verhinderung des Eindringens oder Verlassens gesperrt worden ist, und den er selbst oder ein Teilnehmer der Tat freigemacht hat.

Erläuterung: Ein Bauwerk außerhalb des Hauses oder ein solches, auf dem das Haus steht, ist ein Teil des Hauses im Sinne dieser Bestimmung, wenn das Bauwerk und das Haus von innen in unmittelbarer Verbindung miteinander stehen.

Beispiele:

(a) A begeht eine Störung des Hausfriedens, indem er ein Loch durch die Wand von Z's Haus bohrt und seine Hand durch die Öffnung steckt. Das ist Hausfriedensbruch.

(b) A begeht eine Störung des Hausfriedens, indem er sich durch eine Luke zwischen den Decks in ein Schiff einschleicht. Das ist Hausfriedensbruch.

(c) A begeht eine Störung des Hausfriedens, indem er in Z's Haus durch ein Fenster einsteigt. Das ist Hausfriedensbruch.

(d) A begeht eine Störung des Hausfriedens, indem er Z's Haus durch die Tür betritt, nachdem er eine andere versperrte Tür geöffnet hat. Das ist Hausfriedensbruch.

(e) A begeht eine Störung des Hausfriedens, indem er Z's Haus durch die Tür betritt, nachdem er mit Hilfe eines durch ein Loch in der Tür geführten Drahts die Klinke emporgehoben hat. Das ist Hausfriedensbruch.

(f) A findet den Schlüssel zu Z's Haustür, den Z verloren hatte und begeht eine Störung des Hausfriedens, indem er Z's Haus betritt, nachdem er die Tür mit dem Schlüssel geöffnet hatte. Das ist Hausfriedensbruch.

(g) Z steht in dem Eingang seines Hauses. A erzwingt sich den Durchgang, indem er Z niederschlägt und begeht eine Störung des Hausfriedens, indem er das Haus betritt. Das ist Hausfriedensbruch.

(h) Z, der Torwächter des Y, steht in Y's Hauseingang. A begeht eine Störung des Hausfriedens, indem er das Haus betritt, nachdem er Z durch die Drohung, ihn zu schlagen, von der Widerstandsleistung abgeschreckt hat. Das ist Hausfriedensbruch.

Sec. 446. **Hausfriedensbruch bei Nacht.**

Wer einen Hausfriedensbruch zwischen Sonnenuntergang und Sonnenaufgang begeht, begeht einen „Hausfriedensbruch bei Nacht".

Sec. 447. **Strafe der Besitzstörung.**

Wer eine Besitzstörung begeht, wird mit Gefängnis bis zu 3 Monaten, mit Geldstrafe bis zu 500 Rupien oder mit beidem bestraft.

Sec. 448. **Strafe der Störung des Hausfriedens.**

Wer eine Störung des Hausfriedens begeht, wird mit Gefängnis bis zu einem Jahr oder mit Geldstrafe bis zu 1000 Rupien oder mit beidem bestraft.

Sec. 449. Störung des Hausfriedens zwecks Begehung einer Straftat, die mit dem Tode bestraft wird.

Wer eine Störung des Hausfriedens zum Zwecke einer Straftat begeht, die mit dem Tode bestraft wird, wird mit lebenslänglicher Deportation oder mit strengem Gefängnis bis zu 10 Jahren bestraft. Außerdem ist Geldstrafe verwirkt.

Sec. 450. Störung des Hausfriedens zum Zwecke der Begehung einer Straftat, die mit lebenslänglicher Deportation bestraft wird.

Wer eine Störung des Hausfriedens zum Zwecke einer Straftat begeht, die mit lebenslänglicher Deportation bestraft wird, wird mit Gefängnis bis zu 10 Jahren und mit Geldstrafe bestraft.

Sec. 451. Störung des Hausfriedens zum Zwecke der Begehung einer Straftat, die mit Gefängnis bestraft wird.

Wer eine Störung des Hausfriedens zum Zwecke einer Straftat begeht, die mit Gefängnis bestraft wird, wird mit Gefängnis bis zu 2 Jahren und mit Geldstrafe bestraft. Wenn die beabsichtigte Straftat Diebstahl ist, so darf die Gefängnisstrafe bis zu 7 Jahren erhöht werden.

Sec. 452. Störung des Hausfriedens unter Vorbereitungen für die Begehung einer Körperverletzung, eines Angriffs oder einer Nötigung.

Wer eine Störung des Hausfriedens begeht, nachdem er Vorbereitungen für die Begehung einer Körperverletzung, einen Angriff oder eine Nötigung oder für die Versetzung eines anderen in Furcht vor einer Körperverletzung, einem Angriff oder einer Nötigung getroffen hat, wird mit Gefängnis bis zu 7 Jahren und mit Geldstrafe bestraft.

Sec. 453. Strafe der heimtückischen Störung des Hausfriedens und des Hausfriedensbruchs.

Wer eine heimtückische Störung des Hausfriedens oder einen Hausfriedensbruch begeht, wird mit Gefängnis bis zu 2 Jahren und mit Geldstrafe bestraft.

Sec. 454. Heimtückische Störung des Hausfriedens oder Hausfriedensbruch zum Zwecke der Begehung einer Straftat, die mit Gefängnis bestraft wird.

Wer eine heimtückische Störung des Hausfriedens oder einen Hausfriedensbruch zum Zwecke einer Straftat begeht, die mit Gefängnis bestraft wird, wird mit Gefängnis bis zu 3 Jahren und mit Geldstrafe bestraft. Wenn die beabsichtigte Straftat Diebstahl ist, so darf die Gefängnisstrafe bis zu 10 Jahren erhöht werden.

Sec. 455. Heimtückische Störung des Hausfriedens oder Hausfriedensbruchs unter Vorbereitungen für die Begehung einer Körperverletzung, eines Angriffs oder einer Nötigung.

Wer eine heimtückische Störung des Hausfriedens oder einen Hausfriedensbruch begeht, nachdem er Vorbereitungen für die Begehung einer Körperverletzung, einen Angriff oder eine Nötigung oder für die Versetzung eines anderen in Furcht vor einer Körperverletzung, einem Angriff oder einer Nötigung getroffen hat, wird mit Gefängnis bis zu 10 Jahren und mit Geldstrafe bestraft.

Sec. 456. Strafe der heimtückischen Störung des Hausfriedens und des Hausfriedensbruchs bei Nacht.

Wer eine heimtückische Störung des Hausfriedens oder einen Hausfriedensbruch bei Nacht begeht, wird mit Gefängnis bis zu 3 Jahren und mit Geldstrafe bestraft.

Sec. 457. Heimtückische Störung des Hausfriedens oder Hausfriedensbruch bei Nacht zwecks Begehung einer Straftat, die mit Gefängnis bestraft wird.

Wer eine heimtückische Störung des Hausfriedens oder einen Hausfriedensbruch bei Nacht zum Zwecke einer Straftat begeht, die mit Gefängnis bestraft wird, wird mit Gefängnis bis zu 5 Jahren und mit Geldstrafe bestraft. Wenn die beabsichtigte Straftat Diebstahl ist, so darf die Gefängnisstrafe bis zu 14 Jahren erhöht werden.

Sec. 458. Heimtückische Störung des Hausfriedens oder Hausfriedensbruch bei Nacht unter Vorbereitungen für die Begehung einer Körperverletzung, eines Angriffs oder einer Nötigung.

Wer eine heimtückische Störung des Hausfriedens oder einen Hausfriedensbruch bei Nacht begeht, nachdem er Vorbereitungen für die Begehung einer Körperverletzung, einen Angriff oder eine Nötigung oder für die Versetzung eines anderen in Furcht vor einer Körperverletzung, einem Angriff oder einer Nötigung getroffen hat, wird mit Gefängnis bis zu 14 Jahren und mit Geldstrafe bestraft.

Sec. 459. Schwere Körperverletzung bei Begehung einer heimtückischen Störung des Hausfriedens oder eines Hausfriedensbruchs.

Wer bei Begehung einer heimtückischen Störung des Hausfriedens oder eines Hausfriedensbruchs eine schwere Körperverletzung begeht oder einen andern zu töten oder schwer zu verletzen versucht, wird mit lebenslänglicher Deportation oder mit Gefängnis bis zu 10 Jahren bestraft. Außerdem ist Geldstrafe verwirkt.

Sec. 460. Strafbarkeit aller bei einer heimtückischen Störung des Hausfriedens oder einem Hausfriedensbruch bei Nacht Beteiligten, wenn einer von ihnen ein Tötungsverbrechen oder eine schwere Körperverletzung begeht.

Wenn bei Begehung einer heimtückischen Störung des Hausfriedens oder eines Hausfriedensbruchs bei Nacht einer der Täter vorsätzlich jemand tötet oder schwer verletzt oder jemand zu töten oder schwer zu verletzen sucht, so wird jeder, der sich an der gemeinsamen Begehung der Tat beteiligt, mit lebenslänglicher Deportation oder mit Gefängnis bis zu 10 Jahren bestraft. Außerdem ist Geldstrafe verwirkt.

Sec. 461. Rechtswidriges Aufbrechen von Behältnissen, in denen Eigentum aufbewahrt wird.

Wer in rechtswidriger Absicht oder in der Absicht, eine Sachbeschädigung begehen, ein geschlossenes Behältnis aufbricht oder lockert, in dem in Wirklichkeit oder nach Meinung des Täters Eigentum aufbewahrt wird, wird mit Gefängnis bis zu 2 Jahren oder mit Geldstrafe oder mit beidem bestraft.

Sec. 462. **Strafe der gleichen Tat, wenn sie von einer mit der Verwahrung betrauten Person begangen wird.**

Wenn jemand, dem ein geschlossenes Behältnis anvertraut worden ist, in dem in Wirklichkeit oder nach Meinung des Täters Eigentum aufbewahrt wird, das Behältnis, ohne zu der Öffnung ermächtigt zu sein, in rechtswidriger Absicht oder zum Zwecke einer Sachbeschädigung öffnet oder lockert, so wird er mit Gefängnis bis zu 3 Jahren oder mit Geldstrafe oder mit beidem bestraft.

Kapitel XVIII.

Straftaten in Bezug auf Urkunden und auf Waren- oder Eigentumszeichen.

Sec. 463. **Fälschung.**

Wer eine falsche Urkunde ganz oder teilweise herstellt in der Absicht, der Allgemeinheit oder einem anderen einen Schaden oder Nachteil zuzufügen oder einen Anspruch oder Titel zu stützen oder einen anderen zur Aufgabe von Eigentum oder zu dem ausdrücklichen oder stillschweigenden Abschluß eines Vertrages zu veranlassen oder in der Absicht, eine Täuschung zu begehen oder zu ermöglichen, begeht eine Fälschung.

Sec. 464. **Herstellung einer falschen Urkunde.**

Eine falsche Urkunde stellt her:

1. Wer in rechtswidriger oder in Täuschungsabsicht eine Urkunde ganz oder teilweise herstellt, unterzeichnet, siegelt oder ausfertigt, oder ein Zeichen herstellt, das die Ausfertigung einer Urkunde bekundet in der Absicht, den Glauben zu erwecken, es sei die Urkunde ganz oder teilweise von einer Person oder mit Genehmigung einer Person hergestellt, unterzeichnet, gesiegelt oder ausgefertigt, von der oder mit deren Genehmigung sie, wie der Täter weiß, nicht hergestellt, unterzeichnet, gesiegelt oder ausgefertigt war, oder in der Absicht, den Glauben zu erwecken. es sei dies zu einer Zeit geschehen, zu der, wie der Täter weiß, die Urkunde nicht hergestellt, unterzeichnet, gesiegelt oder ausgefertigt war;
2. wer ohne rechtliche Befugnis in rechtswidriger oder in Täuschungsabsicht eine Urkunde in einem wesentlichen Teile durch Streichung oder auf andere Weise verändert, nachdem sie von ihm oder einem anderen hergestellt oder ausgefertigt war, gleichviel, ob der Hersteller oder der Ausfertigende zur Zeit der Veränderung noch lebt oder tot ist;
3. wer in rechtswidriger oder in Täuschungsabsicht jemand dazu veranlaßt, eine Urkunde zu unterzeichnen, zu siegeln, auszufertigen oder zu verändern, obwohl er weiß, daß der Veranlaßte wegen seines Geisteszustandes oder seines Rauschzustandes außerstande ist, den Inhalt der Urkunde oder die Natur der Änderung zu erkennen, oder daß ihm diese Kentnis infolge einer ihm gegenüber begangenen Täuschung fehlt.

Beispiele:

(a) A besitzt einen von Z ausgestellten, auf B lautenden Kreditbrief über 10 000 Rupien. A, um B zu betrügen, fügt eine Null hinzu und verwandelt so den Betrag in 100 000 in der Absicht, in B den Glauben zu erwecken, so sei der Brief von Z ausgestellt worden. A hat eine Fälschung begangen.

(b) A setzt ohne Z's Ermächtigung das Siegel des Z auf eine Urkunde, derzufolge Z angeblich ein Grundstück auf A überträgt in der Absicht, das Grundstück an B zu verkaufen und sich den Kaufpreis von B bezahlen zu lassen. A hat eine Fälschung begangen.

(c) A hebt einen auf eine Bank lautenden, von B unterzeichneten Scheck auf, der an den Überbringer auszuzahlen ist, aber keine Angabe der zu zahlenden Summe enthält. A füllt den Scheck in Täuschungsabsicht aus, indem er einen Betrag von 10 000 Rupien einträgt. A begeht eine Fälschung.

(d) A überläßt B, seinem Vertreter, einen auf eine Bank lautenden, von A unterzeichneten Scheck ohne Angabe des Geldbetrages und ermächtigt B, den Scheck durch Angabe einer Summe bis zu 1000 Rupien auszufüllen, um auf diese Weise gewisse Zahlungen zu leisten. B füllt in Täuschungsabsicht den Scheck aus, indem er einen Betrag von 20 000 Rupien einträgt. B begeht eine Fälschung.

(e) A zieht einen Wechsel auf sich selbst im Namen des B, aber ohne B's Einwilligung in der Absicht, ihn als echten Wechsel bei einem Bankier zu diskontieren. Da hier A den Wechsel in der Absicht zieht, in dem Bankier den Glauben zu erwecken, daß B ihm hafte, und unter dem Einfluß dieser Täuschung den Wechsel zu diskontieren, so ist A der Fälschung schuldig.

(f) Das Testament des Z enthält die folgenden Worte: „Ich ordne an, daß mein gesamtes verbleibendes Vermögen zu gleichen Teilen zwischen A, B und C geteilt wird." A radiert in rechtswidriger Absicht B's Namen aus, um den Glauben zu erwecken, das gesamte Vermögen sei ihm und C hinterlassen. A hat eine Fälschung begangen.

(g) A indossiert eine Regierungsschuldverschreibung und macht sie zahlbar an Z oder dessen Order, indem er auf die Verschreibung die Worte „zahlbar an Z oder dessen Order" setzt und das Indossament unterzeichnet. B radiert in rechtswidriger Absicht die Worte „zahlbar an Z oder dessen Order" aus und verwandelt dadurch das auf Namen lautende Indossament in ein Blankodossament. B begeht eine Fälschung.

(h) A verkauft und übereignet ein Grundstück an Z. Späterhin, in der Absicht, Z um sein Grundstück zu betrügen, nimmt A eine Auflassung desselben Grundstücks an B vor, die auf einen Zeitpunkt sechs Monate vor der Auflassung an Z vordatiert ist, um den Glauben zu erwecken, er habe das Grundstück an B früher als an Z aufgelassen. A hat eine Fälschung begangen.

(i) Z diktiert A sein Testament. A bezeichnet absichtlich eine andere Person als Vermächtnisnehmer als diejenige, die Z benannt hat. Er behauptet Z gegenüber, er habe das Testament nach dessen Anordnung aufgesetzt und veranlaßt ihn, das Testament zu unterzeichnen. A hat eine Fälschung begangen.

(j) A schreibt einen Brief und unterzeichnet ihn mit B's Namen, ohne von diesem dazu ermächtigt zu sein. Darin wird bescheinigt, daß A ein Mann von einwandfreiem Charakter sei, der sich infolge unvorhergesehener Umstände in einer Notlage befinde. A beabsichtigt, mit Hilfe dieses Briefes Almosen von Z und anderen zu erlangen. Hier hat A eine Fälschung begangen, da er eine falsche Urkunde ausgestellt hat, um Z zur Hergabe von Eigentum zu veranlassen.

(k) A, ohne von B dazu ermächtigt zu sein, schreibt einen Brief und unterzeichnet ihn mit B's Namen, der ein Zeugnis über seinen Charakter enthält. A beabsichtigt mit diesem Brief, eine Anstellung bei Z zu erreichen. A hat eine Fälschung begangen, da er beabsichtigte, Z durch das gefälschte Zeugnis zu täuschen und ihn auf diese Weise zum Abschluß eines Dienstvertrages zu veranlassen.

Erläuterung 1: Es kann Fälschung sein, wenn jemand seinen eigenen Namen unterzeichnet.

Beispiele:

(a) A setzt seinen eigenen Namen unter einen Wechsel, um den Glauben zu erwecken, der Wechsel sei von einer anderen Person gleichen Namens ausgestellt. A hat eine Fälschung begangen.

(b) A schreibt das Wort „angenommen" auf ein Stück Papier und unterzeichnet es mit dem Namen des Z. Er tut dies, damit B späterhin auf das Papier einen von B auf Z gezogenen Wechsel schreiben und den Wechsel in Umlauf bringen möge, als ob er von Z angenommen worden wäre. A ist der Fälschung schuldig, und wenn B in Kenntnis der Tatsachen den Wechsel der Absicht des A entsprechend auf das Papier setzt, so ist auch B der Fälschung schuldig.

(c) A hebt einen Wechsel auf, der an die Order einer anderen Person gleichen Namens zahlbar ist. A indossiert den Wechsel im eigenen Namen, um den Glauben zu erwecken, er sei von der Person indossiert, an deren Order er zahlbar war. Hier hat A eine Fälschung begangen.

(d) A kauft ein Grundstück, das im Wege der Zwangsvollstreckung auf Grund eines gegen B lautenden Urteils verkauft wird. Nach Beschlagnahme des Grundstücks fertigt B im Zusammenwirken mit Z einen auf Z lautenden Pachtvertrag aus, in dem eine über einen langen Zeitraum laufende Pachtsumme angegeben ist, und datiert das Pachtverhältnis auf einen Zeitraum sechs Monate vor der Beschlagnahme vor. Er beabsichtigt damit, A zu täuschen und den Glauben zu erwecken, als sei das Pachtverhältnis vor der Beschlagnahme entstanden. Hier begeht B, obwohl er den Pachtvertrag im eigenen Namen ausfertigt, eine Fälschung, indem er ihn vordatiert.

(e) Ein Geschäftsmann A, der voraussieht, daß er seine Zahlungen wird einstellen müssen, überläßt B Wertpapiere zur Sicherheit im eigenen Interesse in der Absicht, seine Gläubiger zu täuschen. Um das Geschäft glaubwürdig zu machen, stellt er einen Schuldschein aus, indem er sich verpflichtet, B einen bestimmten Betrag für einen angeblich empfangenen Gegenwert zu bezahlen und datiert den Schuldschein vor, um den Glauben zu erwecken, es sei dies geschehen, ehe er zahlungsunfähig wurde. A hat eine Fälschung gemäß Ziffer 1 der Sec. 464 begangen.

Erläuterung 2: Es kann Fälschung sein, wenn jemand eine falsche Urkunde im Namen einer fingierten Person herstellt, um den Glauben zu erwecken, die Urkunde sei von einer wirklichen Person oder, wenn er eine Urkunde im Namen eines Verstorbenen herstellt, um den Glauben zu erwecken, sie sei zu Lebzeiten des Verstorbenen hergestellt worden.

Beispiel:

A zieht einen Wechsel auf eine fingierte Person und nimmt den Wechsel im Namen der fingierten Person in betrügerischer Absicht an, um ihn in Umlauf zu setzen. A begeht eine Fälschung.

Sec. 465. **Strafe der Fälschung.**

Wer eine Fälschung begeht, wird mit Gefängnis bis zu 2 Jahren oder mit Geldstrafe oder mit beidem bestraft.

Sec. 466. **Fälschung eines gerichtlichen Protokolls, eines öffentlichen Registers usw.**

Wer eine Urkunde fälscht, die den Anschein erweckt, als sei sie ein Protokoll oder eine Niederschrift über ein Verfahren eines Gerichts oder vor einem Gericht, ein Geburts-, Tauf-, Ehe-, oder Sterberegister, ein von einem Amtsträger in amtlicher Verwahrung gehaltenes Register oder ein Zeugnis oder eine Urkunde, das oder die von einem Amtsträger in amtlicher Eigenschaft ausgestellt ist, oder als enthalte sie eine Ermächtigung, ein Verfahren einzuleiten, jemand in einem Verfahren zu verteidigen oder sonst an einem Verfahren teilzunehmen oder ein Anerkenntnis in einem gerichtlichen Verfahren auszusprechen, oder als sei sie eine gerichtliche Vollmacht, wird mit Gefängnis bis zu 7 Jahren und mit Geldstrafe bestraft.

Sec. 467. **Fälschung eines Wertpapiers, Testaments usw.**

Wer eine Urkunde fälscht, die den Anschein erweckt, als sei sie ein Wertpapier oder ein Testament oder eine Ermächtigung, einen Sohn zu adoptieren, oder als ermächtige sie jemand, ein Wertpapier auszustellen oder zu übertragen oder das Kapital, die Zinsen oder die Dividende aus dem Wertpapier in Empfang zu nehmen oder Geld, bewegliches Eigentum oder Wertpapiere entgegenzunehmen oder auszuhändigen, oder als sei sie eine Quittung oder ein Anerkenntnis über eine Geldzahlung oder eine Quittung oder ein Anerkenntnis über den Empfang von beweglichem Eigentum oder eines Wertpapiers, wird mit lebenslänglicher Deportation oder mit Gefängnis bis zu 10 Jahren bestraft. Außerdem ist Geldstrafe verwirkt.

Sec. 468. **Fälschung zum Zwecke des Betruges.**

Wer eine Fälschung in der Absicht begeht, daß die gefälschte Urkunde zum Zwecke des Betruges benutzt werde, wird mit Gefängnis bis zu 7 Jahren und mit Geldstrafe bestraft.

Sec. 469. **Fälschung zum Zwecke der Schädigung des Rufs.**

Wer eine Fälschung in der Absicht begeht, daß die gefälschte Urkunde jemandes Ruf schädigen solle, oder mit dem Bewußtsein, daß sie wahrscheinlich zu diesem Zweck benutzt werden wird, wird mit Gefängnis bis zu 3 Jahren und mit Geldstrafe bestraft.

Straftaten in Bezug auf Urkunden und auf Waren- oder Eigentumszeichen

Sec. 470. **Gefälschte Urkunde.**

Eine „gefälschte Urkunde“ heißt eine Urkunde, die ganz oder teilweise durch Fälschung hergestellt ist.

Sec. 471. **Benutzung einer gefälschten Urkunde als echter Urkunde.**

Wer in Täuschungsabsicht oder rechtswidriger Absicht eine Urkunde als echte Urkunde benutzt, obwohl er weiß oder wissen muß, daß sie gefälscht ist, wird ebenso bestraft, wie wenn er die Urkunde gefälscht hätte.

Sec. 472. **Herstellung oder Besitz eines nachgemachten Siegels usw. in der Absicht, eine nach Sec. 467 strafbare Fälschung zu begehen.**

Wer ein Siegel, eine Platte oder ein anderes Werkzeug zur Anfertigung eines Drucks herstellt oder nachmacht in der Absicht, es möge dieses Werkzeug zur Begehung einer nach Sec. 467 dieses Gesetzes strafbaren Fälschung benutzt werden, oder wer in dieser Absicht ein solches Siegel, eine solche Platte oder ein solches anderes Werkzeug im Besitz hat, obwohl er weiß, daß es nachgemacht ist, wird mit lebenslänglicher Deportation oder mit Gefängnis bis zu 7 Jahren bestraft. Außerdem ist Geldstrafe verwirkt.

Sec. 473. **Herstellung oder Besitz eines nachgemachten Siegels usw. in der Absicht, eine sonst strafbare Fälschung zu begehen.**

Wer ein Siegel, eine Platte oder ein anderes Werkzeug zur Anfertigung eines Druckes herstellt oder nachmacht in der Absicht, es möge dieses Werkzeug zur Begehung einer nach einer anderen Vorschrift dieses Kapitels als Sec. 467 strafbaren Fälschung benutzt werden, oder wer in dieser Absicht ein solches Siegel, eine solche Platte oder ein solches anderes Werkzeug im Besitz hat, obwohl er weiß, daß es nachgemacht ist, wird mit Gefängnis bis zu 7 Jahren und mit Geldstrafe bestraft.

Sec. 474. **Besitz einer in Sec. 466 oder 467 bezeichneten Urkunde in Kenntnis der Fälschung und in der Absicht, sie als echte Urkunde zu benutzen.**

Wer eine Urkunde im Besitz hat, die, wie er weiß, gefälscht ist, in der Absicht, sie möge in Täuschungsabsicht oder rechtswidriger Absicht als echte Urkunde benutzt werden, wird, wenn die Urkunde der in Sec. 466 dieses Gesetzes enthaltenen Beschreibung entspricht, mit Gefängnis bis zu 7 Jahren und mit Geldstrafe bestraft. Wenn die Urkunde der in Sec. 467 enthaltenen Beschreibung entspricht, ist die Strafe lebenslängliche Deportation oder Gefängnis bis zu 7 Jahren. Außerdem ist Geldstrafe verwirkt.

Sec. 475. **Nachmachen eines Kennzeichens oder einer Marke, die zur Beglaubigung der in Sec. 467 bezeichneten Urkunden benutzt wird, oder Besitz nachgemachten, mit Kennzeichen versehenen Materials.**

Wer auf einem Material oder Stoff ein Kennzeichen oder eine Marke nachmacht, die zur Beglaubigung einer in Sec. 467 bezeichneten Urkunde benutzt wird, in der Absicht, das Kennzeichen oder die Marke möge dazu benutzt werden, um einer damals schon gefälschten oder späterhin zu fälschenden Urkunde den Anschein der Echtheit zu verleihen, oder wer in dieser Absicht ein Material oder einen Stoff im Besitz hat, auf dem ein solches Kennzeichen oder eine solche Marke nachgemacht ist, wird mit lebenslänglicher Deportation oder mit Gefängnis bis zu 7 Jahren bestraft. Außerdem ist Geldstrafe verwirkt.

Sec. 476. **Nachmachen eines Kennzeichens oder einer Marke, die zur Beglaubigung von anderen als den in Sec. 467 bezeichneten Urkunden benutzt wird, oder Besitz nachgemachten, mit Kennzeichen versehenen Materials.**

Wer auf einem Material oder Stoff ein Kennzeichen oder eine Marke nachmacht, die zur Beglaubigung anderer als der in Sec. 467 dieses Gesetzes bezeichneten Urkunden benutzt wird, in der Absicht, das Kennzeichen oder die Marke möge dazu benutzt werden, um einer schon gefälschten oder späterhin zu fälschenden Urkunde den Schein der Echtheit zu verleihen, oder wer in dieser Absicht Material oder Stoff im Besitz hat, auf dem ein solches Kennzeichen oder eine solche Marke nachgemacht ist, wird mit Gefängnis bis zu 7 Jahren und mit Geldstrafe bestraft.

Sec. 477. **Betrügerische Ungültigmachung, Vernichtung usw. von Testamenten, Adoptionsgenehmigungen oder Wertpapieren.**

Wer in Täuschungsabsicht oder rechtswidriger Absicht oder in der Absicht, der Allgemeinheit oder einem anderen einen Schaden oder Nachteil zuzufügen, eine Urkunde ungültig macht, vernichtet oder entstellt, ungültig zu machen, zu vernichten oder zu entstellen versucht, verheimlicht oder zu verheimlichen sucht, die ein Testament, d'e Ermächtigung zur Adoptierung eines Sohnes oder ein Wertpapier darstellt oder darstellen soll, oder wer eine Sachbeschädigung an einer solchen Urkunde begeht, wird mit lebenslänglicher Deportation oder mit Gefängnis bis zu 7 Jahren bestraft. Außerdem ist Geldstrafe verwirkt.

Sec. 477 A. **Kontofälschung.**

Wer als Angestellter, Beamter oder Bedienter oder als jemand, der als Angestellter, Beamter oder Bedienter beschäftigt oder tätig ist, willentlich und in betrügerischer Absicht ein Buch, Papier, Schriftstück, Wertpapier oder Konto vernichtet, verändert, verstümmelt oder verfälscht, das seinem Arbeitgeber gehört oder in dessen Besitz ist, oder das er für seinen Arbeitgeber oder in dessen Namen in Empfang genommen hat, oder wer willentlich und in betrügerischer Absicht falsche Eintragungen über wesentliche Tatsachen in einem solchen Buch, Papier, Schriftstück, Wertpapier oder Konto vornimmt oder vornehmen läßt, oder Eintragungen unterläßt oder verändert oder nicht vornehmen oder verändern läßt, wird mit Gefängnis bis zu 7 Jahren oder mit Geldstrafe oder mit beidem bestraft.

Erläuterung: Für eine Anklage auf Grund dieser Bestimmung reicht es aus, wenn die allgemeine Täuschungsabsicht behauptet wird, auch ohne daß eine bestimmte Person als Opfer der Täuschung oder eine bestimmte Geldsumme als Gegenstand der Täuschung oder ein bestimmter Tag als Zeitpunkt der Begehung bezeichnet wird.

Waren-, Eigentums- und andere Zeichen[1]).

Sec. 478. **Warenzeichen.**

Der Ausdruck „Warenzeichen“ im Sinne dieses Gesetzes bezeichnet ein nach dem Warenzeichengesetz von 1940 registriertes Warenzeichen und jedes Zeichen, das in bezug auf Waren angewandt wird zu dem Zweck oder mit der Wirkung der Kennzeichnung einer Handelsbeziehung zwischen der Ware und einer zur Benutzung des Zeichens befugten Person.

---

[1]) Bei einem Verstoß gegen Sec. 482, 486, 487 oder 488 darf das Gericht nach Sec. 9 des Indian Merchandise Marks Act von 1889 die Einziehung der Waren anordnen.

Straftaten in Bezug auf Urkunden und auf Waren- oder Eigentumszeichen.

Sec. 479. Eigentumszeichen.

Ein Zeichen. das dazu benutzt wird, um die Zugehörigkeit beweglichen Eigentums zu einer bestimmten Person zu kennzeichnen, heißt ein Eigentumszeichen.

Sec. 480. Benutzung eines falschen Warenzeichens.

Wer Waren oder eine Kiste, ein Paket oder ein anderes Behältnis, das Waren enthält, in einer Weise kennzeichnet, oder eine Kiste, ein Paket oder ein anderes Behältnis, das mit einem Zeichen versehen ist, in einer Weise benutzt, die offenbar den Anschein erwecken soll, als stünden die so gekennzeichneten Waren oder die Waren in einem so gekennzeichneten Behältnis in einer Handelsbeziehung zu einer Person, zu der sie nicht in Beziehung stehen, benutzt ein falsches Warenzeichen.

Sec. 481. **Benutzung eines falschen Eigentumszeichens.**

Wer bewegliches Eigentum oder Waren oder eine Kiste, ein Paket oder ein anderes Behältnis, das bewegliches Eigentum oder Waren enthält, in einer Weise kennzeichnet, oder wer eine Kiste, ein Paket oder ein anderes Behältnis, das mit einem Zeichen versehen ist, in einer Weise benutzt, die offenbar den Anschein erwecken soll, als gehörten das so gekennzeichnete Eigentum oder die so gekennzeichneten Waren oder das Eigentum oder die Waren in einem so gekennzeichneten Behältnis jemand, dem sie in Wahrheit nicht gehören, benutzt ein falsches Eigentumszeichen.

Sec. 482. **Strafe der Benutzung eines falschen Waren- oder Eigentumszeichens.**

Wer ein falsches Warenzeichen oder Eigentumszeichen benutzt, wird mit Gefängnis bis zu einem Jahr oder mit Geldstrafe oder mit beidem bestraft, wenn er nicht beweist, daß er ohne Täuschungsabsicht gehandelt hat.

Sec. 483. **Nachmachen eines Warenzeichens oder Eigentumszeichens, das von einem anderen benutzt wird.**

Wer ein Warenzeichen oder Eigentumszeichen nachmacht, das von einem anderen benutzt wird, wird mit Gefängnis bis zu 2 Jahren oder mit Geldstrafe oder mit beidem bestraft.

Sec. 484. **Nachmachen eines Zeichens, das von einem Amtsträger benutzt wird.**

Wer ein Eigentumszeichen nachmacht, das von einem Amtsträger benutzt wird, oder ein Zeichen, mittels dessen ein Amtsträger bekundet, daß das Eigentum von einer bestimmten Person oder zu einer bestimmten Zeit oder an einem bestimmten Ort hergestellt worden ist, oder daß das Eigentum besondere Eigenschaften aufweist oder von einem bestimmten Amt geprüft oder von bestimmten Abgaben befreit ist, ferner wer wissentlich ein derart nachgemachtes Zeichen als ein echtes Zeichen benutzt, wird mit Gefängnis bis zu 3 Jahren und mit Geldstrafe bestraft.

Sec. 485. **Herstellung oder Besitz eines Werkzeugs zum Nachmachen von Waren- und Eigentumszeichen.**

Wer einen Stempel, eine Platte oder ein anderes Werkzeug zum Nachmachen eines Waren- oder Eigentumszeichens herstellt oder im Besitz hat, oder wer ein Waren- oder Eigentumszeichen im Besitz hat, das bekunden soll, daß bestimmte Waren von jemand hergestellt oder gehandelt werden, von dem sie nicht hergestellt sind oder gehandelt werden, oder daß sie jemand gehören, dem sie nicht gehören, wird mit Gefängnis bis zu 3 Jahren oder mit Geldstrafe oder mit beidem bestraft.

Sec. 486. **Verkauf von Waren, die mit einem nachgemachten Waren- oder Eigentumszeichen versehen sind.**

Wer Waren oder Gegenstände verkauft, ausstellt oder zum Zwecke des Verkaufs oder zu anderen Handelszwecken oder zum Zwecke der Herstellung im Besitz hat, auf denen ein nachgemachtes Waren- oder Eigentumszeichen angebracht oder aufgedruckt ist, oder die in einer Kiste, einem Paket oder anderem Behältnis verwahrt werden, das mit einem nachgemachten Zeichen versehen ist, wird mit Gefängnis bis zu einem Jahr oder mit Geldstrafe oder mit beidem bestraft. Dies gilt nicht, wenn er beweist:

(a) daß er alle vernünftigerweise zu erwartenden Vorsichtsmaßregeln gegen eine Verletzung dieser Vorschrift getroffen hat und zur Zeit der Tat keinen Anlaß hatte, die Echtheit des Zeichens zu bezweifeln, und

(b) daß er auf Verlangen der Strafverfolgungsbehörde alle ihm zur Verfügung stehenden Auskünfte über die Personen gegeben hat. von denen er die betreffenden Waren oder Gegenstände bekommen hat, oder

(c) daß ihn aus anderen Gründen kein Vorwurf trifft.

Sec. 487. **Anbringung eines falschen Zeichens auf einem Behältnis zur Aufbewahrung von Waren.**

Wer ein falsches Zeichen auf einer Kiste, einem Paket oder einem Behältnis, das Waren enthält, in einer Weise anbringt, die offenbar darauf berechnet ist, bei einem Amtsträger oder einem anderen den Glauben zu erwecken, das Behältnis enthalte Waren, die es nicht enthält, oder es enthalte nicht Waren, die es enthält, oder die darin enthaltenen Waren seien von anderer Art oder Qualität als der, die ihnen in Wahrheit eigen ist, wird mit Gefängnis bis zu 3 Jahren oder mit Geldstrafe oder mit beidem bestraft. Dies gilt nicht, wenn der Täter beweist, daß er ohne Täuschungsabsicht gehandelt hat.

Sec. 488. **Strafe der Benutzung eines falschen Zeichens.**

Wer von einem der im Sinne der vorgenannten Bestimmung fälschlich hergestellten Zeichen Gebrauch macht, wird so bestraft, als hätte er selbst gegen diese Bestimmung verstoßen. Dies gilt nicht, wenn der Täter beweist, daß er ohne Täuschungsabsicht gehandelt hat.

Sec. 489. **Vergehen an Eigentumszeichen in Schädigungsabsicht.**

Wer ein Eigentumszeichen entfernt, vernichtet, entstellt oder ihm etwas hinzufügt in der Absicht, dadurch jemand einen Nachteil zuzufügen oder mit dem Bewußtsein, daß dies wahrscheinlich die Folge sein werde, wird mit Gefängnis bis zu einem Jahr oder mit Geldstrafe oder mit beidem bestraft.

Geldscheine und Banknoten.

Sec. 489 A. **Nachmachen von Geldscheinen oder Banknoten.**

Wer einen Geldschein oder eine Banknote nachmacht oder wissentlich einen Teil der zum Nachmachen erforderlichen Ausführungshandlung vornimmt, wird mit lebenslänglicher Deportation oder mit Gefängnis bis zu 10 Jahren bestraft. Außerdem ist Geldstrafe verwirkt.

Erläuterung: Im Sinne dieser Bestimmung und der Sec. 489 B, 489 C, [und] 489 D *und 489 E* bedeutet der Ausdruck „Banknote" eine Schuldverschreibung oder das sonstige Versprechen einer Geldzahlung an den Überbringer auf dessen Verlangen. Das Versprechen muß von einer Person, die, gleichviel wo auf der Welt, Bankgeschäfte betreibt, oder von einem Staat oder einer souveränen Macht oder mit Ermächtigung eines Staates erteilt sein. Endlich muß die Banknote zur Benutzung als Geld oder als Gegenwert oder Ersatzmittel für Geld bestimmt sein.

Sec. 489 B. **Benutzung gefälschter oder nachgemachter Geldscheine oder Banknoten.**

Wer einen gefälschten oder nachgemachten Geldschein oder eine gefälschte oder nachgemachte Banknote an jemand verkauft oder von jemand kauft oder sich geben läßt oder sonst damit Handel treibt oder einen solchen Geldschein oder eine solche Banknote als echt benutzt, obwohl er weiß oder wissen muß, daß der Geldschein oder die Banknote gefälscht oder nachgemacht ist, wird mit lebenslänglicher Deportation oder mit Gefängnis bis zu 10 Jahren bestraft. Außerdem ist Geldstrafe verwirkt.

Sec. 489 C. **Besitz gefälschter oder nachgemachter Geldscheine oder Banknoten.**

Wer einen gefälschten oder nachgemachten Geldschein oder eine gefälschte oder nachgemachte Banknote im Besitz hat, obwohl er weiß oder wissen muß, daß der Geldschein oder die Banknote gefälscht oder nachgemacht ist in der Absicht, den Geldschein oder die Banknote als echt zu benutzen, oder daß der Schein oder die Note von einem anderen als echter Schein oder echte Note benutzt werde, wird mit Gefängnis bis zu 7 Jahren oder mit Geldstrafe oder mit beidem bestraft.

Sec. 489 D. **Herstellung oder Besitz von Werkzeugen oder Materialien zum Fälschen oder Nachmachen von Geldscheinen oder Banknoten.**

Wer eine Vorrichtung, ein Werkzeug oder Material herstellt oder einen Teil der zur Herstellung erforderlichen Ausführungshandlung vornimmt oder einen solchen Gegenstand kauft, verkauft, im Besitz hat oder darüber verfügt und beabsichtigt oder weiß oder wissen muß, daß die Absicht besteht, ihn zum Fälschen oder Nachmachen eines Geldscheins oder einer Banknote zu verwenden, wird mit lebenslänglicher Deportation oder mit Gefängnis bis zu 10 Jahren bestraft. Außerdem ist Geldstrafe verwirkt.

Sec. 489 E. Herstellung oder Benutzung von Urkunden, die Geldscheinen oder Banknoten ähnlich sind.

(1) Wer eine Urkunde herstellt, herstellen läßt, gleichviel für welchen Zweck benutzt oder jemand übergibt, die den Anschein erweckt, ein Geldschein oder eine Banknote zu sein, oder die einem Geldschein oder einer Banknote irgendwie ähnlich oder annähernd so ähnlich ist, daß sie geeignet ist, eine Täuschung hervorzurufen, wird mit Gefängnis bis zu 100 Rupien bestraft.

(2) Wenn jemand, dessen Name auf einer Urkunde erscheint, deren Herstellung nach Absatz 1 strafbar ist, sich rechtswidrig weigert, einem Polizeibeamten auf dessen Verlangen den Namen und die Adresse des Druckers oder Herstellers der Urkunde mitzuteilen, so wird er mit Gefängnis bis zu 200 Rupien bestraft.

(3) Wenn jemandes Name auf einer Urkunde erscheint, im Hinblick auf die jemand einer Straftat nach Absatz 1 beschuldigt wird, oder auf einer Urkunde, die in Verbindung mit einer solchen Urkunde benutzt oder ausgegeben wird, so wird bis zum Beweise des Gegenteils vermutet, daß diese Person die Urkunde hat herstellen lassen.

Kapitel XIX.

Bruch von Dienstverträgen.

Sec 490. (1925 aufgehoben).

Sec. 491. Verletzung einer vertraglichen Verpflichtung zur Fürsorge oder Hilfeleistung für hilfsbedürftiger Personen.

Wer vertraglich verpflichtet ist, für jemand zu sorgen oder jemandes Bedürfnisse zu befriedigen, der wegen seiner Jugend, seines Geisteszustandes, einer Krankheit oder körperlicher Gebrechlichkeit hilflos oder außerstande ist, für seine Sicherheit zu sorgen oder seine Bedürfnisse zu befriedigen, und vorsätzlich seine Verpflichtungen nicht erfüllt, wird mit Gefängnis bis zu 3 Monaten oder mit Geldstrafe bis zu 200 Rupien oder mit beidem bestraft.

Sec. 492. (1925 aufgehoben).

Kapitel XX.

Straftaten gegen die Ehe.

Sec. 493. Beiwohnung, die ein Mann durch Täuschung über das Bestehen einer Ehe herbeiführt.

Ein Mann, der eine nicht mit ihm verheiratete Frau durch Täuschung in den Glauben versetzt, sie sei mit ihm verheiratet, und sie dazu verführt, in diesem Glauben ihm beizuwohnen oder Geschlechtsverkehr mit ihm zu haben, wird mit Gefängnis bis zu 10 Jahren und mit Geldstrafe bestraft.

Sec. 494. Nochmalige Eheschließung bei Lebzeiten eines Ehegatten.

Wer bei Lebzeiten seines Ehegatten eine aus diesem Grunde nichtige Ehe eingeht, wird mit Gefängnis bis zu 7 Jahren und mit Geldstrafe bestraft.

Ausnahme: Diese Bestimmung gilt nicht für eine Person, deren Ehe von einem zuständigen Gericht für nichtig erklärt worden ist.

Sie gilt ferner nicht für eine Person, die bei Lebzeiten des früheren Ehegatten eine Ehe eingeht, wenn der frühere Ehegatte zur Zeit der späteren Eheschließung 7 Jahre lang ununterbrochen abwesend gewesen ist und der die Ehe schließende während dieses Zeitraums nichts über das Fortleben des früheren Ehegatten erfahren hat. Doch soll derjenige, der die spätere Ehe eingeht, vorher den neuen Ehegatten über den wirklichen Sachverhalt unterrichten, soweit ihm dieser bekannt ist.

Sec. 495. **Die gleiche Straftat unter Verschweigen der früheren Ehe.**

Wer die in der vorgenannten Bestimmung bezeichnete Staftat begeht und dem späteren Ehegatten die Tatsache der früheren Ehe verschweigt, wird mit Gefängnis bis zu 10 Jahren und mit Geldstrafe bestraft.

Sec. 496. **Betrügerische Veranstaltung von Hochzeitsfeierlichkeiten ohne rechtmäßige Eheschließung.**

Wer in rechtswidriger oder in Täuschungsabsicht sich einer Hochzeitszeremonie unterzieht, obwohl er weiß, daß er nicht rechtmäßig verheiratet werde, wird mit Gefängnis bis zu 7 Jahren und mit Geldstrafe bestraft.

Sec. 497. **Ehebruch.**

Wer ohne Einwilligung oder Duldung des Ehemannes Geschlechtsverkehr mit einer Frau hat, die, wie der Täter weiß oder wissen muß, die Frau eines anderen ist, macht sich, sofern keine Notzucht vorliegt, des Ehebruchs schuldig und wird mit Gefängnis bis zu 5 Jahren oder mit Geldstrafe oder mit beidem bestraft. In einem solchen Falle wird die Frau nicht als Teilnehmerin bestraft.

Sec. 498. **Verführung, Fernhalten oder Festhalten einer verheirateten Frau in verbrecherischer Absicht.**

Wer eine Frau, die, wie der Täter weiß oder wissen muß, die Frau eines anderen ist, diesem Manne oder jemand, der für den Mann das Sorgerecht über sie ausübt, wegnimmt oder sie von ihm fortlockt, damit sie mit jemand außerehelichen Geschlechtsverkehr habe, oder wer eine solche Frau in dieser Absicht verbirgt oder festhält, wird mit Gefängnis bis zu 2 Jahren oder mit Geldstrafe oder mit beidem bestraft.

Kapitel XXI.

Üble Nachrede.

Sec. 499. **Üble Nachrede.**

Wer durch gesprochene oder zum Lesen bestimmte Worte, durch Zeichen oder sichtbare Darstellungen eine Beschuldigung gegen jemand erhebt oder veröffentlicht und beabsichtigt, den Ruf des Beschuldigten zu schädigen oder weiß oder wissen muß, daß dies die Folge sein wird, begeht, mit Ausnahme der später genannten Fälle, üble Nachrede gegenüber dieser Person.

Erläuterung 1: Die Beschuldigung eines Verstorbenen kann üble Nachrede sein, wenn die Beschuldigung den Ruf der betreffenden Person bei deren Lebzeiten geschädigt hätte und die Absicht besteht, die Gefühle der Familie oder anderer naher Verwandter zu verletzen.

Erläuterung 2: Die Beschuldigung einer Gesellschaft, einer Vereinigung oder Verbindung von Personen als solcher kann üble Nachrede sein.

Erläuterung 3: Eine Beschuldigung schädigt den Ruf eines anderen nur dann, wenn sie unmittelbar oder mittelbar die sittliche oder geistige Persönlichkeit des Beschuldigten in der Meinung anderer oder die Persönlichkeit des Beschuldigten im Hinblick auf seine Kaste oder seinen Beruf herabsetzt, seinen Kredit beeinträchtigt oder den Glauben erweckt, der Körper des Beschuldigten sei ekelhaft oder sonst in einem Zustand, der allgemein als schimpflich angesehen wird.

Beispiele:

(a) A sagt: „Z ist ein ehrlicher Mann. Er hat niemals B's Uhr gestohlen", um den Glauben zu erwecken, Z habe B's Uhr gestohlen. Das ist üble Nachrede, sofern es nicht unter eine der Ausnahmen fällt.

(b) A wird gefragt, wer B's Uhr gestohlen hat. A zeigt auf Z, um den Glauben zu erwecken, als habe Z B's Uhr gestohlen. Das ist üble Nachrede, sofern es nicht unter eine der Ausnahmen fällt.

(c) A zeichnet ein Bild, auf dem Z dargestellt wird, wie er mit B's Uhr davonläuft, um den Glauben zu erwecken, als habe Z B's Uhr gestohlen. Das ist üble Nachrede, sofern es nicht unter eine der Ausnahmen fällt.

1. Ausnahme: Wahre Beschuldigung im öffentlichen Interesse.

Es ist keine üble Nachrede, wenn jemand einen anderen einer wahren Tatsache beschuldigt und es im öffentlichen Interesse liegt, daß die Beschuldigung erhoben oder veröffentlicht wird. Ob dies im öffentlichen Interesse liegt oder nicht, hängt von den Umständen ab.

2. Ausnahme: Öffentliche Führung der Amtsträger.

Es ist keine üble Nachrede, wenn jemand in gutem Glauben seine Meinung über die Führung eines Amtsträgers in Erfüllung seiner Amtspflichten oder über dessen Charakter ausspricht, soweit der Charakter sich ausschließlich in der Führung des Amtsträgers ausspricht.

3. Ausnahme: Führung eines anderen, die die Öffentlichkeit angeht.

Es ist keine üble Nachrede, wenn jemand in gutem Glauben seine Meinung über die Führung eines anderen ausdrückt, sofern diese das öffentliche Interesse berührt, und über den Charakter des anderen, sofern dieser sich ausschließlich in dessen Führung ausspricht.

Beispiel:

Es ist keine üble Nachrede, wenn A in gutem Glauben seine Meinung über Z's Verhalten ausspricht, der sich in einer Frage von öffentlichem Interesse mit einem Antrag an die Regierung gewandt, das Verlangen nach Einberufung einer Versammlung zur Erörterung einer Frage von öffentlichem Interesse unterzeichnet, in einer solchen Versammlung den Vorsitz geführt hat oder bei ihr zugegen gewesen ist, eine Vereinigung gegründet hat oder einer Vereinigung beigetreten ist, die um Zustimmung in der öffentlichen Meinung wirbt, oder wer bei der Besetzung einer Stelle, an deren befriedigender Besetzung ein öffentliches Interesse besteht, für einen bestimmten Kandidaten gestimmt hat oder Propaganda macht.

4. Ausnahme: Veröffentlichung von Berichten über gerichtliche Verfahren.

Es ist keine üble Nachrede, wenn jemand einen im wesentlichen wahren Bericht über ein gerichtliches Verfahren oder das Ergebnis eines solchen Verfahrens veröffentlicht.

Erläuterung: Das Verfahren vor einem Friedensrichter oder einem anderen Beamten, der in öffentlicher Verhandlung eine Voruntersuchung durchführt, ist ein gerichtliches Verfahren im Sinne dieser Bestimmung.

5. Ausnahme: Urteile über gerichtlich entschiedene Fälle und über das Verhalten von Zeugen und anderen Personen.

Es ist keine üble Nachrede, wenn jemand in gutem Glauben seine Meinung über einen bürgerlich-rechtlichen oder strafrechtlichen Fall äußert, der von einem Gericht entschieden worden ist, oder über das Verhalten einer Person als Partei, Zeuge oder Parteivertreter in einem solchen Fall oder über den Charakter einer solchen Person, soweit der Charakter sich ausschließlich in deren Verhalten vor Gericht ausspricht.

Beispiele:

(a) A sagt: „Meiner Meinung nach ist Z's Aussage in diesem Prozeß so widerspruchsvoll in sich selbst, daß er entweder dumm oder unehrlich sein muß." A fällt unter diese Ausnahme, wenn er dies in gutem Glauben sagt, da seine Meinungsäußerung sich auf Z's Charakter nur insoweit bezieht, als dieser sich in Z's Verhalten als Zeuge ausspricht.

(b) Aber wenn A sagt: „Ich glaube Z's Aussage in diesem Prozeß nicht, weil ich ihn als eine unglaubwürdige Persönlichkeit kenne", so fällt A nicht unter die Ausnahme, weil seine Meinungsäußerung über Z's Charakter sich nicht auf Z's Verhalten als Zeuge stützt.

6. Ausnahme: Urteile über eine öffentliche Darbietung.

Es ist keine üble Nachrede, wenn jemand in gutem Glauben seine Meinung über den Wert einer öffentlichen Darbietung äußert, die deren Urheber dem Urteil der Allgemeinheit unterbreitet hat, oder über die Persönlichkeit des Urhebers, soweit diese sich ausschließlich in der Darbietung ausspricht.

Erläuterung: Eine Darbietung kann dem Urteil der Allgemeinheit entweder ausdrücklich oder durch Handlungen unterbreitet werden, die die Unterwerfung des Urhebers unter das Urteil der Allgemeinheit zum Ausdruck bringen.

Beispiele:

(a) Wer ein Buch veröffentlicht, unterbreitet das Buch dem Urteil der Allgemeinheit.

(b) Wer eine öffentliche Rede hält, unterbreitet die Rede dem Urteil der Allgemeinheit.

(c) Ein Schauspieler oder Sänger, der auf einer öffentlichen Bühne auftritt, unterbreitet sein Spiel oder seinen Gesang dem Urteil der Allgemeinheit.

(d) A sagt von einem Buch, das Z veröffentlicht hat: „Z's Buch ist närrisch. Z muß ein schwacher Kopf sein. Z's Buch ist unanständig. Z muß ein Mann von unsauberer Gesinnung sein." A fällt unter die Ausnahme, wenn er dies in gutem Glauben sagt. Denn seine Meinungsäußerung bezieht sich auf Z's Persönlichkeit nur insoweit, als diese sich in Z's Buch ausspricht.

(e) Aber wenn A sagt: „Ich bin nicht überrascht darüber, daß Z's Buch närrisch und unanständig ist, denn er ist ein schwacher Kopf und ein zügelloser Charakter", so fällt A nicht unter diese Ausnahme. Denn dann stützt er seine Meinungsäußerung über Z's Persönlichkeit nicht auf dessen Buch.

7. Ausnahme: Gutgläubige Urteile von Personen, die in einem Autoritätsverhältnis zu anderen stehen.

Es ist keine üble Nachrede, wenn jemand, der zu einem anderen nach dem Gesetz oder auf Grund eines Vertrages mit dem anderen in einem Autoritätsverhältnis steht, gutgläubig ein tadelndes Urteil über das Verhalten des anderen in Angelegenheiten abgibt, auf die sich das Autoritätsverhältnis bezieht.

Beispiel:

Ein Richter tadelt gutgläubig das Verhalten eines Zeugen oder eines Gerichtsbeamten. Der Leiter eines Departements tadelt gutgläubig Personen, die ihm unterstehen. Ein Vater oder eine Mutter tadeln gutgläubig ein Kind in Gegenwart anderer Kinder. Ein Lehrer, dessen Autorität sich aus der der Eltern herleitet, tadelt gutgläubig einen Schüler in Gegenwart anderer Schüler. Ein Herr tadelt einen Diener gutgläubig wegen Lässigkeit in Ausübung seines Dienstes. Ein Bankier tadelt gutgläubig den Kassierer seiner Bank wegen seines Verhaltens als Kassierer: Alle diese Personen fallen unter die Ausnahme.

8. Ausnahme: Gutgläubige Beschuldigungen gegenüber einer Person, die in einem Autoritätsverhältnis zu dem Beschuldigten steht.

Es ist keine üble Nachrede, wenn jemand in gutem Glauben einen anderen einer Person gegenüber beschuldigt, die in der betreffenden Angelegenheit zu dem Beschuldigten in einem Autoritätsverhältnis steht.

Beispiel:

A klagt gutgläubig Z vor einem Magistrat an. A beklagt sich gutgläubig über das Verhalten eines Dieners Z gegenüber dem Herrn des Z. A beklagt sich gutgläubig über das Benehmen eines Kindes Z gegenüber Z's Vater: A fällt unter die Ausnahme.

9. Ausnahme: Gutgläubige Beschuldigungen zwecks Wahrnehmung eigener oder fremder Interessen.

Es ist keine üble Nachrede, wenn jemand ein abfälliges Urteil über den Charakter eines anderen abgibt, sofern das Urteil gutgläubig zum

Zwecke der Wahrnehmung der eigenen Interessen des Urteilenden oder eines anderen oder im öffentlichen Interesse abgegeben wird.

Beispiele:

(a) A, der Inhaber eines Ladens, sagt zu B, der das Geschäft für ihn führt: „Verkaufen Sie an Z nur gegen Bargeld, denn ich glaube nicht an seine Ehrlichkeit." A fällt unter die Ausnahme, wenn er das abfällige Urteil über Z in gutem Glauben zur Wahrnehmung seiner Interessen abgegeben hat.

(b) A, ein Magistrat, gibt in einem Bericht an seinen Vorgesetzten ein abfälliges Urteil über den Charakter des Z ab. Wenn das Urteil in gutem Glauben und im öffentlichen Interesse abgegeben ist, so fällt A unter die Ausnahme.

10. Ausnahme: Warnung im Interesse des Gewarnten oder im öffentlichen Interesse.

Es ist keine üble Nachrede, wenn jemand einen anderen in gutem Glauben vor einer dritten Person warnt, sofern die Warnung im Interesse des Gewarnten oder einer Person, mit der der Gewarnte verbunden ist, oder im öffentlichen Interesse erfolgt.

Sec. 500. **Strafe der üblen Nachrede.**

Wer eine üble Nachrede begeht, wird mit einfachem Gefängnis bis zu 2 Jahren oder mit Geldstrafe oder mit beidem bestraft.

Sec. 501. **Drucke oder Stiche, die eine üble Nachrede enthalten.**

Wer etwas druckt oder sticht, obwohl er weiß oder wissen muß, daß der Druck oder Stich eine üble Nachrede gegen jemand enthält, wird mit einfachem Gefängnis bis zu 2 Jahren oder mit Geldstrafe oder mit beidem bestraft.

Sec. 502. **Verkauf von Drucken oder Stichen, die eine üble Nachrede enthalten.**

Wer einen Druck oder Stich verkauft oder zum Verkauf anbietet, der, wie er weiß, eine üble Nachrede enthält, wird mit einfachem Gefängnis bis zu 2 Jahren oder mit Geldstrafe oder mit beidem bestraft.

Kapitel XXII.

Strafbare Einschüchterung, Beleidigung und Belästigung.

Sec. 503. **Strafbare Einschüchterung.**

Wer einem anderen droht, er werde ihm einen Nachteil an seiner Person, seinem Ruf oder seinem Vermögen, oder er werde einem Dritten, mit dem jener verbunden ist, einen Nachteil an seiner Person oder seinem Ruf zufügen, in der Absicht, den anderen zu beunruhigen oder ihn unter dem Druck der Drohung zur Vornahme einer Handlung, zu der er nicht rechtlich verpflichtet ist, oder zur Unterlassung einer Handlung zu bestimmen, zu der er berechtigt ist, begeht eine strafbare Einschüchterung.

Erläuterung: Eine Drohung, den Ruf eines Verstorbenen zu verletzen, mit dem der Bedrohte verbunden ist, fällt unter diese Bestimmung.

Beispiel:

A droht, B's Haus niederzubrennen, um B zur Abstandnahme von der Weiterverfolgung einer bürgerlich-rechtlichen Klage zu veranlassen. A ist der strafbaren Einschüchterung schuldig.

Sec. 504. **Beleidigung in der Absicht, einen Friedensbruch zu veranlassen.**

Wer jemand absichtlich beleidigt und ihn dadurch herausfordert in der Absicht, die Herausforderung möge ihn zu einem Bruch des öffentlichen Friedens oder zur Begehung einer anderen Straftat veranlassen oder mit dem Bewußtsein, daß dies wahrscheinlich die Folge sein werde, wird mit Gefängnis bis zu 2 Jahren oder mit Geldstrafe oder mit beidem bestraft.

Sec. 505. **Gemeinschädliche Behauptungen.**

Wer eine Behauptung aufstellt, ein Gerücht aufbringt oder einen Bericht verfaßt, oder eine Behauptung, ein Gerücht oder einen Bericht veröffentlicht oder verbreitet,

(a) in der Absicht, einen Offizier, Soldaten, Seemann oder einen Angehörigen der Luftwaffe der Armee, Flotte oder Luftwaffe *Indiens* [Ihrer Majestät oder im Dienste des Imperial Service] zur Meuterei oder zu einer sonstigen Vernachlässigung oder Nichterfüllung seiner Dienstpflichten zu veranlassen, oder wer die Tat unter Umständen begeht, unter denen ein solcher Erfolg wahrscheinlich ist; oder

(b) in der Absicht, in der Allgemeinheit oder in einem bestimmten Teil der Bevölkerung Furcht oder Beunruhigung zu erregen, wodurch jemand dazu veranlaßt werden mag, eine Straftat gegen den Staat oder gegen die öffentliche Ruhe und Ordnung zu begehen, oder wer die Tat unter Umständen begeht, unter denen ein solcher Erfolg wahrscheinlich ist; oder

(c) in der Absicht, eine Bevölkerungsklasse oder Personengemeinschaft zur Begehung einer Straftat gegen eine andere Klasse oder Gemeinschaft aufzuhetzen, oder wer die Tat unter Umständen begeht, unter denen ein solcher Erfolg wahrscheinlich ist,

wird mit Gefängnis bis zu 2 Jahren oder mit Geldstrafe oder mit beidem bestraft.

Ausnahme: Es ist keine Straftat im Sinne dieser Bestimmung, wenn derjenige, der die Behauptung aufstellt, das Gerücht aufbringt oder den Bericht verfaßt oder den Bericht, die Behauptung oder das Gerücht veröffentlicht oder verbreitet, Grund zu der Annahme hat, daß die Behauptung, das Gerücht oder der Bericht der Wahrheit entspreche und die Tat ohne die vorbezeichnete Absicht begeht.

Sec. 506. **Strafe der Einschüchterung.**

Wer eine strafbare Einschüchterung begeht, wird mit Gefängnis bis zu 2 Jahren oder mit Geldstrafe oder mit beidem bestraft.

Wenn der Täter den Tod, eine schwere Körperverletzung, die Vernichtung von Eigentum mit Hilfe von Feuer oder eine Straftat androht, die mit dem Tode, mit Deportation oder mit Gefängnis bis zu 7 Jahren bedroht ist, oder wenn er droht, eine Frau in den Ruf der Unkeuschheit zu bringen, so wird er mit Gefängnis bis zu 7 Jahren oder mit Geldstrafe oder mit beidem bestraft.

Sec. 507. **Strafbare Einschüchterung durch anonyme Mitteilungen.**

Wer eine strafbare Einschüchterung durch eine anonyme Mitteilung begeht, oder wer die Tat begeht, nachdem er Maßnahmen getroffen hat, um den Namen oder den Aufenthalt dessen, von dem die Drohung ausgeht, verborgen zu halten, wird mit einer zusätzlichen Gefängnisstrafe von 2 Jahren neben der in der vorbezeichneten Section bezeichneten Strafe bestraft.

Sec. 508. **Erzwingung einer Handlung durch Hervorrufen des Glaubens, der Gezwungene werde zum Gegenstand des göttlichen Zornes werden.**

Wer vorsätzlich einen anderen zur Vornahme einer Handlung, zu deren Vornahme dieser nicht verpflichtet ist, oder zur Unterlassung einer Handlung veranlaßt oder zu veranlassen sucht, zu der dieser berechtigt ist, indem er in dem anderen den Glauben erweckt oder zu erwecken versucht, er oder jemand, mit dem dieser verbunden ist, werde durch eine Handlung des Täters zu einem Gegenstand des göttlichen Zornes werden oder gemacht werden, wenn er nicht die von dem Täter bezweckte Handlung, oder wenn er die Handlung begehe, deren Unterlassung der Täter bezweckt,

wird mit Gefängnis bis zu einem Jahr oder mit Geldstrafe oder mit beidem bestraft.

Beispiele:

(a) A sitzt dhurra vor Z's Tür, um den Glauben hervorzurufen, durch sein Sitzen mache er Z zu einem Gegenstand des göttlichen Zornes[1]). A hat sich nach dieser Vorschrift strafbar gemacht.

(b) A droht Z, er werde, wenn nicht Z eine bestimmte Handlung vornehme, eines seiner, des A, Kinder töten und dadurch den göttlichen Zorn erregen. A hat sich nach dieser Vorschrift strafbar gemacht.

Sec. 509. **Worte, Gesten oder Handlungen, die das Schamgefühl einer Frau beleidigen sollen.**

Wer in der Absicht, das Schamgefühl einer Frau zu beleidigen, ein Wort äußert, einen Ton von sich gibt, eine Geste macht oder einen Gegenstand zeigt in der Absicht, das Wort oder der Ton möge von der Frau gehört, die Geste oder der Gegenstand gesehen werden, oder wer die Abgeschlossenheit einer Frau verletzt, wird mit einfachem Gefängnis bis zu einem Jahr oder mit Geldstrafe oder mit beidem bestraft.

Wer im Zustande der Betrunkenheit an einem öffentlichen Ort oder an einem Ort erscheint, dessen Betreten ihm verboten ist, und dort durch sein Verhalten bei jemand Ärgernis erregt, wird mit einfachem Gefängnis bis zu 24 Stunden oder mit Geldstrafe bis zu 10 Rupien oder mit beidem bestraft.

---

[1]) In Indien kommt es vor, daß sich jemand vor dem Hause eines anderen niederläßt, strenges Fasten beobachtet und dadurch den Bewohner des Hauses, von dem er z. B. einen Geldbetrag verlangt, zum gleichen Fasten und damit zur Einstellung seiner Berufstätigkeit und sonstiger Tätigkeit zwingt. Es ist der Glaube verbreitet, daß, wenn der Fastende sterbe, die Folgen der Sünde dem anderen zur Last fielen. Ein derart erpresserisches Verhalten (zum ersten Male durch die Bengal Regulation VII von 1820 unter Strafe gestellt) ist hier gemeint.

Kapitel XXIII.

Versuch.

Sec. 511. Strafe der versuchten Begehung von Straftaten, die mit Deportation oder Gefängnis bestraft werden.

Wer versucht, eine Straftat zu begehen oder begehen zu lassen, die nach diesem Gesetz mit Deportation oder Gefängnis bestraft wird, und bei diesem Versuch eine Handlung in der Richtung auf die Begehung der Straftat begeht, wird in Ermangelung einer anderen Strafbestimmung in diesem Gesetz mit einer Strafe bestraft, die bis zur Hälfte des Höchstmaßes der für die Straftat vorgesehenen Deportation oder Gefängnisstrafe betragen darf, oder mit der für die Straftat vorgesehenen Geldstrafe oder mit beiden Strafen bestraft.

Beispiele:

(a) A unternimmt einen Versuch, Juwelen durch Erbrechen eines Kastens zu stehlen, findet aber bei Öffnung des Kastens, daß keine Juwelen darin sind. Er hat eine Handlung in der Richtung auf die Begehung des Diebstahls begangen und ist somit nach dieser Vorschrift strafbar.

(b) A unternimmt einen Versuch, einen Taschendiebstahl zu begehen, indem er seine Hand in Z's Tasche hineinsteckt. Sein Versuch ist erfolglos, weil Z nichts in der Tasche hat. A ist nach dieser Vorschrift strafbar.

Kolibri 360 GmbH
Ferdinand-Jühlke-Straße 7
99095 Erfurt, Deutschland
produktsicherheit@kolibri360.de